살아 있는 바울

앤토니 C. 티슬턴 지음
윤성현 옮김

기독교문서선교회

기독교문서선교회(Christian Literature Crusade: 약칭 CLC)는 1941년 영국 콜체스터에서 켄 아담스에 의해 시작되었으며 국제 본부는 영국의 쉐필드에 있습니다.
국제 CLC는 59개 나라에서 180개의 본부를 두고, 약 650여 명의 선교사들이 이동도서차량 40대를 이용하여 문서 보급에 힘쓰고 있으며 이메일 주문을 통해 130여 국으로 책을 공급하고 있습니다.
한국 CLC는 청교도적 복음주의 신학과 신앙서적을 출판하는 문서선교기관으로서, 한 영혼이라도 구원되길 소망하면서 주님이 오시는 그날까지 최선을 다할 것입니다.

The Living Paul
An Introduction to the Apostle's Life and Thought

Written by
Anthony C. Thiselton

translated by
Sunghyun Yoon

Copyright © 2009 by Anthony C. Thiselton

Originally published in English under the title as
The Living Paul: An Introduction to the Apostle's Life and Thought
by Anthony C. Thiselton.

Translated and used by the permission of
Society for Promoting Christian Knowledge
36 Causton Street, London SW1P 4ST

All rights reserved

Korean Edition
Copyright © 2011 by Christian Literature Crusade
Seoul, Korea

The Living PAUL
An Introduction to the Apostle's Life and Thought

추천사

최승락 박사
고려신학대학원 교수

'살아 있는 바울!' 제목을 참 잘 정했다는 생각이 든다. 바울을 살아 있는 목소리로 생생히 재현해낼 수 있는 몇 되지 않는 인물 가운데 한 분이 티슬턴 교수일 것이다. 2007년도에 평양부흥운동 100주년 기념 강연을 위해 한국을 방문하셨을 때, 횃불트리니티대학원대학교에서 고린도전서에 대해 강의하시던 일을 잊을 수 없다. 바울에 대한 농축된 사상이 열정과 애정이 가득 담긴 목소리로 한 시간 내내 그치지 않고 이어지던 자리에서 필자는 '살아 있는' 바울의 목소리를 느낄 수 있었다. 학문적 과시도 필요 없고 더 이상의 찬사도 필요 없는 자리에서 정말 바울이 말하고자 했던 진수만을 쏟아 놓으실 때 가슴 깊은 곳에서 진한 뜨거움이 밀려 올라오는 느낌을 받았다.

앤토니 티슬턴 교수는 1964년 영국 브리스톨대학에서 교수 생활을 시작하던 때부터 바울을 가르쳐왔다. 1970년대에는 바울 서신의 많은 주제들에 관한 영향력 있는 논문들을 여러 저명한 저널들에 발표하여 바울 학자로서의 지위를 굳혀갔다. 예를 들어 1973년에는 고린도전서 5장 5절의 '육신'(사륵스)의 성격을 해명하는 논문을 「스코티쉬 신학저널」(SJT)에 발표하였고, 1978년에는 슈바이처의 바울 해석에 대한 논평의 글을 「엑스포지터리 타임즈」(The Expository Times)에 기고하였다. 「신약연구」(NTS)에 실린 1978년의 논문 「고린도의 실현된 종말론」은 지금까지도 계속 인용되는 논문 가운데 하나이다. 이후 해석학 쪽으로 지평을 넓혀 『두 지평』과 『해석학의 새 지평들』 같은 영향력 있는 책들을 내어 놓았지만, 그런 가운데서도 바울에 대한 연구는 계속되었고, 그 결정판이 권위 있는 NIGTC 주석 시리즈의 『고린도전서』로 귀결되었다. 가장 최근에는 데살로니가전·후서에 대한 주석이 출간되었는데, 특히 이 주석은 바울 본문의 수용사(reception history)에 초점을 맞춘 매우 새로운 형태의 주석이다.

『살아 있는 바울』(The living Paul)에는 티슬턴 교수의 거의 반 세기에 걸친 바울 연구의 진수들이 녹아 있다. 그러면서도 바울에 대한 학자적 벽을 쌓지는 않는다. 누구라도 쉽게 읽고 대화할 수 있는 방식으로 바울과의 소통의 지평을 열어 주고 있다. 그래서 제목이 '살아 있는 바울'이다. 왜 특별히 '살아 있는 바울'인가? 세 가지 정도로 그 이유를 짚어보고자 한다. 첫째로, 이 책에서 티슬턴 교수가 그리고 있는 바울의 모습은 흔히 잘못 그려지고 있는 고립적이고 무뚝뚝하고 여성혐오적인 한 남자의 모습이 아니다. 오히려 그런 '신화'를 깨트리고 따뜻한 마음과 사교성 및 목회적 마인드를 가진 생동감 있는 한 사람의 모습을 그리고 있다. 그런 점에서 바울은 '살아 있는' 바울이다.

둘째로, 티슬턴 교수는 바울의 메시지가 그 청중이나 독자들 속에 '살아 있는' 변혁적 효과를 불러일으킨다는 점을 강조한다. 바울은 단순히 하나의 지식이나 정보를 전달하는 사람이 아니다. 그는 우리의 삶의 모든 부분에 걸친 새로운 차원의 전인적 변혁을 불러오는 하나님의 능력의 말씀의 선포자이다. 그중에서도 특히 종말 언어가 가지는 말씀의 힘이 이런 측면을 잘 나타낸다.

필자가 티슬턴 교수의 지도를 받아 박사학위 논문을 탈고했을 때의 일이 기억난다. 탈고를 마치자마자 너무 기쁘고 흥분한 나머지 원고 뭉치를 들고 약 2킬로미터의 길을 단숨에 달려서 교수님 댁을 찾아갔다. 초인종을 눌렀더니 사모님이 나오셔서 뜻밖이라는 표정으로 "Are you expected?"라고 물었다. 전화를 못 드리고 온 것이 탈이었다. 할 말을 찾지 못하고 "Maybe…" 정도로 우물거리고 있을 때 교수님이 나오셔서 나를 맞아주셨다. 돌이켜 보니 "Maybe…"는 있을 수 없는 대답이었다. 만일 내가 기대되고 있었다면 이 책에 나오는 표현대로 "방을 정리하고 찻잔과 받침, 접시를 내 놓는" 준비가 이루어지고 있었을 것이다. 그런 점에서 나는 기대되고(expected) 있었던 것이 아니다.

바울이 이야기하는 예수님의 다시 오심과 관련하여 이런 인식은 대단히 핵심적이다. 우리가 그를 기대하고 있다면, 이는 단지 '손님의 방문을 머리로 그려보는 것' 정도의 차원이 아니다. 여기에는 '방을 정리하고…접시를 내 놓는' 실제적 준비가 수반된다. 곧 우리의 삶 속에 구체적 변혁적 효과가 따르지 않을 수 없다는 것이다. 바울의 '묵시적' 언어가 가지는 이런 변혁적 힘을 누구보다도 잘 두드러지게 강조하고 있다는 점에서 티슬턴 교수의 바울은 '살아 있는' 바울이다.

셋째로, 티슬턴 교수의 강점 가운데 하나는 포스트모더니즘 세계의 복잡다단한 이론들을 자유자재로 넘나드는 능력을 가지고 있다는 점이다. 특히 오늘날 바울을 집단 특정성 내지는 공동체 상대주의의 관점에서 해석하려는 포스트모더니즘 시각들을 잘 간파하면서, 예수 그리스도의 십자가와 부활 사건이 가지는 하나님의 우주적, 보편적 판단의 기준을 옹호하고 있는 점은 대단히 중요한 함의를 가진다. 특히 "성경은 우리의 적"이라는 루터와 칼빈의 종교개혁적 구호에 의거하여, 공동체 전통들의 강화를 위해서가 아니라 하나님의 우주적 비판의 준거점 앞에 각 개인이나 공동체 전통들을 내려놓아야 한다는 점을 티슬턴 교수는 강조하고 있다.

　이것이 바울 자신의 실제적 모습이다. 바울은 하나님의 말씀 앞에 자신을 전폭적으로 던지며 또한 그 자신의 선포의 말에 자신을 전폭적으로 던진다. 바울은 신자로서 하나님의 말씀 앞에 설 뿐만 아니라 저자로서 자신의 말씀 뒤에 서기도 한다. 우리 역시 말씀 앞에 서서 부단히 자신을 복속시켜야 할 뿐만 아니라, 이 시대에 말씀의 선포 사역을 감당하는 자로서 우리가 전하는 말 배후에 설 줄 알아야 한다. 이런 면에서 바울은 1세기의 사람일 뿐만 아니라 오늘 21세기 포스트모더니즘의 상황 속에서도 '살아 있는' 모습으로 우리에게 말을 걸어 온다. 그리고 우리에게 바르게 말하는 법을 가르친다.

　'살아 있는 바울'은 바울의 해석학적 의의를 가리키는 보다 생생한 표현 방법이다. 이를 반 세기에 걸쳐 바울 연구에 매진해 온 세계적으로 가장 권위 있는 한 해석학자의 입을 통해 듣게 되는 것은 큰 기쁨이 아닐 수 없다. 티슬턴 교수의 글은 읽기에는 명쾌하고 분명하지만, 번역하기에는 매우 까다롭고 어렵다. 단어 하나하나가 함부로 다룰 수 없는 의미들을 담고 있기 때문이다. 이런 어려운 글을 좋은 한글 번역으로 옮겨준 윤성현 군의 수고에도 치하와 감사를 보낸다.

한국어판 독자를 위한 서문

　이 책이 한국어로 번역된 것을 명예이자 영광으로 생각합니다. 제가 미처 알아채지 못했던 북미판의 오류들을 윤성현 군이 꼼꼼하고 성실하게 바로 잡아주었습니다. 이 책을 더 광범위한 독자층이 접할 수 있도록 해준 CLC 출판사와 역자에게 감사드립니다.
　2007년, 저는 평양대부흥 100주년 기념행사와 몇몇 대학과 신학교에서 일련의 강의를 하기 위해 한국을 방문했을 때 따뜻하고 풍성한 환대를 받았습니다. 저는 서울과 대전을 비롯한 여러 곳에서 잊지 못할 성대한 환영을 받았으며 지금도 여전히 한국을 향한 큰 사랑을 가지고 있습니다.
　이 책을 통해서 많은 사람들이 사도 바울을 다시금 생명력 넘치도록 마주쳐, 일반적인 오해로 말미암아 예수와 바울 사이에 생긴 거리를 메울 수 있기를 바랍니다. 책에서 여실히 드러낸 바대로 바울은 여성 혐오자가 아닐 뿐만 아니라, 오늘날 우리에게 유익이 되는 다양한 실제적인 논제들을 제공합니다. 너무나도 많은 허황된 신화들이 바울을 둘러싸고 있었기에 『살아 있는 바울』에서 그것들을 타파하려고 했습니다.
　인간, 소외, 속죄, 성령, "그리스도 안에" 있는 것, 부활을 비롯한 다른 여러 주제에 대한 바울의 사상은 그 당시 그대로의 중요성과 산뜻함을 지닌 채로 남아 있습니다. 저는 방대한 분량의 책을 쓰고 싶었지만 출판사에서는 읽기 쉬운 간결한 책에 대한 필요성을 내다보았습니다. 한편으로 이것은 바울을 소개하는 입문서임에도 불구하고, 바울 서신에 대한 저의 세 권의 주석서를 포함하여 거의 50년에 달하는 연구와 가르침에 근거한 것입니다. 저는 1963년 이후로 영국의 5개 대학과 4대륙의 여러 나라에서 가르쳐왔습니다. 그러나 무엇보다 한국에서 보냈던 시간은 수용적이며 깊이 생각하는 자세를 가진 청중들과 아낌없는 환대에 대한 눈부신 기억으로 제게 남아있을 것입니다.

앤토니 티슬턴
2011년 4월

서문과 감사의 말씀(영미판)

바울에 관한 이 책에 훌륭한 제목을 붙여주고 책의 목적에 공감해 준 SPCK 출판사에 무척 감사드립니다. 저는 지나치게 단순화시키지 않고도 사람들이 쉽게 바울을 접할 수 있도록 하는 글을 쓰기를 오래도록 바라고 있었습니다. 바울이 오늘날에도 살아 있음을 알리기 위해, 출판사에서는 제게 다음과 같은 주제들에 대해 다루어주기를 권했습니다. 이는 바울과 예수, 바울과 여성, 바울의 따뜻함과 사교성, 동료들과 함께 한 바울의 사역, 끝으로 바울과 포스트모더니티와의 관계입니다. 그 가운데 출판사는 독자들이 바울을 창조적인 사상가로, 또한 그 역시 목회의 현실적인 어려움에 부딪혔던 사람으로 보기를 원했습니다. 이 책에서 바울은 이방인을 향한 사도로서 여행가, 선교사, 저술가, 신학자로 등장합니다. 그렇지만 무엇보다 부디 바울의 신학에 집중하고 거기에 바울의 삶과 실천의 다른 면들까지 포괄하여 보시기 바랍니다.

출판사에서 특별히 이 책의 분량을 적당하게 제한하였습니다. 따라서 이 책은 간결하고 명료하게 쓰였습니다. 각주도 최소화하였습니다. 그렇지만 각주에서 문헌 정보를 제공하여 견실한 학문성을 유지하도록 하였습니다. 해석학에 관한 많은 책을 쓴 후, 바울서신들 중한 서신(고전-역주)에 관한 이전에 나온 저의 책 두 권에 이 책을 보태게 된 것이 매우 기쁩니다. 저는 1964년부터 바울신학에 대해 가르치기 시작하였으며 지금까지도 이는 저의 주요 관심사입니다.

전체 원고를 인내하며 신중하게 입력해주었을 뿐만 아니라, 색인 작업까지 도와준 저의 대학 조교인 캐런 우드워드(Karen Woodward) 양에게 정말 감사드립니다. 또한 이 책이 나오기까지 도움을 준 아내 로즈마리(Rosemary)와 쉴라 리즈(Sheila Rees) 양에게도 감사드립니다. 저는 많은 사람들이 바울을 오늘날을 향한 살아 있는 음성으로 읽어 나가기를 소망하며 기도합니다. 아마도 이 책은 실제적인 해석학의 시도로 남을 것입니다. 이론이 아닌, 바울과 함께.

앤토니 티슬턴
영국 노팅햄대학교 기독교신학 교수

목차

추천사-최승락 박사(고려신학대학원 교수) 5

한국어판 독자를 위한 서문 9

서문과 감사의 말씀 11

목차 13

바울의 사도적 사역 연대기 15

약어표 17

제1장　바울을 바르게 알기 위한 첫 번째 장애: 바울과 예수 19

제2장　바울을 바르게 알기 위한 두 번째 장애: '거대한 단절'-새 창조 35

제3장　이방인을 위한 사도 ⑴: 여행가 그리고 선교 목회자 47

제4장　이방인을 위한 사도 ⑵: 여행가, 목회자 그리고 서신 기록자 61

제5장　바울에게 나타나는 예수 그리스도 73

제6장　하나님에 대한 바울의 관점과 삼위일체적 함의 91

제7장　성령에 대한 바울의 관점 105

제8장　인간에 대한 바울의 관점 119

제9장　인간소외 그리고 죄에 대한 바울의 관점 131

제10장　그리스도의 사역과 "그리스도 안에" 있는 것 141

제11장 칭의와 율법 157
제12장 왜 교회인가? 169
제13장 말씀 사역 181
제14장 세례와 주의 만찬 또는 성찬식 193
제15장 바울의 윤리 그리고 그리스도인의 생활 방식에 대한 관점 207
제16장 우주와 인간의 운명과 현재: 부활, 심판, 파루시아(Parousia) 219
제17장 바울과 포스트모더니티 237

역자 후기 259
참고 문헌 262
주제 색인 275

바울의 사도적 사역 연대기

33-34년경	회심과 다메섹 도상에서 부르심(갈 1:15-16).

[티베리우스 황제]

34-37년경	나바티아와 아라비아에서 바울의 사역 혹은 피정(갈 1:17).
36-37년경	바울의 안디옥 체류(행 11:25-26).

[37년, 가이우스가 황제 즉위]

37-38년	바울이 다메섹으로부터 탈출(아마도 아레다 4세의 지배 아래였을 것이다)(고후 11:32-33).
37-38년	바울이 베드로와 함께 예루살렘에 두 주 동안 체류(갈 1:18).
38-47년	'공백 기간'과 길리기아와 수리아에서 바울의 초기 사역(기록되지 않음).

[41년, 클라우디우스가 황제 즉위]

46-47년	구브로와 소아시아에서 바나바와 함께한 1차 선교여행(행 13-14장).
47-48년	두 번째 예루살렘 방문. 사도적 공의회(갈 2:1-10; 행 15장).
48-50년	실라와 함께한 2차 선교여행. 소아시아에서 그리스, 마게도냐, 아가야로 나아감(행 16-17장).
50-52년	고린도에서의 사역(행 18:12-18. 지방총독 갈리오의 연대가 새겨진 비문이 델피에서 발견).
51-52년	바울이 데살로니가전서를 기록(아마도 최초의 서신서).

52년	이견이 없지는 않지만 대부분이 데살로니가후서를 얼마 안 지나 바울이 쓴 것으로 본다.
52-55년	에베소를 근거지로 한 '3차 선교여행.' 아마도 갈라디아서를 기록.
53년	바울이 구두 보고, 서신, 사찰단에 대한 응답으로 고린도 전서를 기록.

[54년, 네로가 황제 즉위]

55년	에베소, 드로아, 마게도냐, 고린도에서 연보를 모음.
55년	다소 낮은 가능성이지만 갈라디아서가 기록되었을 것으로 추정되는 또 다른 연대. 고린도에서의 두 번째 체류.
55-56년	고린도후서의 기록 연대일 가능성(1-9장과 10-13장을 나누어 두 개의 서신으로 보는 이도 있음).
56-57년	로마서를 기록. 연보를 가지고 예루살렘에 도착. 투옥(행 20-21장).
56-58년	가이사랴에서 투옥(행 24-26장). 바울이 빌레몬서를 기록했을 시기인 듯하다. 빌립보서와 어쩌면 골로새서가 그 이후 기록되었을 것이라고 생각하는 이들도 있다.
59년	바울이 로마로 항해함.
59-62년	바울이 로마에서 가택연금. 많은 이들이 그가 여기서 빌립보서를 썼을 것이라고 여김. 골로새서를 이 시기로 보는 이들도 있음. 소수는 바울이 아마 에베소서를 썼을 것이라고 추정.
62년 이후	대부분은 바울이 네로 치하에서 순교했을 것이라 봄. 일부는 서바나를 방문했을 것이라고 추정. 디모데전·후서와 디도서를 이 시기에 속하는 것이라 여기는 이들도 있으나, 대다수는 이 서신들은 바울의 제자가 기록했을 것이라고 봄.
64-65년경	만일 바울이 풀려났거나 서바나로 가지 않았다면 그의 인생 최후의 시기였을 것이다.

약어표

AV	Authorized Version
JSNTSup	Journal for the Study of the New Testament, Suppliment Series
NEB	New English Bible
NIGTC	New International Greek Testament Commentary
NovTSup	Novum Testamentum, Supplement Series
NRSV	New Revised Standard Version
Phillips	J. B. Phillips, The New Testament in Modern English
RSV	Revised Standard Version
SBL	Society of Biblical Literature
SBLDS	Society of Biblical Literature Dissertation Series
SNTSMS	Society of New Testament Studies Monograph Series
VCSup	Vigiliae Christianae, Supplement Series
WUNT	Wissenschaftliche Untersuchungen zum Neuen Testament

The Living PAUL
An Introduction to the Apostle's Life and Thought

제1장

바울을 바르게 알기 위한 첫 번째 장애: 바울과 예수

　매우 많은, 아마도 수백만의 사람들이 나사렛 예수를 감탄하며 존경하는 눈으로 보는 반면에, 바울은 다른 교리 체계와 공식적인 교회의 창시자로서 이해한다. 사람들은 예수를 사랑과 관용의 소박한 종교를 가르친 종교적 이상주의자로 여기는 반면, 바울은 예수와는 전혀 다르게 자신의 생각을 남에게 강요하고 여성과 사회의 약자들을 경시했다고 여긴다. 이런 시각은 바울이 정말 누구였는지, 오늘날 우리에게 의미를 가질 수 있는 사람인지에 대해 바르게 이해하고 깨닫는 것을 방해하는 첫 번째 장애물이다. 세 부류의 학자들이 바울과 예수를 그릇되게 구분해왔으며, 둘 사이의 차이점을 부풀려 왔다.

1. 문제 있는 세 부류의 접근법

　(1) 한 부류는 본래 19세기 알브레히트 리츨(Albrecht Ritschl)의 자유주의와 그의 저명한 후계자인 20세기 초의 아돌프 폰 하르낙(Adolf von

Harnack, 1851-1930)으로부터 비롯했다. 리츨과 하르낙은 기독교 교리를 구질구질한 것으로 여겼다. 하르낙은 예수가 오직 세 개의 '간단한' 진리, 즉 하나님의 나라, 전 인류의 형제애, 인간 영혼의 무한한 가치만을 가르쳤다고 보았다. 이것이 사실이라면 바울과 예수 사이에는 즉시 간격이 생겨난다. 하르낙은 바울이 누구보다도 더, 이 간단한 종교와 예수의 가르침을 복잡한 교리로 변화시키기 시작했다고 믿었다. 바울은 예수의 가르침을 복잡한 신념 체계로 바꾸기 위해 '헬레니즘' 즉 그리스 형이상학을 끌어 사용했다.

(2) 두 번째 부류의 학자들은 엄격한 가치중립적 '역사적' 관점으로부터 예수와 바울에 다가가야 한다고 주장했다. 여기서 일반적으로 가장 주요한 사람들은 어느 정도 중요성을 지니고 있기는 하다. 이 관점에서 오늘날 제일 강력한 인물은 유대인 학자인 하이암 맥코비(Hyam Maccoby, 1924-2004)일 것이다.[1] 맥코비는 기독교의 창시자는 예수가 아니라 바울이었다고 보았다. 바울은 예수의 신성의 '신화'를 창안했다. 보다 더 엄밀한 유대인 학자 쉽스(H. J. Schoeps)는 바울이 여전히 유대교에 자부심을 가지고 있었다고 보고 자유로운 접근을 비판한다. 그는 바울을 단순히 그리스 사상에 큰 영향을 받은 인물로 보지 않았다. 그는 바울이 대체로 예루살렘에서 랍비 가말리엘 문하에서 배웠으며, 랍비 힐렐의 온건한 신학을 좇았다고 인정한다. 하지만 그는 '헬레니즘'과 '유대적 헬레니즘'을 구별한다. 그는 바울이 그리스 문화에 영향을 받은 점이 문제가 아니라, 헬라어를 사용하는 유대인들에게 영향을 받았다는 점이 문제라고 지적한다. 이는 율법이 언약에서 분리되도록 하는, 율법에 대한 왜곡된 이해를 전달했다. 쉽스는 여기

---

1) Hyam Maccoby, *The Mythmaker: Paul and the Invention of Christianity* (London: Weidenfeld and Nicolson, 1986).

에 바울의 업적에 흠이 되는, 예수와 바울의 핵심적인 차이가 놓여 있다고 하였다.[2] 끝으로 또 다른 유명한 유대인 학자 게자 베머스(Geza Vermes)는 예수가 '교회의 그리스도'와 동일시되어서는 안 된다고 주장했다.[3] 교회는 세속적인 나사렛 예수보다는 주로서 높임 받는 그리스도를 믿었던 바울의 그리스도를 예배한다.

(3) 최근 미국 학자들의 부류는 부분적으로 앞의 두 범주에 나뉘어 속할 수도 있지만 여기서는 이들만의 현안을 살펴보도록 하자. 존 도미닉 크로산(John Dominic Crossan), 로버트 펑크(Robert Funk)를 포함한 이러한 사람들은 그들 자신을 가치중립적인 '역사적' 학자로 생각한다. 그리고 두 번째 부류처럼 어떠한 신학적인 가정 없이 나사렛 예수에 다가가려고 시도한다. 1985년에 펑크는 미국 성서학회(SBL)에서 '예수 세미나'를 발족하였다. 그들은 도마복음서와 같은 비정경 자료들을 연구에 포함시켰다. 그들은 예수가 순회 설교하는 현자(賢者)이거나 '일탈적인 갈릴리인'으로서 그리스의 견유 도덕 철학의 영향을 받은 경구(警句)들을 가르치는 스승으로 보인다고 역설한다. 이러한 묘사는 톰 라이트(N. T. Wright), 리처드 바우캠(Richard Bauckham), 제임스 던(James D. G. Dunn)에 의해 날카롭게 비판받는다. 던은 이와 같은 '예수'를 첫 번째 부류와 같은 '신 자유적 예수'라고 부른다.[4]

---

2) H. J. Schoeps, *Paul: The Theology of the Apostle in the Light of Jewish Religions History*, trans. H. Knight (London: Lutterworth Press, 1961), 전체 참고.
3) Geza Vermes, *Jesus the Jew: A Historian's Reading of the Gospels* (Philadelphia: Fortress Press, 1973), p. 17.
4) J. D. G. Dunn, *Christianity in the Making*, vol. 1: *The Remembered Jesus* (Grand Rapids and Cambridge: Eerdmans, 2003), pp. 58-65; 참고. John Dominic Crossan, *The Historical Jesus: The Life of a Mediterranean Jewish Peasant* (San Francisco: Harper, 1991); and N. T. Wright, *Jesus and the Vitory of God* (London: SPCK, 1996).

2. 이러한 접근법에 대한 응답

그러나 사실 바울이 단지 하나님의 아들로서 높임을 받는 그리스도만 알고, 세속적인 나사렛 예수에는 관심이 없었다는 말은 틀린 주장이다. 순전히 '역사적' 지식만으로는 유대인 바울을 그려낼 수 없다. 바울은 자신이 한때 그리스도를 '사람의 관점으로' 이해했지만 이제 더 이상 그런 방식으로 예수를 알지 않는다는 것을 시인한다(고후 5:16). 여기서 그는 인간 예수에 주목하지 않고 오로지 믿음에 대한 사람의 방법에 주목하도록 하고 있다. 지식의 '육체적' 종류는 그리스도의 '육체적' 종류와 다르다고 말하는 학자도 있다. 에두아르트 슈바이처(Eduard Schweizer)는 예수를 "들어맞는 공식이 없는 사람"으로 잘 표현하였다.[5] 사람은 미리 생각한 범주나 '직함'으로 거기에 예수를 끼워 맞추려고 시도할 수 없다. 오히려 예수가 그가 사용하는 범주나 직함, 기대를 빚어낸다.

데이빗 웬함(David Wenham)은 그의 책 『바울: 예수의 추종자인가 기독교의 창시자인가?』(Paul: Follower of Jesus or Founder of Christianity)에서 이 주제에 대한 포괄적인 설명을 제시한다.[6] 그는 바울이 예수의 말씀과 이야기를 많이 인용했던 것을 보여주면서 그 책을 시작한다. 목회 사례금에 대한 지불조차도 많은 예들 중의 하나이다(마 10:10; 눅 10:7과 고전 9:14를 비교해보라). 이혼에 대한 예수의 말씀도 또 다른 예이다(마 5:27-28; 19:3-9; 막 10:2-12; 눅 16:18과 고전 7:10을 참조). 성찬 제도는 마가복음 14장 22-25절, 마태복음 26장 26-29절, 누가복음 22장 14-20절에서 보이고, 고린도전서 11장 23-26절에서 시작한다. 웬함은 평행구들이 반드

---

5) 이 책의 '장'의 제목이다. E. Schweizer, *Jesus*, trans. D. E. Green (London: SCM Press, 1971), pp. 13-52.
6) David Wenham, *Paul: Follower of Jesus or Founder of Christianity* (Grand Rapids and Cambridge: Eerdmans, 1995), pp. 34-70.

시 의도적인 상관성을 나타내는 것이 아니라고 본다. 그러나 이 경우에는 너무도 많이 완성의 때와 하나님의 나라(또는 통치)에 대한 예수의 선포로 시작하고 있다. 헤르만 리덜보스(Herman Ridderbos)는 같은 요점을 언급한다. 그가 강조하여 말하길 "바울 설교의 일반적인 특징은 실질적으로 모두 예수의 말씀의 큰 주제인 다가오는 천국과 조화를 이룬다. "때가 찼다"(fulfillment of the time, 막 1:15)고 예수가 선포한 것은 거의 문자 그대로 바울의 용어 "때가 찼다"(the fullness of the time, 갈 4:4)와 일치한다."[7]

유대인들에게 기대의 성취는 예수, 바울, 신약 종말론(말세에 관한)과 '묵시록'에서의 주요 주제가 되었다. 그것은 사해사본을 만들었던 쿰란 공동체의 사상에서 중요하게 여겨졌다. 예수는 히브리 성경, 즉 구약에서 맺어진 하나님의 약속을 바라보았던 많은 이들의 기대와 소망을 실현하였다. "이는 성경을 이루려 함이니라"(막 14:49)는 말씀은 처음의 세 복음서에서 공통된 주제가 된다. 마태는 규칙적으로 예수의 사역을 이런 시선으로 바라본다(마 1:22; 2:15, 17, 23; 8:17; 12:17; 13:35; 21:4; 25:54; 27:9, 35). 바울도 그리스도께서 오심으로 율법이 이루어졌고(갈 5:14), 지금은 은혜 받을 만한 때이며(고후 6:2), 이는 때가 찬 하나님의 경륜(엡 1:9, 이 구절은 바울이 직접 기록하였거나 또는 그의 제자가 썼을 것이다)임에 동의한다.

바울은 자신의 초점이 높임을 받는 주께 있음에도 불구하고, 예수의 세속적 삶에 대한 세세한 사항들을 많이 포함시켰다. 그는 예수가 인간이었음을 알았으며(롬 5:15; 고전 15:21), 이는 아담 평행론 또는 모형론의 일부가 되었다. 예수는 유대인이었고(롬 9:5), 여자에게서 나고

---

7) Herman Ridderbos, *Paul: An Outline of His Theology*, trans. J. R. de Witt (London: SPCK, 1977), p. 48. Cf. Herman Ridderbos, *Paul and Jesus: Origin and General Character of Paul's Preaching of Christ*, trans. David H. Freeman (Philadelphia: Presbyterian and Reformed Publishing, 1958), esp. pp. 59-89.

율법 아래서 났으며(갈 4:4), 아브라함의 자손이고(갈 3:16), 다윗의 혈통이었다(롬 1:3). 예수에게는 형제들이 있었는데(고전 9:5), 그 중 한 명이 야고보였다(갈 1:19). 그는 특별히 유대인들 사이에서 사역을 하였다(롬 15:8). 세속적 특성에서 볼 때, 바울은 "그리스도의 온유와 관용"(고후 10:1)을 언급하고 이러한 자기 묘사는 "마음이 온유하고 겸손한"(마 11:29)이라는 표현을 상기시켜준다. 바울이 자신의 '인내'와 '순종'(살후 3:5; 롬 5:19)을 말하는 점들은 명백히 자기의 세속적인 상태를 나타내고 있으며, 이를 높임을 받은 주 그리스도에만 적용하기에는 무리이다. 덧붙여 성찬식에서 바울은 예수를 실제로 십자가에 못 박혔던 유월절 어린양으로 언급한다(고전 5:7; 2:8; 갈 3:13). 바울은 "하나님은…자기 아들을 죄 있는 육신의 모양으로 보내었다"(롬 8:3)고 단호하게 말한다. 나아가 "그의 육체의 죽음으로 말미암아 화목하게 하사"(골 1:22)라고 표현한다. 두 가지 언급 모두 세속적 예수와 관련된다.

3. 예수와 바울에게서 나타나는 변화시키는 은혜

우리가 믿음을 통해 은혜로 말미암는 칭의에 관한 바울의 선포를 볼 때, 다음과 같은 의문이 생길 수 있다. 어찌됐든 이 말씀은 예수의 주된 가르침과 다르지 않은가? 이 선포는 로마서 1-8장과 1장 17절, 갈라디아서, 고린도전서, 또 그 밖의 바울 서신들에서 중심 사상으로 남아 있다. 예수의 바리새인과 세리 비유, 돌아온 탕자 비유, 좋은 주인과 일용직 일꾼의 비유는 바울과 완전히 같은 점이다. 바리새인과 세리 비유는(눅 18:9-14) 하나님 대신 그들 자신을 믿었던 자들에게 들려주는 이야기였다. 이 구절에 셈어 경향이 보이고(11, 12, 13절), 아람어법(헬라어 이후의)이 사용된 것은 이 비유가 예수의 말씀 이후에 삽입된 것이 아니라는 것을 더욱 확실하게 해준다.

그 바리새인은 독실한 유대인이었다. 그는 하나님 앞에 예배하러 나오면서, 자신이 율법보다 더 많이 행한 일을 확실히 상기시켰다("나는 이레에 두 번 금식하고," "모든 소득의 십일조를 드리나이다"). 사람들은 세리를 악하다고 여기고 사회에서 소외시켰다. 이는 그가 사람들을 속여 돈을 갈취하기 위한 수많은 계략을 꾸몄기 때문이었다. 그는 진정어린 회개를 표현하기 위해 죄인의 모습으로 가슴, 즉 그의 마음을 내리쳤다. 바리새인은 눈에 잘 띄는 곳에 서서 자신의 '공로'를 되뇌었지만, 세리는 멀찍이 서서 하나님의 자비를 간구했다. 독자들을 놀라게 하는 것은, 독실하고 충실한 바리새인이 아니라 세리가 '의롭다'함(헬라어로 dedikaiomenos)을 받은 사실이다.[8] 우리는 그 바리새인이 위선적이었는지 알 수 없다. 만일 그가 그랬다면, 참으로 이 이야기의 요지는 흐릿해져 버릴 것이다. 다만 세리는 하나님과의 먼 거리감에 괴로워했고, 그의 괴로움에는 자비가 필요했다.

잃어버린 동전, 잃어버린 양, 잃어버린 아들에 대한 세 비유는(눅 15장) 비슷한 점이 있다. 맏아들은 예수에 대한 바리새인의 비판을 나타내는 것 같다(눅 15:11-32). 이기적이고 반항적이며, 별거로 인해 소원해진 동생이 돌아와서 환영받고 아버지의 지나친 환대까지 받아야 하는 것이 맏아들에게는 공평하게 보이지 않았다. 이 비유는 받을 자격이 없는 자에게 주시는 하나님의 자비와 은혜에 대한 설명이다. 하지만 오직 누가복음에만 나오는 것이 아니다. 마태복음 20장 1절에서 15절은 좋은 주인과 불평하는 일꾼에 대한 비유를 들려준다. 주인은 하루가 시작되는 아침에 고용한 일꾼들에게 공평한 일당을 지급하겠다고 약속한다. 품삯은 '적절하고 공평했다'(마 20:4). 하지만 그는 5시(제

---

[8] 상세한 부분은 다음을 볼 것. Joachim Jeremias, *The Parables of Jesus*, trans. S. H. Hooke (rev. edn, London, SCM Press, 1963), pp. 139-44.

11시)까지 여전히 일꾼들을 더 구한다. 마지막 정산할 때가 오자, 각각 하루 종일의 품삯을 받는다. 독자들은 한 낮의 뜨거운 열기를 견디며 일한 그들에게 얼마나 더 많이 줄 것인지 호기심이 돋는다. 허나 그들 역시 마찬가지로 하루 치의 품삯을 받는 것을 보고 독자들은 격분한다. 에른스트 훅스(Ernst Fuchs)는 예수는 은혜로 말미암은 칭의에 대해서 밋밋하게 설교할 수도 있었다고 평가한다. 그러나 예수는 모든 이들이 오직 은혜로 말미암은 칭의에 대해 마음 깊은 곳에서 반감을 **느끼게** 만드는 이야기를 하였다. 일꾼들과 청자들은 "그런 은혜는 불공평하다"고 소리 높인다. 이런 극적인 이야기를 통해 예수는 청자들이-사랑과 순수한 관용이 정의와 공평에 대한 모든 질문들을 퇴색시켜버리는-순전한 은혜로의 장애물, 즉 죄를 인정하도록 만든다(고전 1:18-25를 비교해 보라).

가장 이른 시기에 기록된 복음서인 마가복음에서 예수는 이미 건강한 자가 아니라 병약하고 궁핍한 자들을 위한 의사와 같다(막 2:17). 심지어 포도원의 종에 대한 비유는(막 12:1-11과 마 21:33-44; 눅 20:9-18 참조) 가난한 자들을 향한 복음 제시의 정당성을 입증해주는 우화(allegory)의 형식에 독특하게 맞춰져 있다. 하나님의 포도원은 '다른 사람들'에게 주어질 것이다(막 12:9). 유대인 지도자들은 선지자들을(더 일찍 갔던 전령들) 학대하고 결국에는 그 아들까지 죽인다. 그래서 하나님은 자신의 포도원을 요구하지도 않은 외부 사람들에게 주어버린다.

바울도 이 각각의 주제에 밀접히 평행한다. 그 상속인 아들을 보내는 것과 관련하여 우리는 "하나님은…자기 아들을 죄 있는 육신의 모양으로 보내어…우리에게 율법의 요구가 이루어지게 하려"(갈 48:4와 롬 8:3-4를 참조) 하신다는 말씀을 이미 살펴보았다. 이방인들은 유대인들의 유산(遺産)에 동참한다(롬 9-11장). 웬함은 예수와 바울의 말이 "거의 모든 면에서" 평행한다고 보았다.[9] 바울이 말하길 "모든 사람이 죄를 범하였으매 하나님의 영광에 이르지 못하더니…하나님의 은혜로 값 없이 의롭다 하심을 얻은 자 되었느니라"(롬 3:22-25). "우리가 아직 죄인 되었을 때에 그리스도께서 우리를 위하여 죽으심으로 하나님께서 우리에 대한 자기의 사랑을 확증하셨느니라"(롬 5:8). 이 말씀들은 예수가 자신을 의사에 비유하며 또한 세리와 바리새인, 좋은 주인과 일용직 일꾼에 관해 말한 것과 동일한 것이다.

4. 예수와 바울에게 나타나는 사랑

예수가 하신 사랑에 관한 유명한 말씀들이 바울의 말과 병행하지 않다는 주장은 사실과 전혀 무관하다. 마태는 이웃에 대한 사랑의 황금률은 모든 율법과 선지자의 말씀을 이루는 것임을 알려준다(마 7:12; 눅 6:31; 마 22:34-40; 막 12:28-34; 눅 10:25-28 참조). 예수는 우리가 하나님과 타인을 위해 우리 자신을 최종적으로 내려놓아야만 한다고 말씀하신다 (마 20:25-28; 막 10:42-45; 눅 22:24-27). 예수는 여성과 소외된 자 또는 궁핍한 자에게 대다수의 유대 선생들, 즉 랍비들이 보였던 관심보다 훨씬 더 큰 관심을 나타내었다(눅 10:38-42). (대다수의 정통주의 랍비들은 오늘날에도 여전히 여성에 대해 언급하려는 열의가 부족하다. G. F. Moore의 Judaism vol.3을 참고하라-역주). 그는 어린아이들을 반가이 맞으셨다(마 18:1-6; 막 9:33-42; 눅 18:15-17).

바울은 사랑이 그리스도의 법의 요지임을 말해준다(갈 6:2). "피차 사랑의 빚 외에는 아무에게든지 아무 빚도 지지 말라. 남을 사랑하는 자는 율법을 다 이루었느니라…네 이웃을 네 자신과 같이 사랑하라 하

---

9) Wenham, *Paul, Follower of Jesus*, p. 136.

신 그 말씀 가운데 다 들었느니라. 사랑은…악을 행하지 아니하나니" (롬 13:8-10). 믿음은 사랑으로써 역사한다(갈 5:6). 그리스도 안에 뿌리를 박는 것은 사랑 안에 뿌리를 내리는 것이다(골 2:7, 엡 3:17 참조). 사랑은 "성령의 열매"이다(갈 5:22, 롬 15:30 참조).

이것은 절대로 갈라디아인과 로마인에게만 국한된 것이 아니다. 지고한 사랑에 대한 가장 훌륭한 묘사는 고린도전서 13장에 나타난다. 13장의 운율적이며 시적인 문체와 어휘에 비추어 봤을 때, 그것은 바울의 기록이 아니라고 주장하는 이들도 있다. 그러나 바울은 그 서신을 받아쓰도록 하던 그 순간이 아닌 다른 어떤 때에 단번에 그것을 구성했을 수도 있다. 여기서 거의 모든 구절이 고린도교회의 태도를 나타내고 있다. 따라서 바울은 아마 그 서신을 받아쓰게 하기 전이나 또는 밤이 너무 깊어 받아쓰도록 하기 위한 말을 멈추었을 때 이를 구성한 듯하다. 고린도전·후서의 다른 부분과 다르게 바울은 이렇게 말한다. "사랑은 오래도록 기다리며 사랑은 온유함을 나타내고, 사랑은 불같이 시기하지 않고, 자랑하지 않으며 그 자체가 중요하다고 해서 교만하지 않다. 사랑은 무례하게 행동하지 않으며 오로지 자기의 유익에만 매달리지 않고, 악화되어 악감정으로 치닫게 되지 않으며, 악한 생각을 품고 있지 않는다…견디면서 결코 지치지 않고, 결코 믿음을 잃지 않으며, 결코 희망을 버리지 않고, 결코 포기하지 않는다"(두 권의 주석 책에 있는 저자의 번역. 구두적이며 헬라어의 역동적인 속성을 전달하려 했으며, 그 의미를 밀접하면서도 관용적으로 파고들었다. 고전 13:4-7).[10] 또한 윤리와 생활 방식에 관한 15장에서 이를 연구하였다. 이는 직접적으로 다음과 같은 공동체를 말해준다. 어떤 사람들은 질투하고 자랑하며(고전 3:3),

---

10) Anthony C. Thiselton, *First Corinthians: A Shorter Exegetical and Pastoral Commentary* (Grand Rapids and Cambridge: Eerdmans, 2006), p. 217와 Anthony C. Thiselton, *The First Epistle to the Corinthians: A Commentary on the Greek Text* (Grand Rapids: Eerdmans, and Carlistle: Paternoster Press, 2000), pp. 1046-60.

어떤 사람들은 교만하고(고전 5:2), 어떤 이들은 그들 자신의 은사를 과시하기 위해 못 견뎌하며(고전 14:26-27), 누군가는 주의 만찬에서 무례하고 성급하며(고전 11:21-22), 어떤 이들은 법률 제도를 조작하여 가난하거나 약한 동료 기독교인들을 이용했다(고전 6:1-6). 또 다른 이들은 동료 기독교인들을 잃어가면서까지 (옳든 그르든 상관없이) 그들 자신의 믿음을 주장했다(고전 8:13). 이런 실례들은 더 많이 있다.

바울은 비록 믿음과 소망이 가장 중요함에도 불구하고, 오직 사랑만이 영원토록 지속되며 영구히 남아 있을 것이라고까지 단언한다. 그는 "내가…모든 믿음이 있을지라도 사랑이 없으면 내가 아무것도 아니요…사랑은 언제까지나 떨어지지 아니하되…그런즉 믿음, 소망, 사랑, 이 세 가지는 항상 있을 것인데 그 중의 제일은 사랑이라"(고전 13:2; 8, 13)고 기록한다. "산을 옮길 만한 믿음"에 대한 언급까지도 예수와 바울 모두에게 나타난다(마 17:20; 고전 13:2).

5. 예수와 바울에게 나타나는 여성

예수가 여성에게 보인 관심은 잘 알려진 바이다. 막달라 마리아는 부활의 소식을 제일 먼저 알린 사람이었다. 예수는 '수로보니게' 여인과 익살맞은 대화를 하였다. 예수는 우물가에서 사마리아 여인과 말을 섞었다.

하지만 바울도 역시 여성의 지도적인 역할을 잘 알고 있었다. 브루스(F. F. Bruce)가 언급한 바대로, 만일 바울이 여성 혐오주의자였다고 한다면 브리스가와 아굴라가 바울의 목숨을 위해 기꺼이 "자기들의 목까지도" 내어 놓았겠는가?(롬 16:3-4)[11] 브루스는 바울은 (예수와 같이)

---

11) F. F. Bruce, *Paul: The Apostle of the Free Spirit* (Exeter: Paternoster Press, 1977), p. 457.

사교적이고 외향적이었으며 남성과 여성들 모두 있는 모임을 즐거워했다고 부언한다. 바울은 여성을 사람으로 대했다. 그는 겐그레아 교회의 일꾼이었던 뵈뵈를 추천하면서 그녀를 "우리 자매," "존중히 여겨지는 자"라고 부른다(롬 16:1-2). 유니아는 "사도들에게 존중히 여겨지고"(롬 16:7)라는 부분에서 엡(E. J. Epp)은 이 이름이 남성형인 유니아스(Junias)가 아니라 여성형이었음을 명백히 보여준다.[12] 유오디아와 순두게는 서로 다른 의견을 가졌지만 "복음에 나와 함께 힘쓰던" 자들이었다(빌 4:3). 드루배나, 드루보사, 버시는 "주 안에서…사랑하는 자들"이었고 바울의 동역자로 일하였다(롬 16:12). 바울은 루포의 어머니, "곧 내 어머니"에게 문안할 것을 로마 교회에 부탁한다(롬 16:13). 이는 루포의 어머니와 바울에 대해 많은 것을 말해준다. 율리아와 모든 성도들은 바울의 문안을 받는다(롬 16:15). 로마서 16장에 대한 바울의 저작설은 의심스럽지 않다.

고린도전서 11장에서 바울은 여성이 공중 기도와 '예언'을 하는 전통을 지키는 교회를 칭찬한다(고전 11:2). 이것이 개인적인 의사 전달을 뜻하는 것이 아니라 목회적이고 실제적인 방법으로 대중 앞에서의 복음 선포를 의미한다는 점에 대해 뒤에서 논의할 것이다. 고린도전서 11장 11-12절에서 바울이 기록하길 "남자 없이 여자만 있지 않고 여자 없이 남자만 있지 아니하니라…남자도 여자로 말미암아 났음이라"(즉, 어머니에게서 난다). "남자가 여자를 가까이 아니함이 좋으나"라는 말씀은 고린도에서 이따금 사용되었던 슬로건을 인용한 것이다. 그것은 바울의 견해가 아니다. 바울이 성적인 관계가 남자와 여자 모두에게 똑같이 기쁨을 준다고 언급했을 때, 그는 그때 당시의 사람들이 기

---

12) Eldon Jay Epp, *Junia: The First Woman Apostle* (Minneapolis: Fortress Press, 2005), p. 80와 전체.

록한 것들을 뛰어넘은 새로운 경지를 개척했다(고전 7:3-5).[13] 고대의 다른 저자들은 여성은 단지 남성에게 기쁨을 주는 존재일 뿐이라고 보았다. 바울은 별거하거나 이혼한 부부들(고전 7:12-16)과 결혼하지 않은 여성들(고전 7:25-31, 36-38)에게 목회적인 관심을 보인다.

고린도전서 14장 33-36절에서 바울이 여성에게 예배 중에 침묵을 지키라고 하는 점은 고린도전서 11장에서 말했던 바와 모순인 듯하다. 그래서 이 부분을 바울이 기록하지 않은 삽입된 부분으로 여기는 이들도 있다. '말하기'와 '잡담'을 합당하지 못하게 대조시키는 사람들도 있다. 이 관점을 헬라어로 뒷받침할 수는 없다. 그렇지만 아마 이것은 거짓 '예언'과 진짜 예언을 감별하는 특별한 경우였을 법하다. 초대교회에서 자칭 '예언자'들의 생활방식은 그들의 '예언'이 믿을 만한 것인지 혹은 그렇지 않은지에 대한 시험으로 여겨졌다. 그렇다면 우리는 여성이 "저건 예언이 아니에요. 당신은 집에서 내 남편이 어떻게 행동하는지 보셔야 해요"라고 말하는 장면을 그려볼 수 있을 것이다. 만일 가정에서 서로를 비난하는 일이 슬며시 새어들어 왔다면, 우리는 바울이 딱 꼬집어 소문으로 웅성거리는 일과 서로 흉보는 일을 피하라고 하지 않고 왜 공중에서 침묵하라고 했는지 이해할 수 있다.[14]

6. 바울의 따뜻한 인정과 "약한 자들"을 위한 보살핌

바울이 따뜻한 마음씨를 가지고 사교성이 좋은 사람이었음은 서신서의 증거들로 보아 명확하다. 스데바나, 브드나도, 아가이고가 에베소에서 바울을 방문했을 때, 그들이 바울에게 고린도의 소식을 어느

---

13) Thiselton, *The First Epistle to the Corinthians*, pp. 498-512.
14) Thiselton, *The First Epistle to the Corinthians*, pp. 1146-62.

정도 전해줌으로써 바울의 "마음을 시원하게" 하였다(고전 16:15-18). 바울은 디도를 그의 형제로(고후 2:13), 디모데를 "주 안에서 내 사랑하고 신실한 아들"(고전 4:17)로 기술한다.

또한 바울은 고린도에서 "약한 자들"이라고 불리던, 사회적으로 취약한 자들과 아직은 덜 건실한 기독교인들의 옹호자였다. 비록 지식인들의 '강함'이 전문적으로 "우상은 세상에 아무것도 아니며"(고전 8:4)라고 옳은 말을 할 수 있게 해줄지는 모르나, 약하거나 야물지 못한 사람은 여전히 양심의 가책을 느낄 것이다. 따라서 바울은 "네 지식으로 그 믿음이 약한 자가 멸망하나니 그는 그리스도께서 위하여 죽으신 형제라"고 강조한다(8:11). "만일 음식이 내 형제를 실족하게 한다면 나는 영원히 고기를 먹지" 않을 것이다(고전 8:13; 9:15; 10:23-28 참조).

목회에 대한 무거운 짐은 바울에게 "너희 속에 그리스도의 형상을 이루기까지 다시 너희를 위하여 해산하는 수고를" 하는 것과 같았다(갈 4:19). 바울은 자신의 눈이 아플 때(또는 아마도 간질을 앓을 때), "너희가 할 수만 있었더라면 너희의 눈이라도 빼어 나에게 주었으리라"며 그런 호의와 사랑을 베푼 갈라디아인들을 떠올렸다(갈 4:15, 6:11, 17 참조). 바울이 그 교회들을 홀로, 자유로이, 개인적으로 목회하지 않고 동역자들과 함께했다는 사실을 강조하는 것은 현대의 조류이다. 이는 특별히 바나바, 디모데, 실라(혹은 실루아노), 디도를 포함하지만 이들이 전부는 아니다.[15] 게다가 바울은 하나의 직업으로써 사례를 받는 설교가나 웅변가가 되기를 거부했다. 고린도인들은 그가 전문 사역자가 아닌 점을 부끄럽게 여겼지만 바울은 교회 내의 부유한 후원자들에게 신세를 지지 않으려 육체노동자로서 직접 노동하기를 원했다. 바울은

---

15) W. H. Olrog, *Paulus und seine Mitarbeiter* (Neukirchen: Neukirchener, 1979); R. Banks, *Paul's Idea of Community* (Peabody: Hendrickson, 2nd edn 1994), pp. 49-63와 149-58.

자기 자신, 자신이 가진 복음, 자신의 생활 방식을 예수의 그런 부분과 또한 자기 이전의 사도적 전승에 밀접하게 결부시킨다.[16] 바울이 독처하며 무뚝뚝하였고 여성을 혐오하는 사람이었다고 여김으로써 예수와 다른 종교를 세웠다는 신화는 착각이거나 정말로 '신화'에 불과하다. 바울은 하나님의 통치, 즉 그의 나라에 대해 말할 때조차도 예수를 따랐다(롬 14:17; 고전 4:20; 15:50; 골 1:13; 살전 2:12). 하지만 일반적으로 그는 그리스 로마 세계에 한결 더 어울리는 (내용이 아니라) 언어를 구사하였다.

---

16) Anders Erikson, *Tranditions as Rhetorical Proof: Pauline Argumentation in 1 Corinthians* (Stockholm: Almqvist & Wiksell, 1998).

The Living PAUL
An Introduction to the Apostle's Life and Thought

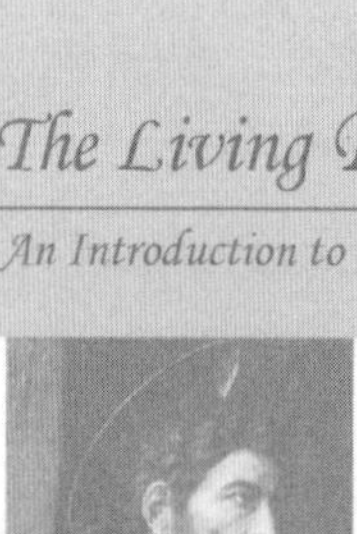

제2장
바울을 바르게 알기 위한 두 번째 장애: '거대한 단절'-새 창조

오늘날 우리가 살아 있는 한 인물로서 바울을 바르게 알고 충분히 이해하는 것을 방해하는 두 번째 장애물이 있다. 수년 전 요하네스 바이스(Johannes Weiss)는 "실제 바울과 우리 사이에는 올바른 이해를 막는 온갖 종류의 방해가 있다. 그 중에 가장 큰 장애는 바울의 사상에 고루 퍼져 있는 '거대한 단절'이다"라고 주장했다.[1] 그는 다음과 같이 말했다. "바울에게 있어 인생의 두 부분은 날카롭게 구별된다…그의 회심을 중심으로 한 쪽에는 과오, 죄, 육신만이 있고, 다른 쪽에는 삶과 영, 진리와 의가 있다…그는 사물들을 늘 그 자체가 지닌 가장 날카롭고 배타적인 면에서 바라보는 '양자택일의' 담즙질의 성향을 가진 부류의 사람이 아니었을까?"[2] 바울은 갑작스럽게 뚜렷하고 완전하게 회심을 경험한 자들을 위해서만 서신들을 기록한 것이 아닌가? 그는 자신의 특이한 경험과 특성을 빙자하여 '이전'과 '지금'의 대조를 과장하

---

1) Johannes Weiss, *Earliest Christianity*, trans. F. C. Grant (2 vols, New York: Harper Torch Books, 1959), vol. 2, p. 399와 pp. 442-6.
2) Weiss, *Earliest Christianity*, vol. 2, p. 412.

여 말한 것이 아닌가?

오늘날 대다수의 성경 독자들은 바울과 같은 소명과 회심의 경험이 없다. 그런데도 여전히 바울의 글이 이들에게 실제적인 가치가 있는가? 그러나 바울의 '이전'과 '지금'은 그의 인생사나 인간 심리학과 깊은 연관을 맺고 있는 것이 아니라 하나님의 **새로운 피조물**인 것을 나타낸다. 갑작스러운 회심을 경험한 자들이든 아니면 점차적인 갱신의 과정을 걸친 자들이든지, **모든** 그리스도인들은 하나님의 새로운 창조 사역에 함께 참여한다. 바울은 "누구든지 그리스도 안에 있으면 새로운 피조물이라"고 말한다(헬라어 원문에는 동사가 사용되지 않았다. 고후 5:17).

1. 새로운 피조물과 묵시

바울은 '묵시적'이라고 불리는 것에 대한 부분에서 그리스도인의 생활에 대해 유려하게 설명하고 있다. 이는 구약(즉, 히브리 성경)과 바울 당시의 유대인과 기독교인의 기록물들에서 발견된다. 구약과 신약, 유대의 묵시적 기록들은 하나님의 나라(혹은 통치)는 인간의 노력만으로는 오지 않을 것이라고 강조한다. 오직 하나님만이 존재의 새로운 질서를 정립할 수 있다. 율법에 대한 순종으로는 이를 달성할 수 없다. 하나님께 구별되어 기름부음을 받은 선지자, 제사장 혹은 왕조차도 정말로 필요한 무언가는 결핍되어 있었다. 이것은 비현실 또는 '신화'가 아니었다. 그렇다면 간단히 말해 기독교는 각 개별적 인간을 개심시키는 것에 관한 것인가? 혹은 기독교란 우리가 여전히 오류가 있는 인간으로 평범하게 있을 때조차도 어떻게 그리스도 안에서 하나님의 새로운 창조사역을 감당할 수 있는가에 관한 것인가? 크리스티안

베커(J. Christian Beker)가 "바울의 묵시적 메시지는 우리 시대 교회의 생명력을 위해 교회 안에서 새로운 듣기를 필요로 한다"고 말한 것은 타당하다.[3] 바울의 열정적 관심의 동인은 인간의 잠재력이나 인생사가 아니라 그리스도의 승리이다. 알렉산드라 브라운(Alexandra Brown)도 비슷한 말을 사용한다. 그녀는 십자가를 통한 변화와 '새로운 세상의 창조'를 말한다. 이와 반대로 다수의 고린도 그리스도인들은 "그들이 이미 '그것을 가졌다'고 생각했다."[4]

그리스도인들이 지체 없이 하나님의 약속된 미래로 들어간다는 뜻을 내포하지 않으면서도 바울이 새 창조와 새 세상(즉, 존재의 새로운 질서)에 대해 말할 수 있다는 사실을 인식하는 것은 중요하다. 휘틀리(Whiteley)는 탁월한 비유를 들려준다.[5] 첫 번째 그는 이것이 얼음장 같이 차가운 곳에서 무더운 곳으로 이송되고 있는 것과 같다고 말한다. 여기서 열은 결정적인 힘이다. 그것은 부정할 수 없다. 그러나 어떤 사람이 이글거리는 불이나 라디에이터 앞에 서 있다고 해도, 그 사람은 **여전히** 얼어붙은 관절이나 냉랭한 부분으로 인해 **고통 받는다**. 하지만 그들은 분명히 열기를 느끼고 있으며 결국에는 구석구석 따뜻해질 것을 알고 있다. 비록 따뜻함과 추위는 두 종류의 힘 혹은 '존재의 질서'를 보여준다고 해도, 그것은 여전히 일정한 **과정**으로서 존재한다.

두 번째 비유는 광범위하게 사용된다. 그리스도인은 침몰하는 선박에서 '구조된' 물에 빠진 사람과 같다. 하지만 그들은 즉시 육지로 떠

---

3) J. Christiaan Beker, *Paul's Apocalyptic Gospel: The Coming Triumph of God* (Philadelphia: Fortress Press, 1982), p. 11; 참고. J. C. Beker, *Paul the Apostle: The Triumph of God in Life and Thought* (Edinburgh: T. & T. Clark, 1980), pp. 3-182와 전체.

4) Alexandra R. Brown, *The Cross and Human Transformation: Paul's Apocalyptic Word in 1 Corinthians* (Minneapolis: Fortress Press, 1989), p. 96와 p. 30; 참조. pp. 1-64.

5) D. E. H. Whiteley, *The Theology of St. Paul* (Oxford: Blackwell, 1964, 2nd edn 1971), pp. 126-7.

밀려오지 않는다. 그들은 가라앉는 배에서 구조되었다(구원은 과거에 일어난 일이다). 구명정이 그들을 꾸준히 해안으로 실어가고 있다(구원되고 있는 현재 진행 과정). 구명정이 그들을 안전하게 해안, 즉 **육지**에 내려놓을 때 그들은 구원 **받을** 것이다(미래의 구원). 앤더슨 스캇(C. Anderson Scott)은 이 '구원의 세 가지 시제'를 중심으로 한 권의 책을 썼다.[6]

바울은 마치 미래에 계속 머물러 있는 것이 최고인 양 '구원 받은 것'에 대한 낭만적인 이상을 가지지 않았다. 그는 '두 질서,' 두 세대, 즉 옛 피조물과 새로운 피조물 두 가지 모두 그리스도인에게 영향을 끼친다고 말한다. 따라서 그를 비롯한 많은 그리스도인들은 여전히 고생, 고통, 실패, 실망, 좌절을 겪는다. 그는 '육체의 가시'를 없애달라고 세 차례에 걸쳐 기도했다. 필립스(J. B. Phillips)는 이를 '육신적인 장애'로, NEB는 '극심한 육신적 고통'으로 번역했다(고후 12:7). 그러나 바울은 "내 능력이 약한 데서 온전하여짐이라"고 말하며 그것을 견디며 지니고 갔다(고후 12:7-9). 고린도후서 11장 23-29절에서 바울은 많은 투옥으로 힘들었던 것, 셀 수 없이 매를 맞은 것, 서른아홉 번의 매를 다섯 번 맞은 것, 태장(笞杖)을 맞은 것, 돌로 맞은 것, 세 번 파선한 고생, 강도와 납치의 위험으로 받은 고난과 주리고 목마르고 헐벗음을 견딘 일들을 언급한다.

알렉산드라 브라운은 일부 고린도 교인들과 대조적으로 바울은 자기 자신을 삶을 위해 링 위에서 결투하는 투사처럼 여겼다는 점을 언급한다. 바울이 시합에 나설 동안 고린도 교인들은 링 위로 층이 진 관중석에 비스듬히 앉아 결투하는 사도들에게 박수나 야유로 화답한다. 바울이 서술하길, "우리는 대미를 장식하기 위한 전시대에 놓였다. 구경거리가 되는 사형수들처럼…우리는 멸시 당했고 일정한 거처

---

6) C. Anderson Scott, *Christianity according to St Paul* (Cambridge: Cambridge University Press, 1927).

도 없이, 우리 손으로 일을 하면서…우리는 욕을 먹으며…우리는 세상의 찌꺼기와 모든 사람의 신발에서 떨어지는 부스러기처럼 되었다"(고전 4:9-13, 저자의 번역).[7] 피조물은 하나님의 미래의 최종적 구속을 "목을 빼고" 즉 "간절히 열망하며 기다린다"(롬 8:19, 저자의 번역).

이제는 '묵시적'이라는 것에 대해 좀더 살펴보자. 이 용어는 히브리 성경의 마지막에서부터 1세기 말까지 구약과 유대 기독교 문헌 모두에서 발견되는 접근 형태를 나타낸다. 묵시론자들은 마치 각 세대가 필시 그 이전보다 더 나아질 것처럼 인간의 진보를 신뢰하지 않았다. 그들은 세상과 인류가 자기를 개선시킴으로써 인간의 문제를 해결할 수 있는 그 수준은 이미 지나가버렸다고 믿었다. 하나님만이 홀로 이 따금씩 새 시대 또는 마지막 날이라고 불리기도 하는, 존재의 새로운 질서, 즉 새로운 창조를 일으키실 것이다. 그러나 그들은 하나님이 자신의 목적을 이루시기 위해 역사 속에서 역사를 통하여 일하시는 사실도 강조했다.

성경 가운데 특히 다니엘서는 이 원리의 예를 보여준다. 인간의 개혁에 대한 하나님의 독립성은 "손대지 아니한 돌"로 나타난다(단 2:34). 곡과 마곡은 단독적인 하나님의 승리에 거스르는 적대적인 우주의 세력을 의미하는 반면(겔 38-39장), 에스겔은 신령을 통한 마른 뼈의 '부활'과 새로운 삶에 대해 말한다(겔 37장). 이사야의 여러 부분에서도 새로운 창조를 고대한다(사 2:4; 4:2-6; 9:2-3; 24:1-27; 37:31-32; 65:17-25; 66:1-24). 이사야는 "내가 새 하늘과 새 땅을 창조하나니 이전 것은 기억되거나 마음에 생각나지 아니할 것이라"고 선포한다(사 65:17). 요엘은 하나님이 그의 영을 선택된 자들이 아니라, '모든 육신', 즉 '남녀'를 모두 포함한 만민에게 부어줄 그 '마지막 날'을 기대한다(욜 2:28-29). 스바냐 역

---

7) Thiselton, *First Corinthians*, p. 74; 참조. Thiselton, *The First Epistle to the Corinthians*, pp. 359-65.

시 '여호와의 큰 날'을 기대한다(습 1:9-18). 묵시적인 전망은 보통 '그 날'이라고 말하는 스가랴 9장에서 14장까지의 큰 특징을 이룬다(슥 14:1-8). 신약에서는 마가복음 13장 24-36절(이 구절은 마 24:23-31과 평행, 혹은 한걸음 더 나간다), 고린도전서 15장 12-20절, 데살로니가전서 4장 13절-5장 8절, 요한계시록 4장 1-11절, 17장 9-18절, 21장 3-5절에서 잘 알려진 예들을 다소간 보여준다.

유대 문학에서 『에녹1서』(1 Enoch) 37-71장("에녹의 비유"〈The Similitudes of Enoch〉), 『모세의 계명』(The Testament of Moses)으로 알려진 책, 바울 이후에 쓰인 『바룩 묵시록』(The Apocalypse of Baruch)과 『에스라4서』(혹은 『에스드라2서』)에는 더욱 잘 알려진 예들이 있다.[8] 묵시는 『희년』(Jubilees), 『시빌라의 신탁』(Sibylline Oracles)(이 두 권은 구약 말기의 묵시문학 작품들임-역주)에 영향을 미쳤고, 헬라어를 사용하는 유대인들에게 끼친 영향을 보여준다. 그러나 이 책들은 새 창조를 강조하기보다는 하나님이 역사를 세대별로 나누신 것과 계시와 보이지 않는 세상의 실재를 강조하는 경향이 크다. 묵시문학의 저자들처럼 바울은 이 세상을 하나님이 그의 **지고한** 목적에 따라 속죄와 구원의 **공개적인 행동**을 보여주는 무대, 즉 극장으로 본다.

그러나 바울에 따르면 그리스도인들은 여전히 현재의 창조 질서 아래서 살고 있다. 참으로 '육신 안에서' 벌어진 것은 기독교 제자도를 향한 확실한 표시를 제공한다. 세상과 육신, 이 두 가지는 모두 사랑의 하나님의 은사를 나타내고 좋은 것으로 보인다. 하지만 새 창조 역시 그리스도를 통하여 세상에 들어왔으며 지금은 옛 것과 같이 존재한다. 그리스도인들에게 새 창조는 명백한 것이 되고 그들 삶의 국면을 변화

---

8) Klaus Koch, *The Rediscovery of Apocalyptic: A Polemical Work on a Neglected Area of Biblical Studies and its Damaging Effects*, trans. Margaret Kohl (London: SCM Press, 1972).

시키는 것이 되었다. 현대의 많은 설교들이 삶에 대한 일화들로 이뤄진 데 반해서, 바울의 설교는 대체로 하나님과 그리스도, 그리고 성령에 관해서였다. 그래서 아마도 우리는 복음의 온전한 감동의 일부를 쉽사리 놓쳐 버리는 것 같다.

2. 옛 것과 새 것

이 두 질서의 공존을 옛 시대와 새 시대의 **중첩**으로 설명하는 이들이 있다. 그러므로 '신령한 것'을 위해서는 전통적인 관점을 넘어서는 '아는 것'의 새 질서가 필요하다. 바울은 고린도전서 1장 18절-2장 16절에서 옛 질서의 기준만으로 판단하는 자들에게는 십자가가 '어리석은' 것이라고 명백히 말한다. 십자가는 장애물이 되어버린다(고전 1:18, 23). 바울은 성령이 주는 '그리스도의 마음' 안에서, 또 이로 인한 변화의 필요를 강권한다(고전 2:16). 아는 것의 옛 방식은 '세상의 지혜'이다. 하나님의 지혜는 그것을 미련하게 하였다(고전 1:20).

따라서 문칭거(Munzinger)는 '세계 전환' 즉 그리스도인들이 '인식론적(즉, 앎의 방식) 혁명'을 통해 모든 것을 다르게 바라보게 되는 근본적 관점 전환을 요청한다.[9] 그는 그리스도인들은 '갱신된 마음'이 필요하다고 주장한다(엡 4:23 참고). 이는 사건과 진행, 두 가지를 구성한다. 사건은 그리스도인이 새로운 피조물로서 그리스도와 연합하게 되는 때에 발생한다. 그러나 그 사람이 반드시 이 순간을 자각하리라는 법은 없다. 처음에는 자격 없이 주어지는 하나님의 은혜와 다른 사람들의 기도가 이 입문의 과정을 지속하게 할 것이다. 하지만 이는 벌어졌

---

9) André Munzinger, *Discerning the Spirits: Theological and Ethical Hermeneutics in Paul* (SNTSMS 140; Cambridge: Cambridge University Press, 2007), p. 164.

던 일들을 현실화하는 꾸준한 과정이 된다. 바울은 이 사건을 "흑암의 권세로부터" 해방으로, 또는 "그(하나님)의 사랑의 아들의 나라로 옮겨짐"으로 묘사한다(골 1:13). 이것은 '그리스도의 마음'을 도야할 때, 충족되는 것임이 분명하다(고전 2:16; 3:1-4 참조). 손튼(L. S. Thornton)은 다음 비유를 든다. 새로운 식물이나 나무가 노목에 접목될 때, 독특한 접목의 순간이 있다. 하지만 이때가 지나면 두 유기체는 더욱 상호작용하며 불가분적인 관계가 된다.[10] 알렉산드라 브라운은 고린도의 일부에 대해 다음과 같이 언급한다. "생각의 변화는 이미 일어났다. 하지만 그 변화는 불완전하다…부르심에 대한 그들의 **전유화**(단순하게 소명에 대한 자각 이상으로 인식적이고 윤리적인 총체적 변화를 의미한다.-역주)야말로 바울이 부각시키려는 바로 그것이다…복음은 다시 설파되어야만 한다."[11]

이처럼 '거대한 단절'이 바울의 사상을 꿰뚫고 있는 것은 사실이다. 그러나 첫째로 이것은 새로운 피조물, 즉 존재의 새로운 질서에 관한 것이지 그의 회심 경험의 심리적 감상이 아니다. 둘째로 그것은 그리스도의 마음을 습득하는 부단한 과정을 고려하지 않거나, 앞서 나온 비유에서처럼 추위가 누그러지는 과정이나 구명정에 타고 가는 과정을 헤아리지 않고 극적인 사건으로 모든 것을 연결하려는 것이 아니다. 바울의 '회심'은 이방인들을 향한 복음 전파에 대한 소명을 이루고 있다는 점에서도 독특하다. 바울은 자신이 그리스도인 공동체들을 탄압하기 위해 다메섹으로 가던 도중 그 사건이 어떻게 일어났는지 독자들에게 들려준다(갈 1:13-17, 참조: 행 9:1-19; 22:3-16; 26:12-18). "내 어머니의 태로부터 나를 택정하시고 그의 은혜로 나를 부르신 이가"(갈 1:15)라는 바

---

10) L. S. Thornton, *The Common Life in the Body of Christ* (London: Dacre Press, 1942; 3rd edn 1950), pp. 62-4.
11) Brown, *The Cross and Human Transformation*, p. 30.

울의 말은 예레미야의 소명을 상기시켜 준다. "내가 너를 모태에 짓기 전에 너를 알았고 네가 배에서 나오기 전에 너를 성별하였고 너를 여러 나라의 선지자로 세웠노라 하시기로"(렘 1:5). 묵시론자들과 마찬가지로 바울은 자신의 소명을 하나님의 단독적인 행동으로 보았다. 요하네스 뭉크(Johannes Munck)를 비롯한 다른 사람들의 적절한 언급처럼, 이 소명은 어떠한 사전준비도 없이 '난데없이' 닥쳐왔다.[12] "가시채를 뒷발질하기가 네게 고생이니라"(행 26:14)는 말씀은 고통 받는 양심과는 전혀 무관한 교훈으로써 다음을 의미한다. "앞으로 너는 나, 곧 그리스도가 네게 부과한 일에서 벗어나지 못할 것이다."[13]

옛 질서와의 공존이 의미하는 바는 그리스도인들에게 성장과 고통을 피할 수 있게 해주는 지름길 따위는 없다는 사실이다. 그리스도인들은 여전히 나약함과 불완전함, 고통과 죽음을 겪는다. 십자가와 부활은 새로운 세상으로 가는 관문이다. 성령, 새로운 삶, 그리스도와의 부활, 새로운 피조물이 이를 특징짓는다. 존재의 새로운 질서의 영향력이 확정적이고 결정적일지라도 두 세계 모두는 마지막 날, 육신의 최종적인 부활의 때 이전까지 그리스도인에게 영향을 끼친다. 바울은 이런 애매모호한 상황을 매우 잘 인식하고 있었다. 그는 다음과 같이 기록한다. "내가 이미 얻었다 함도 아니요…그것을 잡으려고…형제들아 나는 아직 내가 잡은 줄로 여기지 아니하고…푯대를 향하여…달려가노라"(빌 3:12-14).

---

12) Johannes Munck, *Paul and the Salvation of Mankind*, trans. Frank Clarke (London: SCM Press, 1959), pp. 11-35.
13) Munck, *Paul and the Salvation of Mankind*, p. 21.

3. 그리스인을 향한 전파와 '두 시대'

바울이 자신의 묵시적 복음을 전하면서 헬라어와 그리스 로마 용어를 사용했던 것은 '이전'과 '지금'의 날카로운 단절을 한결 부드럽게 만든다. 그는 헬라어를 사용하는 유대인들과 헬라어 구약 성경, 즉 70인역에 큰 신세를 진다. 만일 바울이 이방인을 위한 사도라면, "새 시대가 밝았다"라거나 "하나님의 나라가 여기 도래했다"(참고. 막 1:15)와 같은 단순한 선포는 실제로 그가 이해하기 어려웠을 것이다. 그런 언어가 예루살렘 유대인들에게는 즉시 반향을 일으킨다고 해도 말이다. 이방인들, "하나님을 경외하는 자들"(독실한 이방인들), 그리고 헬라어를 사용하는 유대인들이 쉽게 이해할 수 있는 그런 개념이 똑같은 복음에 씌워져야만 했다. 이것은 왜 오늘날 바울이 우리를 위해 살아 있는가에 대한 또 다른 이유이다. 우리 역시도 '주'(主), '구원', '개심하여 시작하는'과 같은 말들을 이해한다. 우리는 그의 로마 수사학적 형식의 세심한 사용(예로, 고전 15:1-58)과 거의 예수의 비유만큼이나 많이 사용한 일상에서의 유비들을 인식할 수 있다.[14] 우리는 '입양'과 노예를 사고파는 것에 대한 바울의 사회적인 은유를 이해할 수 있다(롬 8:14; 갈 4:6; 고전 6:20). 바울에게 있어서 두 사람 사이의 불화나 장벽을 제거하는 의미를 가지는 화목의 주된 개념은 구약 안에서 명백히 언급되는 계보가 없겠지만, 무척이나 동시대적인 인상을 가진다(고후 5:2). 우리는 그 뜻의 계승자가 되는 것이 무엇인지를 이해하고 약속의 성취를 위한 기다림을 받아들인다. 이것은 미쁘신 하나님에 대한 신뢰를 요청한다(롬 3:3; 고전 1:9; 고후 1:18; 살전 5:24).

바울은 하나님의 말씀이 '가까움', 즉 다가가기 쉽다는 점을 중시했

---

14) Herbert M. Gale, *The Use of Analogy in the Letters of Paul* (Philadelphia: Westminster Press, 1964).

다(롬 10:8). 그리스도 안에서 하나님은 '생각할 수 있게' 또는 '알 수 있게' 되었다. 이를 위해 바울은 더 이상 자신을 위해 살지 않았다(고후 5:15). 그는 히브리 성경의 개념들과 초기의 사도적인 교훈을 그리스 로마 세계에 통용되던 언어와 사상에 조화시키려고 노력했다. 아직 아무것도 그의 새 창조에 대한 선포와는 부합되지 않았다(고후 5:17). 왜냐하면 그리스도인들은 새로운 질서 아래 있지만, 아직 완전히 옛 질서에서 자유로운 것은 아니기 때문이다. 바울은 우리 인간적 약함의 상황에서 성령과 기도의 역할을 강조한다.

4. 바울의 유머

이 장을 오늘날에도 여전히 쉽게 눈치챌 수 있는 바울이 사용한 유머를 살펴보며 결론을 맺으려 한다. 이 장면은 하나님의 은혜가 모든 것임을 보여주되, 바울도 자신의 '약함'을 없애달라고 간구하는 부분이다. 우리는 어떤 군대가 도시를 포위하고 있었을 때 누군가 "맨 처음 그 성벽을 오르는" 사람이 특출한 영웅이라고 상상할 수 있다. 성을 수호하는 자들은 그 벽을 용맹하게 처음으로 오르려는 자들과 사다리를 타고 기어오르는 자들의 머리 위로 펄펄 끓는 기름을 붓고 바위를 던질 것이다. 고린도후서 11장과 12장에서 바울은 그의 '약함'과 거짓 사도들이 소위 말하는 자기 영광을 비교한다. 바울은 자랑게임(boasting-game)을 어리석은 것으로 여겼다. 그는 네가 알아야만 한다면, 나는 '약함'을 자랑할 것이라고 말한다. 실제로 그는 "내가 그 성벽에 맨 처음 올랐는데, 다만 방향이 반대였다"고 말하는데 이는 "아레다 왕, 곧 그의 군대가 나를 사로잡으려고 했을 때, 나는 다메섹 성벽을 광주리를 타고 첫 번째로 내려가서 무사히 도망쳤다"(고후 11:30-33, 저자의 번역이다)고 말하고 있다. 독자들은 용기에 관하여 잘 알려진 실례로써 풍자하고 있는 이 바울의 의도를 알아챌 것이다.

지금껏 살펴본 바로 부각되는 것은 서신왕래를 잘하였으며 그리스도인의 삶 속에서 성장하는 과정을 잘 알았던 온화하고 인간적인 바울이다. 그런데도 그는 묵시에 관해 중대한 점을 잘 보존했다. 루이스 마틴(J. Louis Martyn), 알렉산드라 브라운 및 다른 이들이 마땅히 제시하듯이 바울은 '수행적인' 발화(동작을 나타내는 역동적인 언어)를 사용하여 하나님의 변화시키는 권세를 선포한다.[15] 이는 그것이 말한 바대로 그 어떤 것을 한다. 그것은 단순한 기술(記述)이 아니다. 이것은 또한 '발화 행위'라고도 알려져 있다(말을 통해서 하게 되는 행동을 뜻한다. 예를 들면 "내가 너를 용서한다"라고 말하는 행동. 더 상세히는 오스틴(J. L. Austin)의 책을 참고할 것-역주). 브라운이 서술하길, "십자가의 어리석음을 통하여" 바울의 언어는 "하나님의 옛 세계의 파괴…그리고 새로운 세상의 창조"를 위한 기능을 한다.[16] 이것은 존재의 두 질서 사이의 차이를 모두 유지하면서도 '그리스도의 마음'으로 변화되는 점차적인 과정도 허용한다.

---

15) Brown, *The Cross and Human Transformation*, pp. 31-64; 참고. John L. Austin, *How to Do Things with Words* (Oxford: Clarendon Press, 1962), 수행문에 대해.
16) Brown, *The Cross and Human Transformation*, p. 96; 참고. pp. 31-148.

제3장
이방인을 위한 사도 (1):
여행가 그리고 선교 목회자

1. 1차 선교여행에 이르기까지 바울의 생애

바울의 회심, 즉 부르심을 받기 전의 배경을 보면 그는 소아시아 길리기아의 대표적인 도시 다소 출신이었다. 그곳에서는 헬라어가 사용되었는데, 특히 상업과 무역을 위해서였다. 다소는 바다에서 10마일이 채 되지 않았고, 항구와 같은 그곳의 석호(潟湖)로부터는 단지 5마일 거리였다. 고린도와 마찬가지로 다소는 번잡하게 북적이는 수송과 무역의 중심이 되었다. 바울은 그곳에서 가죽세공 기술을 배웠는데(천막을 만드는 것도 포함하여), 이것은 신발과 술을 담는 부대 등의 다른 많은 것을 포괄하는 것이다. 웰본(Welborn)은 바울이 상업에 사용한 헬라어는 그가 무대 장치를 만드는 사람이었음을 나타낸다고 주장한다.[1]

---

1) L. L. Welborn, *Paul, the Fool of Christ: A Study of 1 Corinthians 1-4 in the Comic-Philosophic Tradition* (London and New York: T. & T. Clark International/Continuum, 2005), pp. 11-12.

다소에는 아마도 약 75,000명 남짓한 거주민이 있었고, 또 많은 국제적 방문객들을 끌어들였을 것이다. 주위의 땅은 비옥했고, 다소 산의 길을 지나면 동방과의 교역을 위한 관로가 있었다. 마크 안토니와 로마인들은 해적으로부터 도시를 지켰으며, 아구스도 이후에는 현저히 많은 주민들이 로마 시민권을 받았다. 이 모든 것들이 바울이 광범위한 지역을 옮겨 다니며 고린도인들과 조우하여, 좀더 넓은 범위이긴 해도 다소의 많은 특징들을 나누는 데 유용했다. 고린도처럼 다소에는 지역 학교와 많은 이방 신들을 섬기는 신전들이 있었다. 고린도처럼 그곳의 사람들은 화려하고 대부분 오만하다고 여겨졌다.

우리는 얼마나 이른 시기에 바울이 바리새인으로서 유대교와 성경을 교육받으러 예루살렘으로 보내졌는지 알 수 없다. 빌렘 반 위닉(Willem van Unnik)은 "이 도시(예루살렘)에서 자랐고"(행 22:3)라는 말은 바울의 어린 시절에 해당한다고 주장한다.[2] 그는 가말리엘에게서 히브리어와 아람어를 더 배웠다. 헬라어를 사용하는 유대인과 이방인들, 예루살렘, 로마 이 세 가지의 유산이 모두 그의 사역에 기여했다고 여겨진다. 예루살렘 성전을 방문한 것에 더하여 바울은 정기적으로 유대인의 회당에서 예배했다. 회당에서 그는 아마도 히브리 성경과 히브리 본문의 아람어 의역 혹은 해석인 타굼(Targum)을 읽고 들었을 것이다. 많은 유대인들은 히브리어나 아람어보다는 헬라어에 더 유창했다. 바울은 이 유대 유산을 자랑스럽게 여기고 독실한 유대인으로서 유대교의 위험하고 이단적인 분파인 초기 그리스도인들을 "심히 박해했다"(갈 1:13). 그러나 훗날 그는 이방인들이 즉각 알아들을 수 있는 개념들을 사용하기 위해 헬라어를 사용하는 유대인들과 이방 세계에 대

---

2) Willem van Unnik, *Tarsus or Jerusalem: The City of Paul's Youth*, trans. George Ogg (London: Epworth Press, 1962); 참고. 또한 Ronald F. Hock, *The Social Context of Paul's Ministry: Tentmaking and Apostleship* (Philadelphia: Fortress Press, 1980).

해서도 충분히 알고 있었다.

바울은 회심하고 소명을 받은 직후 "아라비아로 곧장" 갔다(갈 1:17). 이는 수리아 동쪽과 이스라엘을 포함하는 넓은 지역이다. 헬라어와 아람어 모두 다메섹 남동부에서 사용되었다. 우리는 바울의 이 방문이 기도와 묵상을 위한 피정의 시간이었는지, 혹은 곧장 복음을 전하기 위한 선교를 시작했던 것인지 확신할 수 없다. 우리는 바울이 주후 52년경(또는 51년) 고린도에서 지방총독 갈리오를 만났을 때로부터 거슬러 올라가면서, 이 아라비아 방문을 주후 33년 또는 34년으로 보는 제롬 머피 오코너(Jerome Murphy-O'Connor)의 추정을 따라갈 것이다.[3] 아마도 주후 34년에서 37년까지, 바울이 복음을 선포했음이 틀림없어 보이는데, 적대자들로 인해 다메섹으로 돌아가게 되었을 것이다. 갈라디아서 1장 23절은 어떻게 그가 "전에 멸하려던 그 믿음을 지금" 전하는지 보여준다. 바울이 주후 36 또는 37년에 처음으로 예루살렘을 방문함으로써, 다메섹에서의 체류는 그친다. 그리고 거기서 그는 2주간 베드로와 함께 머물렀다. 그가 복음을 **사람에게서** 난 것으로 배우지 않았다고 갈라디아인에게 역설함에도 불구하고(갈 1:11-12), 이 때 바울이 지상에서의 예수의 삶과 수난, 그리고 초창기의 사도적 가르침에 대해서 보다 더 알아가는 시간을 보낸 것은 분명하다. 다드(C. H. Dodd)가 무심하게 언급하듯, 바울과 베드로가 만났을 때 "우리는 그들이 날씨 이야기만 하면서 그들의 시간을 보내지 않았을 것이라고 생각할 수 있다."[4]

36년(또는 37년)에서 46년까지는 흔히 '감춰진 기간'으로 알려져 있고, 주후 52년 즈음이 바울이 예루살렘을 두 번째로 방문했던 막바지였을

---

3) Jerome Murphy-O'Connor, *Paul: A Critical Life* (Oxford: Oxford University Press, 1997), pp. 7-22.
4) C. H. Dodd, *The Apostolic Preaching and its Developments* (London: Hodder & Stoughton, 1936), p. 26.

것이다(갈 2:1). 우리는 이 숨겨진 기간에 대해 거의 아는 바가 없다. 다만 대부분이 고린도후서 11장 23-33절에 열거되는 매를 맞고 표적이 되고 투옥되었던 박해와 심리들이 이 시기에 속하는 것으로 본다.

2. 구브로 그리고 소아시아

이 후에 바나바는 바울을 만나기 원했고, (아마도 베드로와 나눈 대화의 결실이거나 바울의 선교사역에 대해 들었기 때문일 것이다) 다소에서 그를 찾았다(행 11:25-26). 사도행전은 바울이 안디옥에서 일 년 동안 머물면서 복음을 전하고 교회를 목회했다고 기술한다(11:26). 안디옥은 수리아와 길리기아를 합친 로마 식민지의 수도였다. 수리아 안디옥은 로마와 알렉산드리아 다음의 세 번째로 가는 도시였으며 인구는 약 50만 명에 달했다. 여기에 교회는 초창기 선교를 위한 '기지'를 세웠다. 많은 이들이 하나님께 돌아왔으며(참고. 행 11:20), 구브로에서 온 사람들도 있었다. (예루살렘) 교회가 바나바와 바울을 주로 구브로를 전초로 한 '1차 선교여행'이라고 불리는 사역을 위해 파송한 것은 놀라운 일이 아니다. 바울은 '무소속의' 개인 선교사로 간 것이 아니라 기도와 안수 후에 동역자와 함께 예루살렘과 안디옥교회의 대표로서 파송되었다(행 13:1-2).

바울은 자신이 헬라어를 사용하는 배경과 헬라어 성경, 즉 70인역에 대한 지식이 있음을 상기했다. (바나바와 함께 한) 여행은 로마 총독, 서기오 바울을 회심하게 했지만 이교도 마술사인 엘루마와 대결을 하기도 했다(참고. 행 13:4-12). 그들은 구브로를 떠난 후에 소아시아에 있는 버가, 밤빌리아, 비시디아 안디옥에 복음을 전했다. 이 '1차' 선교여행에서조차도 바울이 가진 헬라어 지식의 중요성이 부각

된다. 칠튼(Chilton)은 70인역을 '바울 일생의 모판'이라고 부른다.[5] 디아스포라 유대인과 헬라어를 사용하는 유대인들의 넓은 모임장소는 상대적으로 적은 인구의 아람어를 말하는 유대인들보다 훨씬 많았다. 크리스토퍼 스탠리(Christopher Stanley)는 바울이 사용한 각각의 히브리어와 헬라어 성경과 그 이문(異文)들에 대한 세심한 연구에 착수해왔다. "그가 사용한 주된 본문은 오늘날 '70인역'(LXX)으로 알려진 헬라어역임이 분명하다"고 그는 결론을 내린다. 이따금은 70인역(LXX)의 이문(異文)이다.[6]

사도행전은 이 복음 선교를 연속적인 단계로 묘사한다. 첫째로 예루살렘과 유대의 유대인들에게(행 1-5장), 둘째로 헬라어를 사용하는 유대인들에게(6:1-8:40), 셋째로 안디옥 및 소아시아의 유대인들과 이방인들에게, 넷째로 그리스에, 다섯째이자 마지막으로 로마로의 단계이다. 누가는 6장 1절-8장 40절에서 '헬레니스트'(Hellenists)의 중요성을 확인한다. 그리고 이방인들을 향한 선교 후에는 마침내 사도행전 15장의 예루살렘 회의가 열린다. 바울은 '먼저 유대인에게' 복음을 전했고(롬 1:16), 1차와 2차 선교여행에서도 먼저 회당에서 가르친 후, 이방인들에게 전했다(갈 1:16). 헬라어를 사용하는 유대인들은 바울의 '기지' 역할을 하였고, 그는 데살로니가, 빌립보, 에베소, 로마의 회당에서 말씀을 전했다. 70인역의 중요성은 『아리스테아스의 편지』(Letter of Aristeas)에 나오는 그 기원에 관한 설명으로써 강조된다. 전하는 바에 의하면, 이집트의 왕 프톨레미가 아리스테아스를 보내어 예루살렘에서 72명의 원로들을 모으는데, 이들이 72일간 히브리 성경을 헬라

---

5) Bruce Chilton, *Rabbi Paul: An Intellectual Biography* (New York and London: Doubleday, 2004), p. 14.
6) Christopher D. Stanley, *Paul and the Language of Scripture: Citation Technique in the Pauline Epistles and Contemporary Literature* (SNTSMS 69; Cambridge: Cambridge University Press, 1992), p. 254.

어로 옮겼다. 70인역은 구약성경을 다른 순서로 배치했으며 신구약 중간시대의 '외경'들도 포함시켰다. 그것은 이사야, 예레미야, 에스겔, 다니엘의 예언과 묵시로 끝을 맺으며, 히브리 성경보다 더 '보편적인' 신학을 투사하고 있다.

로마, 알렉산드리아, 안디옥, 데살로니가에 있던 헬라어를 사용하는 유대인들은 그들만의 유대적 헬레니즘 문학이 있었다. 여기에는 솔로몬의지혜서, 마카비2-4서, 알렉산드리아의 필로와 요세푸스의 기록물들『아리스테아스의 편지』,『시빌라의 신탁』,『에녹2서』와 그 외 다른 문헌들이 있다. 전형적으로 솔로몬의 지혜서(외경으로 로마 가톨릭 성경에 포함되어 있다)에는 헬라어를 사용하는 유대인의 모임장소에서 행해진 회당 설교와 같은 자료들이 많이 있다. 이것은 대략 주전 40년경에 기록되었으며, 우상숭배의 어리석음과 그 결과로 나타나는 부도덕한 행실에 대해 언급한다(예로, 지혜서 14:8-14; 15:1-6). 바울이 유대인뿐만 아니라 이방인에게도 '변명거리'가 없음을 언급할 때와(참고. 롬 2:1-24; 롬 3:23), 로마서 1장 18-32절에서의 바울의 기록이 비슷한 점에 주목하게 만드는 이들도 있다. 그리고 마카비4서(약 주후 18-100년경)는 비록 의로운 고난의 자리와 순교자의 피의 속죄의 결과를 명시하고 있기는 해도, 이성 우위에 대한 전형적인 헬레니즘적 강조가 있다(마카비 4서 6:28-29; 17:21). 바울은 비록 부활의 개념에 있어서는 지혜서에 나오는 '불멸'의 관념과 날카로운 각을 세우긴 했어도 이러한 주제들에 대해 매우 친숙했다.

헨리 채드윅(Henry Chadwick)은 필로의 작품이 "어떠한 다른 비그리스도적 자료보다 더욱…바울의 저작들을 이해하는 데 도움이 된다"고 평가한다.[7] 아마도 바울이 직접 필로의 글을 읽지는 않았을 터이지

---

7) Henry Chadwick, "St. Paul and Philo of Alexandria", *Bulletin of the John Rylands Library* 48 (1966), p. 287 참고. pp. 286-307.

만 필로는 바울이 활동하던 당시에 널리 알려져 있었으며 막대한 영향을 끼쳤다. 필로는 그리스인들과 로마인들이 유대교를 가장 흠모하기를 바랐으며, 그는 이 둘 모두에 충실하고자 했다. 그는 모세를 여러 가지 점에서 플라톤보다도 앞선 철학자의 원형으로 보았다. 그는 보통 70인역을 비유적으로 해석했다. 영적 존재로의 하나님은 에덴에 나무를 '심지' 않으셨고, 아담은 하나님으로부터 '숨을 수' 없었다. 하나님은 '선'(善)을 심으셨다(창 2:8; 3:8). "아담아, 네가 어디 있느냐?"는 질문은 신적 무지를 의미하지 않는다. 하나님은 플라톤의 완벽한 세계에 속한다. 회당 설교들과 마찬가지로, 필로는 많은 스토아 철학자들이 그랬듯이 우상숭배를 비난했다. 바울과 필로 모두에게서 발견할 수 있는 구절들도 있다. 예로 우리는 "거울로 보는 것 같이" 보며(고전 13:12), 우리의 시민권은 하늘에 있고(빌 3:20), 우리는 하나님을 "주께서 나를 아신 것 같이" 알 것이다(고전 13:12)라는 구절들이다. 요세푸스는 바울에게 있어 중요성을 덜 가지는데, 이는 그가 바울보다 부분적으로 후대의 사람이고(약 37-100년경), 그의 글들 대부분은 역사적이기 때문이다. 하지만 그는 바리새인과 쿰란 공동체에 대한 직접적인 지식을 던져주며, 그의 저서 『유대인의 풍습』(The Antiquities of the Jews)에서는 70인역을 사용하고 있다.

　우리는 바울의 1차 선교여행 막바지까지 살펴보았다. 그러나 우리는 바울이 이리저리로 이동하는 선교사였지만 또한 그만큼이나 **목회자**이기도 했음을 알아야 한다. 이고니온에서 적개심에 부딪쳤을 때, 바나바와 바울은 "오래 남아 있었다"(행 14:3). 그곳에서 성공을 거두고 또한 더베에서 돌로 맞기도 한 후, 그들은 루스드라와 안디옥으로 돌아가서, "제자들의 마음을 굳게 하여 이 믿음에 머물러 있으라"고 권했다(행 14:21-22). 그들은 "각 교회에서 장로들을 택하였다"(14:23). 그들이 안디옥에 돌아왔을 때, 그들은 교회에 결과를 보고했다(14:26-27).

예루살렘 회의 후에 바울과 바나바는 "우리가 주의 말씀을 전한 각 성으로 다시 가서" 신자들을 방문했다(행 15:36). 바울은 수리아와 길리기아에서 실루아노와 함께 시간을 더 보냈다(살전 1:1). 그는 "모든 교회를 위하여 염려"하는 것으로 "날마다 눌리는" 것을 경험했다(고후 11:28). 그리고는 바울은 소아시아의 교회들을 다시 방문하려고 애를 썼다.

최근의 연구는 예루살렘 회의(행 15장)에서 나온 진술이 약 주후 48-9년이었을 것으로 추산한다. 장로들은 이방인들이 그리스도인이 될 수 있는지 또는 그리스도인으로 있을 수 있는지에 대한 공통된 방침을 정하기 위한 회의를 소집했다. 실제로 그들이 할례와 식사법을 포함한 모든 유대 율법을 지켜서 처음으로 선한 유대인이 된 자들인가? 바울과 바나바(행 15:2-3, 12)는 베드로(7-11절)와 야고보(13-21절)가 그랬던 것처럼 변론을 위한 대표자였다. 그 연설은 이방인들에 대한 하나님의 환영과 그것의 성경적 근거에 대해 말했다. 결국 사도들은 할례와 모든 식사법을 강요하지 않았다. 그럼에도 다만 유대 그리스도인들만이 민감해했다.

3. 그리스로 나아감

바울이 다시 교회들을 방문할 때, 질병을 비롯한 다른 수단들로써 성령은 바울의 계획을 방해하여 그를 드로아 해안 쪽을 향해 떠밀었다. '2차 선교여행'은 잘 진척되었고, 바울은 두 가지 의미에서 그리스를 위한 '환상'을 받았다. 그는 자신에게 바다를 건너오라고 손짓하는 '마게도냐(그리스 북쪽) 사람'에 대한 꿈을 꾸었다. 이 사람이 바로 누가였음이 유력한데, 사도행전에서 이 여행을 기술하면서 여기서부터

'우리'라는 말을 사용하고 있기 때문이다. 디모데, 실라(혹은 실루아노), 누가, 바울은 유럽으로 건너가 사모드라게에 도착했다. 그들은 즉시 마게도냐의 가장 중요한 두 도시인 빌립보와 데살로니가에 방문했다.

일행은 로마의 식민지 빌립보에서 '수일 동안' 유하였다(행 16:12). 루디아가 세례를 받았고, 그들은 그 집에서 머물렀다. 하지만 그들이 점치는 귀신들린 여종과 마주친 일은 사람들의 적개심과 비난을 불러일으켰다. 바울과 실라는 구타당하고, 매를 맞고 투옥되었다(행 16:22-24). 사도행전 16장 31절에서 이 사건에 대한 누가의 '언급'은 바울의 유머를 보여준다. 누가에 따르면 지진이 일어나 모든 감옥 문이 열린다. 그리고 간수의 "내가 어떻게 하여야 구원을 받으리이까?"라는 질문에 바울은 "주 예수를 믿으라 그리하면 네가 '구원'을 받으리라"고 대답하면서 이중적인 의미를 사용했다. 다음날 상관들이 바울을 풀어주지만, 바울은 그들이 로마 시민인 자신에게 매를 치지 않았어야 했다고 항의했다. 상관들이 용서를 빌자 일행은 루디아의 집으로 돌아갔다.

그리스에서의 다음 여정은 데살로니가에 있는 회당으로 가는 일정이었다. 그 곳은 로마가 자치권과 자체 지도자를 허가했던 마게도냐에서 가장 큰 도시였다. 이곳에서의 일들에 대한 서술은 데살로니가 전서와 사도행전 17장 1-15절에도 나온다. 바울은 3주 동안의 매 안식일마다 회당에서 복음을 전했다. 많은 이들이 그리스도인이 되기도 했지만, 또 다른 유대인들은 시기하며 소동을 일으켰다. 그들은 바울을 대접하던 야손을 읍장들에게 끌고 갔다. 읍장들은 바울의 선한 행동, 곧 일탈에 대한 보석금을 요구했다. 그날 밤에 그리스도인들은 바울을 베뢰아로 보냈는데, 추측건대 이는 야손의 안전을 확보하기 위해서였을 것이다. 그곳에서 유대인들은 바울의 말씀을 더욱 잘 받아들였고, 많은 이들이 그리스도를 믿게 되었다. 하지만 데살로니가에서 온 유대인들이 그 상황을 요동시켰다. 실라와 디모데는 그곳에 남았지만, 바울은 아가야의 수도인 아덴 또는 그리스 남단으로 환송받았다.

바울의 아덴과 특히 고린도 방문은 이 '2차 선교여행'에 있어서의 절정에 이른다. 바울은 도시에 '가득한 우상'(행 17:16)으로 괴로워했으며, 아레오바고(오늘날 Mars Hill이라고 하며 그 곳에 명패가 붙어있다)에서 에피쿠로스와 스토아 철학자들에게 연설했다. 바울은 그들의 종교심을 즐거워해주며 세상을 창조한 유일하신 하나님에 대해 말했다. 많은 스토아 철학자들은 이 믿음은 공유했지만 바울이 부활에 대해 전파했을 때는 그것은 전혀 다른 문제가 되었다. 믿는 자들도 있었지만, 대부분은 비웃었다. "그 후에 바울이 아덴을 떠나 고린도에 이르러"(행 18:1)라는 짧은 절은 약 40이나 50마일의 길고 힘든 도보 여정을 담고 있는데, 이는 그가 바다로 가지 않았을 것이기 때문이다.

4. 고린도

그 행로는 아덴에서 소크라테스 사후에 소크라테스 철학의 중심지였던 엘류시스(Eleusis)와 메가라(Megara)를 지나는 길이었다. 고린도후서 1장 19절에 따르면, 디모데와 실루아노가 이때 바울과 합류했던 것으로 보인다. 그는 첫째 날 해질녘에 메가라에 도착했을 것이다. 둘째 날 여정의 첫머리에서 바울은 위험한 지역에 도달하지만(참고. 고후 11:26), 이후 그는 고린도 **영토**에 도착했을 것이다. 거기서 그는 번잡하고, 부산하고, 북적거리고, 또 고린도 이스미안 경기(Isthmian Games)를 마친 후에 뒷정리를 하고 있는 사람들도 보았을 것이다. 그가 점차 도시에 다다르면서 옛적 아프로디테 신전의 유적과 성채였던 아크로 고린도의 매우 높은 언덕이 시야를 점차 압도해왔을 것이다. 고린도는 부산하고 번잡한 세계적인 항구 도시였다. 주전 146년, 이 도시는 로마에 저항하다가 로마의 장군 뭄미우스에 의해 황폐해졌다. 하지만 주전 44년, 줄리어스 시저는 그곳을 로마 식민지로 재건하였는데 이는 주로 자기 군대의 퇴역군인들을 위해서였다. 그곳은 또한 상업과 무역에서의 매력을 갖추고 있어, 노예들과 자유인들이 일자리와 사업의 기회를 찾아오도록 만들었다. 그 곳의 동쪽으로 난 항구(겐그레아)와 서쪽 항구(레기움)는 동방의 소아시아와 에베소, 서방의 로마와 이탈리아를 잇는 상업과 무역의 관문이 되었다.

더욱이 고린도는 마게도냐(북 그리스)와 펠로폰네소스, 즉 남 그리스 사이의 남북 경로를 좌우하는 지협이었다. 그곳은 무역의 중심지였다. 유서 깊은 곳이지만 과거의 한때 부귀영화에서 아직 깨어나지 못한 아덴과 비교하여 고린도는 재빨리 돈을 벌 수도 있지만 또는 날려 버릴 수도 있는 그런 곳이었다. 무역은 매우 번창하였다. 통상적으로 그 도시에서는 두 항구 사이에 **디올코스**(diolkos)라는 포장도로를 이용하면 경량급의 배들은 짐을 내리고 싣는 과정이 없이 롤러 위로 지협을 가로질러 이동할 수 있었다. 이곳의 부와 자족함과 경쟁력을 확증해주는 증거는 많다. 여기서는 많은 양의 벽돌, 기와, 테라코타 공예품들이 생산되었다. 페리엔(Periene) 샘은 큰 수도시설이 있었던 사실을 입증해주며, 2년에 한 번 열리는 이스미안 경기는 많은 관광객들의 유입을 보장해 주었다. 여기서 바울이 설교하는 데 따른 결과에는 많은 점들이 걸려있었다.

바울은 분명히 "두렵고 떨리는"(고전 2:1-5) 마음으로 왔지만 청중들이 좋아할 수사적 방법을 사용하지 않고 십자가를 있는 그대로 전하기로 마음먹었다. 많은 사람들은 십자가의 도를 어리석은 것으로 여겼다(고전 1:18-25). 하지만 그리스보와 가이오에 더불어 스데바나의 집은 '아가야의 첫 열매'였다(고전 1:14-16; 16:15). 많은 유대인들은 바울을 적대했지만, 많은 이방인들은 그의 말씀을 받아들였다. 아마도 이것이 '이방인에게로' 가려는 그의 결심을 명시하는 듯하다(행 18:6-10). 바울은 동역자이면서 동시에 그와 직업도 같았던 유대인 기독교인 아굴라, 브리스길라와 함께 머물렀다. 그들은 아마도 글라우디오의 칙령으로 로마에서 추방당했을 것이다. 당시 그들은 이미 신자들이었다.

고린도교회에는 바울이 직업적인 설교가로서 가르치기를 바라는 자들이 있었다. 하지만 그는 부유한 후원자들에게 신세를 질 뜻이 없었다(고전 9:3-18). 그래서 그는 작은 작업장(약 4미터×2.5미터)에서 일하였다. 아마도 이곳은 시장에서 가장 붐비는 자리였을 법한데, 아굴라와 브리스길라는 위층에서 주거했던 것 같다. 18개월 동안 여기서 그는 고객들에게 부담 없이 복음을 이야기하고 전파했다. 그는 옮겨다니는 선교사이자 목회자였다. 머피 오코너는 고린도를 '활짝 열린 신흥 도시'라고 일컬었다.[8]

이후 고린도전서에 나오는 많은 문제들은 고린도교회의 자족, 자만심, 경쟁력을 보여준다. 그러나 바울은 이스미안 경기 기간(아마도 주후 51년)을 포함해 1년 6개월 동안 고린도에 있었다. 그는 유대인들이 연합하여 그를 대적하며 법정으로 데리고 갈 때까지 거기에 머물렀다(행 18:12). 지방총독 갈리오가 그 사건을 접수하지 않자, 유대인들은 소스데네에게 화풀이를 하였다. 마침내 바울은 브리스길라, 아굴라와 함께 겐그레아를 떠나 에베소로 가는 배를 탔다. 에베소에서 바울은 가이사랴로 가서 다시 예루살렘으로 갔다. 그가 고린도전·후서에서 예루살렘의 가난한 사람들을 위한 모금을 청원하는 것은 '모'(母) 교회와 연대하고자 하는 그의 관심을 보여준다.

바울은 2차 선교여행으로 막대한 결과들을 성취했다. 그 여행은 다사다난했고 때로는 매우 위험했다. 바울은 핍박과 투옥을 견뎌내었

---

8) Murphy-O'Connor, *Paul: A Critical Life*, p. 108.

다. 하지만 그는 무엇보다 고린도를 비롯하여 빌립보, 데살로니가의 무역인구와 세계적인 전략적 중심지에 복음을 확고히 다져놓았다. 지방총독 갈리오에 대해 근래(1905년, 그리스 델피-역주) 발견된 비문은 바울이 고린도를 방문했던 연대를 알려준다.

The Living PAUL

An Introduction to the Apostle's Life and Thought

제4장
이방인을 위한 사도 (2):
여행가, 목회자, 서신 기록자

1. 고린도에서의 서신

고린도에서 바울은 지금까지 전해오는 그의 서신들 중 몇 가지를 쓰기 시작했다. 데살로니가전서와 갈라디아서(지리학적이고 역사학적인 요소에 따라)가 여기에 포함되고, 만일 우리가 데살로니가후서를 바울이 기록했다고 여긴다면 그것 역시 포함될 것이다.

데살로니가전서에서 바울은 부득이하게 일찍 떠나야만 했던 공동체들을 향한 목회적인 관심을 나타낸다. 그 서신의 사본들도 어느 정도 제작되었을 터이지만, 서신은 교인들이 모두 모인 데서 크게 낭독되었을 것이다.[1] 바울은 실루아노나 디모데 아니면 대서인이나 비서에게 받아적게 했던 것 같다. 바울은 그들로 인해 하나님께 감사하며 그들을 하나의 모형교회로 기록한다(살전 1:1-10). 역경과 핍박이 그에

---

1) E. Randolph Richards, *Paul and First-century Letter Writing: Secretaries, Composition, and Collection* (Downers Grove: InterVarsity Press, 2004); 그리고 Jerome Murphy-O'Connor, *Paul the Letter-Writer: His World, His Options, His Skills* (Collegeville, MN: Liturgical Press, 1995).

게 닥쳤지만 바울 자신은 마치 친절한 간호사처럼 그들에게 상냥한 관심을 보인다(살전 2:1-20). 디모데가 마침내 그들의 믿음, 꿋꿋함, 사랑에 대한 좋은 소식을 알려오자 바울은 "주야로 심히 간구함은 너희 얼굴을 보고자 함"이라고 기록한다(살전 3:10. 참고. 3:1-3). 바울은 그들의 생활방식이 '거룩'하기를 거듭 강조하며, 그들이 마치 종말에 일어날 사건에 참여할 사실을 잊은 것처럼 이미 죽은 그리스도인들로 인해 비통해하지 말 것을 간구한다(4:1-14). 죽은 자들은 예수의 **재림** 때에 함께 일어날 것인데 "그리하여 우리가 항상 주와 함께" 있을 것이기 때문이다(4:17. 참고. 4:15-5:11). 끝으로 그는 약한 자들과 함께 있을 때의 불가피한 인내(5:14)를 포함해 마지막 권면을 추가한 후, 축복과 안부 기도를 덧붙인다(5:12-28).[2]

갈라디아서의 연대는 논쟁의 여지가 있다. '갈라디아'라는 용어가 북쪽으로 흑해까지 이르는 원래의 갈라디아 영토를 의미하는 것인지(북갈라디아 이론), 아니면 이미 바울이 방문했던 브루기아 내의 지역인지(남갈라디아 이론)에 따라서 이 서신이 후기에 쓰였는지 아니면 이 시기에 포함되는지를 분간할 수 있다. 아마도 대부분의 학자들이 '남갈라디아' 이론을 선호하는 것은(서신의 빠른 연대), 그렇게 할 때 로마의 명칭에 잘 들어맞기 때문일 것이다. 바울은 1차 선교여행에 그와 함께 했던 바나바를 언급하는데, 일부 구절들은 그의 1차 선교여행에 대한 사도행전의 기술과 매우 잘 들어맞는다(행 14:11-19; 갈 2:1; 4:14). 유명한 이 논란에 대한 세부적인 논의는 브루스가 다루고 있다.[3] 갈라디아서는 로마서와의 관계에 있어서 완성품을 앞두고 신속히 작성된 초안처럼 언급된다. 브루스는 갈라디아서를 데살로니가전·후서보다도

---

2) 참고. Ernest Best, *A Commentary on the First and Second Epistles to the Thessalonians* (London: A. & C. Black, 1972).
3) F. F. Bruce, *The Epistle to the Galatians: A Commentary on the Greek Text* (NIGTC; Grand Rapids: Eerdmans and Exeter: Paternoster, 1982), pp. 3-18.

더 이른 것으로 여기는데, 이는 이방인을 받아들이는 데 관한 문제가 긴급한 화두로 떠오르던 사도행전 15장의 예루살렘 회의 전야에 썼을 것으로 보기 때문이다. 그러나 많은 학자들은 그보다 더 후기의 연대로 추정하고 있다. 물론 양측 모두의 주장이 전적으로 결정적이지는 않다. 갈라디아서 2장 1-10절에서 예루살렘에 대한 바울의 언급이 예루살렘 회의를 가리킨다고 주장하는 이들도 있는데, 그 경우 갈라디아서의 연대는 후기로 밀려난다.

바울은 그리스도인들이 참된 복음에서 떠나는 사실에 경악하며, 그의 '복음'은 하나님으로부터 비롯된 참된 계시에서 왔다고 진술한다(갈 1:6-24). '핵심적인' 사도들인 야고보, 베드로, 요한은 이를 참된 것으로 여겼다(갈 2:1-10). 의심할 바 없이 베드로는 안디옥에서 망설였던 것으로 보이지만, 바울은 그리스도와의 연합은 '율법의 행위'로부터 자유를 의미한다고 주장했다(갈 2:11-20). 갈라디아인 대부분은 거의 정신이 나간 듯이 분별력이 없어 은혜로 말미암아 믿음으로 하나님께 의로움을 입는 것이 율법을 소위 지나간 것으로 만든다는 사실을 이해하지 못하는 것으로 보인다(3:1-6). 이것은 하나님의 오랜 목적의 일환일 뿐이다. 우리는 모세를 통해 율법이 오기 전, 아브라함에게서 이 원리를 볼 수 있다. 그리스도는 율법 아래서 스스로 십자가 위에서 저주를 받았다(3:7-29). 갈라디아서 4장과 5장 1-14절은 그리스도인들은 유대 율법이 아니라 은혜와 믿음으로 하나님께 나아가는 '자유로운' 아들들, 즉 약속의 자녀들임을 피력한다. 갈라디아서 5장 13절-6장 18절에서는 일련의 실제적 권면들을 첨언한다. 바울이 이 서신을 가장 열정적으로 기록한 이유는 복음의 심장부가 위태로웠기 때문이었다. 이후에 그는 로마서에서 이러한 생각들을 더욱 세밀하고 꼼꼼하게 정리한다.

베스트(Best)를 포함한 대부분의 사람들은 데살로니가후서를 바울서신으로 여기지만, 모든 이들이 그렇게 생각하는 것은 아니다. 베스트에 의하면 바울은 새로운 문제들을 다루어야만 했음에도 불구하고 데살로니가전서에서의 어법이나 어휘가 그의 마음에 생생하게 남아있었다고 진술한다.[4] 만일 바울이 데살로니가전서의 사본을 보관하고 있었다면 그 가능성은 훨씬 더 크다. 데살로니가교회는 반대에 부딪혔으며(살후 1:4-6), 주의 날에 관한 바울의 가르침을 오해했고(살후 2:1-12), 게으르고 분열을 일으키는 사람들도 있었음을 알려준다(살후 3:6-15). 하지만 바울은 이러한 오해들을 교정해주면서도, 이 공동체에 대한 확신을 표현한다.

이 모든 것들이 아마도 고린도에서 주후 50-1년이나 가장 늦게는 52년에 기록되었을 것이다. 바울은 주후 52년 에베소로 떠났고, 아굴라와 브리스길라를 에베소에 남겨둔 채 그는 가이사랴와 예루살렘으로 이어서 나아갔다(행 18:19-23).

2. 3차 선교여행과 에베소에서의 서신

이른바 '3차 선교여행'은 주로 에베소와 그 주변 지역에서 이루어졌다. 하지만 이것은 선교여행이라기보다는 주후 53년의 봄에 시작한 목회적인 재방문에 가깝다. 에베소는 아시아의 선구적인 도시였고, 그곳에서 바울은 브루기아를 방문했다. 누가는 에베소에 있던 그리스도인들이 무슨 이유에서인지 성령에 대해 전혀 듣지 못한 이상한 상황에 대해 서술한다. 그들은 바울에게 가르침을 얻고 안수를 받는

---

[4] Best, *A Commentary on the First and Second Epistle to the Thessalonians*, pp. 58-59; 참고. Charles A. Wanemaker, *The Epistles to the Thessalonians: A Commentary on the Greek Text* (Grand Rapids: Eerdmans and Carlisle: Paternoster, 1990), pp. 57-60.

다(행 19:1-7). 그는 회당에서 석 달 동안 강론하였고, 이후 두란노서원에서 가르치는데 아마 이 때의 열광적인 반응으로 인해 주인도 그 장소를 사용하지 못했던 것 같다. 누가는 그가 2년 동안 가르쳤다고 말한다(행 19:10). 누가는 마술에 관한 책을 불사르는 것을 포함하여 에베소에서의 대단한 성과들을 기록한다. 그는 또한 은장이들의 작은 소동에 대해서도 기록하는데, 그들은 자신들의 생업과 에베소의 평판을 해쳤다는 구실로 바울을 고소하였다(행 19:23-41). 바울은 에베소를 떠나 마게도냐로 가서 석 달 동안 목회적인 양육을 감당했다(행 20:1-3). 그를 해하려는 음모에 부딪친 후, 그 지역을 떠나 바울은 많은 이들을 권고하며 에베소로 돌아갔다.

바울이 에베소에 있을 때, 글로에의 집 사람들의 편으로 고린도교회에 대한 말을 전해 듣는다(고전 1:11). 고린도로부터의 서신과(고전 7:1, 참고. 8:1), 고린도에서 온 스데바나, 브드나도, 아가이고의 반가운 방문은 (고전 16:17) 이를 뒷받침해준다. 이를테면 그들은 고린도의 작은 소식들을 전해주었고 바울의 "마음을 시원하게"(고전 16:18) 했는데 특별히 스데바나는 아가야에서의 바울의 첫 번째 전도의 열매였기 때문이었다.

그 소식과 서신은 걱정거리를 가져왔지만 복합적인 것이었다. 바울은 주후 53이나 54년(가장 늦게는 55년)에 고린도전서를 기록했는데, 첫째로 십자가의 도와 고린도전서 1장 18절-2장 5절에 나오는 '분파'(헬라어 schismata)가 양립할 수 없음을 다시금 확실히 전하기 위해서였다. 거기에는 신학적인 분열이 아니라 인물 중심적인 세력 집단들이 있었다.[5] 이 서신은 로마서만큼이나 받을 자격이 없는 은혜에 대해 다루고 있다. 그리스도 없이는 그것들은 아무것도 아니다. 성령의 지혜

---

5) Thiselton, *The First Epistle to the Corinthians*, pp. 107-223; Thiselton, *First Corinthians*, pp. 38-49; David R. Hall, *The Unity of the Corinthian Correspondence* (London and New York: T. & T. Clark International, 2003), pp. 3-50; 참고. 또한 Welborn, *Paul the Fool of Christ*.

는 그리스도의 마음을 가지게 한다(고전 2:5-16). 목회자들은 이를 과대평가하거나 과소평가해서는 안 된다(고전 3:5-21). 그는 필요에 따라 어떤 윤리적 쟁점들에 관하여는 직접적으로 언급하며 변화를 요구했다. 그 당시 '소송'에서는 상대적으로 덜 부유한 동료 그리스도인에 대한 조작이 있었다. 결혼, 재혼, '제사를 지낸 음식'을 포함한 다른 윤리적 쟁점들은 보다 복잡한 회색 지대에 놓여있다. 이것들은 당시 상황들도 고려되어야만 하였다(고전 7:1-11:1). 그리고서 바울은 복장, 주의 만찬, 영적 은사들을 포함한 예배에 관한 다른 문제들을 다룬다(고전 11:2-14:40). 우리가 앞서 제안한 바대로 '예언'은 복음을 전하는 데 목회적으로 적용된 것을 의미하는 듯하다.[6] 그리고 바울은 이 서신의 핵심이자 절정을 이루면서 또한 의심의 근거에 대해 서술한 기막히게 탁월한 부활론을 기록한다(고전 15:1-58).[7] 끝으로 바울은 연보와 앞으로 있을 방문에 대해 서술하고 인사를 나눈다(고전 16:1-20). 이 서신은 복음에 대한 바울의 관심과 목회적이고 선교적인 전략에 대해 다양하고 실제적인 통찰을 제공한다.

골로새서가 이 시기에 기록되었을 것으로 추정하는 사람들도 있다. 그것은 이 때 바울이 에베소에서 감옥에 있었는지에 달려있다(골 4:3, 10, 18). 던은 이를 결정하기 어렵다는 것을 깨닫고 결국에는 이를 '후대 바울'(post-Pauline) 신학이 나타나기 전의 '후기 바울'(late Paul)이라고 불렀다.[8] 이와 같이 우리는 빌레몬서가 가이사랴, 에베소 또는 로마 중 어디에서 쓰였는지 알 수 없다. 비록 그의 도망친 종 오네시모가 골로새에서 왔다고 해도 그러하다.

---

6) Thomas W. Gillespie, *The First Theologians: A Study in Early Christian Prophecy* (Grand Rapids: Eerdmans, 1994), 특히 pp. 178-263.

7) Karl Barth, *The Resurrection of the Dead*, trans. H. J. Stenning (London: Hodder & Stoughton, 1933), pp. 17-18, and 113, 115, and 190-201.

8) James D. G. Dunn, *The Epistle to the Colossians and to Philemon: A Commentary on the Greek Text* (Grand Rapids: Eerdmans and Carlisle: Paternoster, 1996), pp. 39-40.

하지만 우리는 바울이 에베소에서 3년 동안 힘든 사역을 감당했으며 그곳에서 복음을 전하고 교회들을 굳건히 하기 위한 짧은 여정들을 감당했다는 사실을 알고 있다. 갈라디아서를 고린도에서의 2차 여행 기간의 연대로 보지 않는 사람들은 그것을 이 때, 곧 에베소에서의 연대로 본다. 은장이들의 소동은 바울이 글을 쓰려고 했을 때에 일어났을 것이다. 많은 이들이 고린도후서를 1-9장과 10-13장으로 나누긴 하지만, 그것은 여기에서 기록되었던 것으로 보이고 바울의 '고린도로 보낸 이전 서신'(고전 5:9)을 상기하면 모두 네 가지 서신들을 기록한 듯하다. 고린도후서는 매우 개인적인 서신임에도 불구하고 우리는 (고린도인들은 알고 있었을) 그 서신의 정확한 배경을 모른다. 바울이 하나님께 감사와 안도함을 "항상 우리를 그리스도 안에서 이기게 하시고…하나님께 감사하노라"며 표현하는데, 이 승리는 그리스도 안에서 하나님의 행동이다(고후 2:14). 바울은 "힘에 겹도록 심한 고난을 당하여 살 소망까지 끊어지고 우리는 우리 자신이 사형 선고를 받은 줄 알았으니(필립스 역본: "우리 한계에 이르러"), 이는 우리로 자기를 의지하지 말고 오직 죽은 자를 다시 살리시는 하나님만" 의지해야 한다고 말한다(고후 1:8-9). 그는 '예'와 '아니오'를 뒤섞어 애매하게 말하지 않았다(고후 1:17-21). 그가 고린도로 가지 않았던 데는 선한 이유들이 있었다(고후 1:23-2:11).

고린도전서에서처럼 바울은 성령이 생명을 주지만 이것이 사도들의 고통과 역경을 덜어주지는 않는다고 단언한다. "우리가 사방으로 우겨쌈을 당하여도 싸이지 아니하며, 답답한 일을 당하여도 낙심하지 아니하며, 박해를 받아도 버린 바 되지 아니하며, 거꾸러뜨림을 당하여도 망하지 아니하고, 우리가 항상 예수의 죽음을 몸에 짊어짐은 예수의 생명이 또한 우리 몸에 나타나게 하려 함이라"(고후 4:8-10). 바울처럼 그리스도인의 삶은 이 세상에서는 죽음과 고통으로 보이지만 새 질서 안에서 부활과 생명으로 나타난다. 따라서 "주 예수를 다시 살리신 이가 예수와 함께 우리도 다시" 살리신다(고후 4:14). 두 질서 사이에 가장 현저한 차이는 "보이는 것은 잠깐이요 보이지 않는 것은 영원함이라"는 것이다(고후 4:18). 우리는 믿음으로 행하고 보는 것으로 행하지 않기 때문이다(고후 5:7). 바울의 목표는 하나님을 기쁘게 하는 것이다. "그런즉 누구든지 그리스도 안에 있으면(이미 살펴보았듯이 헬라어 본문에는 동사가 사용되지 않았다) 새로운 피조물"이다(고후 5:17). 사역의 현장에서 "우리가 그리스도를 대신하여 사신이" 된다(고후 5:20). 영광을 받거나, 수치를 당하거나, 평판이 좋든지 나쁘든지 그러하다(고후 6:8). 고린도인들은 "부요하신 이로서 너희를 위하여 가난하게" 된 그리스도를 본받아 살아야 했다(고후 8:9).

10-13장에서는 고린도후서의 주제가 바뀐다. 바울은 '거짓 사도들'의 주장들과 그들이 자화자찬을 일삼는 것에 대해 다룬다. 자기과시(Self-promotion)는 고린도다운 것이었다. 그러나 바울은 "내가 부득불 자랑할진대 내가 약한 것을 자랑하리라"(고후 11:30)고 말한다. 이는 바울이 첫 번째로 성벽을 타고 탈출한 것과 같은 것을 뜻한다(고후 11:33). 그의 '육체의 가시'(혹은 심한 육체적 아픔)는 진정한 사도직의 표시이다. 거짓 사도들과 달리, 사도직의 본질은 투명한 유리창 같아서 이를 통해 우리 모두가 십자가를 볼 수 있는 것이지 인간의 '성공'을 보게 되는 것이 아니다.[9] 진정한 사도에게는 하나님의 은혜이면 충분했다. 하나님의 능력은 약한 데서 완전하게 되었다(고후 12:9). 바울은 "너희 자신을 시험하고… 온전하게 되며…마음을 같이하며"라고 끝을 맺는다(고후 13:5, 11).

3차 선교여행이라고 불리는 이 시기의 마지막에 바울은 그가 소아

---

9) Jeffrey A. Crafton, *The Agency of the Apostle: A Dramatistic Analysis of Paul's Response to Conflict in 2 Corinthians* (JSNTSup 51; Sheffield: Sheffield Academic Press, 1991), 특히 pp. 61-4; 참고. Murray J. Harris, *The Second Epistle to the Corinthians: A Commnetary on the Greek Text* (NIGTC; Grand Rapids: Eerdmans, 2005); 그리고 Margaret E. Thrall, *A Critical and Exegetical Commentary on the Second Epistle to the Corinthians*, 2 vols (Edinburgh: T. & T. Clark, 1994 와 2000).

시아의 전략적 중심지(특히 에베소), 마게도냐(특히 데살로니가), 그리스 본토(특히 고린도)에 복음을 심었던 그 당시를 회상한다(롬 15:19, 23). 그의 눈은 이제 이달리야와 로마로 향했고, 심지어 그 너머 서바나에까지 이른다(롬 15:23-24, 28). 그는 에베소가 소아시아를 위한 곳이었듯이 로마를 '기지'로 삼아 서쪽으로 복음을 전하려고 했다. 따라서 그는 '복음'을 확정하고 자신의 방문을 위해 로마 교회를 준비시키며 뵈뵈와 다른 동역자들을 추천하기 위해 로마서를 기록했다. 그러나 이 서신은 에베소에서 기록된 것은 아니다. 바울은 고린도로 돌아갔었고 거기서 로마서를 썼다. 오랫동안 바울은 로마를 방문하기를 바랐지만, 그럴 길이 막혔었다(롬 1:10-13). 이제 그는 예루살렘으로 가는 여행 전에 이 서신을 기록한다(롬 15:25). 로마에 도착하기 전에 그는 그리스와 마게도냐에서 모은 연보를 가지고 가난한 그리스도인들을 구제하기 위해 예루살렘으로 가야 했다(15:25-27). 그는 고린도에서 석 달 이상을 보냈을 것이다(참고. 행 20:1-6). 아마도 뵈뵈가 이 서신을 로마로 가져갔을 것이다. 그것은 주후 55년과 59년 사이, 아마도 56년에 쓰였을 것이다.

뒤에서 우리가 바울의 칭의와 선택에 대한 가르침을 살펴볼 때, 로마서를 상세히 들여다 볼 것이다. 잠시 요약해보면 우리는 로마서 1장 18절-4장 25절에서 유대인과 이방인 모두 하나님의 은혜가 없는 끔찍한 상태에 있다고 하는 것을 보게 된다. 하지만 은혜와 약속으로써 하나님은 예수 그리스도를 통해 신자들을 그와 함께 의롭다고 여기신다. 바울은 여기서 "의인은 믿음으로 말미암아 살리라"(롬 1:17)는 처음의 주제를 상술한다. 뒤이어 그는 이것의 완성으로서 그리스도와 연합 또는 "그리스도 안에 있는" 존재에 대해 5장 1절-8장 39절에서 상세히 기술한다. 9장 1절-11장 32절에서 그는 이스라엘, 유대인, 이방인에게 미칠 영향에 시선을 돌린다. 그리고 하나님의 신실하심과 역사에 대한 주권을 찬양하며 절정에 달한다(롬 11:33-36). 끝으로 그는 일

상적인 용어로 복음의 완성을 이야기한다.[10]

고린도전서와 평행하는 것이 어쩌면 고린도를 떠올리게 할 것인데 이는 뜻밖의 일이 아니다. 바울이 이 공통적인 주제들을 처음 설명하기 시작하는 갈라디아서와의 평행은 매우 두드러진다. 누가에 따르면, 바울은 그를 대적하는 음모로 인해 고린도를 떠나 드로아로 가야 했다(평소처럼 동역자들과 함께 했는데, 그 중에서도 이번에는 소바더, 디모데, 그리고 아마도 누가와 동행했던 것 같다, 행 20:3-6). 바울은 드로아에서 말씀을 전하고 레스보스(Lesbos)에서 배를 타고 미둘레네(레스보스 섬의 동쪽 해안-역주)로 간 뒤 밀레도로 갔다. 거기서 에베소에서 온 교회 장로들은 바울을 만나고, 바울은 그들에게 고별설교를 했다. 우리가(누가에 따르면) "다 크게 울며 바울의 목을 안고 입을 맞추고 다시 그 얼굴을 보지 못하리라 한 말로 말미암아 더욱 근심하고"(행 20:37-38)라는 부분을 읽을 때, 바울을 냉정하고 무심한 변론가나 여성혐오자로 여길 수가 없다.

그 뒤 무리는 배를 타고 먼저 고스와 로도에 이른 후 두로로 갔다. 그곳의 그리스도인들은 "성령의 감동으로…예루살렘에 들어가지 말라"(행 21:4)고 바울에게 권한다. 하지만 그들은 바울이 가이사랴로 향하는 배에 오르는 것을 보았다. 거기서 다시 성령을 통해 아가보는 바울이 예루살렘에서 결박당하여 이방인에게 넘겨질 것이라고 말하였다(행 21:11). 바울은 거기서 죽을 것도 각오했음을 고백한다. 누가는 예루살렘 그리스도인들이 바울을 환대했으며(행 21:17), 바울을 통해 이루어진 일들로 하나님을 찬양했다고 기록한다(행 21:20). 그 연보는 바울의 이방인 공동체가 그들과 연대를 맺고 있다는 것을 보여주었을 것이다. 그리고 이른바 3차 선교여행은 끝이 난다. 바울은 예루살렘

---

10) 다음을 보라. C. E. B. Cranfield, *A Critical and Exegetical Commentary on the Epistle to the Romans*, 2 vols (International Critical Commentary; Edinburgh: T. & T. Clark, 1975과 1979); 그리고 James D. G. Dunn, *Romans 1-8*과 *Romans 9-16* (Dallas, TX: Word Books, 1988).

그리스도인들과 유대인들에게 세심함을 보였고, 이는 그를 성전으로 가서 서원하도록 이끌었다. 하지만 바울이 성전에 있던 것은 특정 유대인들을 분개하게 했다.

3. 예루살렘에서 로마로

누가는 바울의 서신에서는 그 전모를 추측할 수 없는 일들에 대해 진술한다(행 21:27-25:12). 누가의 서술에 따라 요약해보면, 아시아에서 온 유대인들은 군중들의 폭동을 선동하였으며 바울을 죽이고자 하였다. 그는 로마 천부장과 거기 속한 군인들의 개입으로 인해 구출되었다. 천부장은 바울을 비호했고, 그가 사람들에게 연설하는 것을 허락하였다. 바울은 다시 유대교에 대한 충성심을 언급했으며 그리스도인으로 소명을 받은 것을 이야기하였다(행 22:3-23). 하지만 그가 이방인에 대해 언급하자 군중들은 다시 폭발했다. 천부장은 바울을 병영으로 끌고 가서 채찍질하며 심문했다. 또 다시 바울은 나면서부터 받은 로마 시민권을 언급했다. 유대인들은 바울을 죽이기로 맹세했다. 그러나 바울의 조카가 그 음모를 들었고 천부장은 두 백부장들을 명하여 보병 200명과 창병 200명으로 바울을 안전하게 가이사랴로 호송하도록 하고 벨릭스 총독에게 보고한다. 바울은 벨릭스에게 변론하였다. 그러나 벨릭스는 돈을 받기 원했으며, 유대인들의 환심을 사기 위해 가이사랴의 감옥에 2년 동안 그를 가두어 두었다.

바울이 가이사랴에서 이 시기 동안에 '옥중 서신들' 중의 일부를 썼을 것이라고 주장하는 사람들도 있다. 이는 골로새서 그리고/또는 빌립보서를 포함한 듯하다. 그러나 이 서신들에 대한 고찰은 우리가 5장에서 그리스도에 대한 바울의 관점을 살펴볼 때까지 미루어 둘 것이다. 2년이 지난 후, 베스도가 벨릭스의 후임 총독이 된다. 유대인들은 계속해서 위협하며 폭동을 일으켰다. 유대인들의 환심을 사기 위해 베스도는 바울에게 예루살렘에서 다시 재판을 받을 것인지 아니면 황제에게 상소를 할 것인지 선택하라고 하였다. 이 이야기의 절정은 그 당시 황제였을 네로에게 바울이 상소하는 것이다(행 25:12). 아그립바 왕 앞에서 바울의 더 구체적인 변호와 증언으로 이야기는 잠시 끊어지고, 사도행전 27장과 28장에서는 가이사랴에서 로마로 가는 바울의 위험한 여정에 대해 언급된다. 여기에는 그레데 근처에서 위험한 폭풍을 만난 것과 멜리데에서 배가 난파된 사건도 포함된다. 석 달이 지연된 후에 바울은 이달리야로 가는 배를 타고 마침내 로마에 도착하였다. 누가는 바울이 거기서 꼬박 2년을 지내며 하나님의 나라를 선포하고 그리스도에 관한 것을 '거침없이' 가르쳤다고 전한다(행 28:31).

만일 바울이 풀려났다면 그는 계속해서 서바나로 갔을 것이다. 우리는 무슨 일이 일어났는지 모른다. 많은 사람들이 빌립보서와 골로새서, 아마도 에베소서와 어쩌면 디모데에게 보낸 서신과 디도서까지도 바울이 로마에서 쓴 것으로 여긴다. 가택연금 상태에서 노쇠한 바울이 자신의 초기 주제들에 비해 교회의 질서와 안정에 대해 더욱 염려했을 것이라는 주장은 설득력이 있다. 우리가 확실하게 아는 모든 사실은 바울이 죽음에 대한 위협을 마주하고 박해와 고난으로 고통당하면서도 복음을 전하였고, 예루살렘에서 로마에 이르기까지 교회를 돌보았다는 것이다. 이러한 어려움에도 불구하고 바울은 이방인들을 위한 사도가 되는 부르심에 순종했다. 그리하여 로마제국 내의 중심지들 대부분에 복음이 전해졌으며, 그 여파는 여전히 남아있다.

제5장
바울에게 나타나는 예수 그리스도

바울이 오래전에 죽어 동떨어져 보이는 것을 방지하기 위해, 우리가 바울이 자기 자신을 마치 예수 그리스도의 인격에 관한 '올바른' 관점을 살펴보는 신학자인 것처럼 여기고 그저 단순하게 '주'(主), '그리스도,' '하나님의 아들' 등의 여러 신조적인 호칭들을 그리스도에게 사용했을 것이라고 생각하는 것은 가장 어리석은 방법이다. 이것은 진실에서 먼 길이다. 이런 용어들이 상태를 암시한다고 해도, 일반적으로 그 용어들은 실제 경험에서 비롯되었다.

1. 주이신 예수 그리스도

바울이 예수 그리스도를 표현하기 위해 가장 선호하는 용어는 '주'(Lord, 헬라어 퀴리오스〈Kyrios〉)이다. 그러나 많은 이들이 언급한 바대로 실제적인 면에서 **주인**이 의미하는 바는 바울의 **종**, 즉 **노예**라는 상관적인 용어에서 가장 명백해진다. 그리스도를 누군가의 **주**로 부른다는 것은 전적으로 그의 뜻에 맡긴다는 것을 의미한다. 불트만(Bultmann)은 그것은 그리스도의 주권 아래서 그리스도인의 자유를 나타내며 그리스도인들이 더 이상 그들 자신을 위해 책임을 지지 않는 것이라고 보았다. 주의 수하로 주께 속한 그들의 안위는 주의 책임이기 때문이다. 불트만은 그리스도인은 "그들 자신의 것이 아니다(고전 6:19). 그는 더 이상 자기 자신을 돌보지 않고…자신을 하나님의 은혜에 전적으로 의탁하며… '우리 중에 누구든지 자기를 위하여 사는 자가 없고 자기를 위하여 죽는 자도 없도다. 우리가 살아도 주를 위하여 살고 죽어도 주를 위하여 죽나니 그러므로 사나 죽으나 우리가 주의 것이로다'라고 말한다"고 말한다(롬 14:7-8).[1] 불트만은 이것은 주께 자신의 안위를 그저 맡겨버릴 수 있는 노예가 가지는 진정한 자유를 함축한다고 주장한다.

바울 당시의 세계에서 **종**으로 산다는 것은 무엇을 의미했는가? 어떤 면에서 종은 단순히 '물건'(라틴어, res) 또는 재산으로 여겨졌다. 많은 종의 소유주들이나 '주인들'은 그들이 원하는 바와 맞게, 가혹하고 무자비하게 그들의 종들을 사유재산으로 취급했다. 그러나 다른 한편의 많은 스토아 철학자들과 '하나님을 경외하는 자들'과 다른 '선한' 이교도들은 자신들의 종을 인정으로 대하기도 했으며, 글을 읽을 줄 알거나 셈을 할 줄 아는 종들로 하여금 자신들이 도시 정치나 사적인 쾌락 또는 다른 취미에 빠져있을 동안에 자신들의 재산이나 사업을 관리하도록 했다. 만일 한 종이 '선한' 주인을 만났다면 노예 신분이 매력적일 수도 있었다. 신분 상승도 가능했는데 아마도 충분한 밑천을 마련하여 떳떳한 자유인으로 새로운 삶을 시작하는 것은 삼십 대쯤이면 가능했을 것이다.[2] 이런 연유로 전쟁 포로나 범죄자들을 비

---

1) Rudolf Bultmann, *Theology of the New Testament*, trans. K. Grobel, vol. 1 (London: SCM Press, 1952), p. 331.
2) Dale B. Martin, *Slavery as Salvation* (New Haven: Yale University Press, 1990), pp. 63-8 과 전체. Thiselton, *First Epistle to the Corinthians*, pp. 562-5; Thomas E. J.

롯하여 일부 궁핍한 환경에 처한 사람들은 고의적으로 자기 스스로를 노예로 내다팔았다. 모든 것은 자신의 주인이나 고용주가 누구냐에 달려있었다. 운이 좋은 경우 평판이 좋은 주인의 종이 되는 것은 아무런 도움 없이 스스로 모든 것을 해결해야만 하는 가난한 자유인들보다 더 나은 처우를 비롯하여 도둑과 유괴범들로부터 보다 더 안전한 삶을 보장해 주었다.

바울은 종들을 자기 뜻대로 다룰 수 있는 모든 **주인들**이나 고용주들 가운데 그리스도를 가장 관대하고 다정하며 친절한 존재로 보았다. 주인인 그리스도로 인해 그리스도인은 더 이상 자기 자신에 대한 걱정은 하지 않는다. 만일 자기가 죽는다고 해도, 자신의 아내(혹은 배우자)와 자녀들은 그 **주인**이 책임질 것이다. 우리가 앞으로 살펴볼 바와 같이, 믿음에 이른다는 것은 의지에 상관없이 악한 권세에 속박되어 있던 상태에서 벗어나서 예수 그리스도의 '소유'가 된다는 것을 의미한다. 뒤에서 바울의 구속에 대한 개념을 살펴볼 때, 이에 대해 더욱 심도 있는 논의를 할 것이다.

바울이 빌립보서 3장 8절에서 그의 회심에 대해 말하며 '**내 주**'('우리 주'가 아닌)라는 용어를 사용하는 것은 단지 우연이 아니다.[3] 바울이 부름 받을 때에 그는 **하나님**께서 예수 그리스도를 높이신 것과 그리스도를 죽음에서 살려내어 초대 그리스도인 공동체의 주장을 입증했다는 사실을 깨달았다. 그리스도의 주권은 그를 따르는 자들의 순종과 그들 자신을 그리스도께 내어주는 것에서 그 의미의 실제적인 통용이 일어나지만 이것에 의해서만 **결정되는** 것은 아니다. 이것은 다만 주권에 대한 반절의 진실이다. "우리가 그를 보좌로 높인다"고 노래하는

Wiedemann, *Greek and Roman Slavery* (London: Croom Helm, 1981); 그리고 L. A. H. Coombs, *The Metaphor of Slavery in the Writings of the Early Church* (Sheffield; Sheffield Academic Press, 1998), pp. 21-94.

3) Joachim Jeremias, 'The Key to Pauline Theology', *Expository Times* 76 (1964), p. 28; 참고. 27-30.

그리스도인들도 있는데 이 말은 그리스도의 주권의 실제적인 **통용**을 강조하는 것이다. 그러나 모든 사람들이 불순종하여 그를 외면하는 경우에도 그리스도는 주되심을 포기하지 않을 것이다. 바울이 주장하듯 **하나님**께서 죽은 자들 가운데서 부활한 예수를 주로 선포했기 때문이다(롬 1:4). 부활의 때에 하나님께서 그리스도를 메시아적 왕으로 보좌에 앉히셨다.

이 두 가지 뚜렷한 양상들은 그리스도를 주로 고백하는 것이 어떤 의미인가의 부분을 구성한다. 실제적인 양상, 즉 일상적인 삶에서 고백으로 통용되는 것은 개인적인, 곧 '실존적인' 양상이라고 불릴 수 있을 것이다. 하나님께서 그리스도를 보좌로 높이신 것을 강조하는 양상은(그러나 인간이 응답해도 좋은) 사실상 고백의 기초를 이루는데 이는 실재적, 곧 '존재론적' 양상이라고 불릴 수 있을 것이다. 이전에 한 학자는 두 가지 양상의 측면에서 이를 "바울이 명한 귀에 들리는 신앙고백"이며 "그리스도인의 말씀 전파의 개괄"이라고 불렀다(고전 12:3; 고후 4:5).[4] 만일 이것이 그러하다면(또 그러한 것 같은데), 신앙 고백은 단순히 예수 그리스도에 대한 올바른 믿음이나 내용의 요점에만 동의하는 것이 될 수 없다. 신앙 고백은 그 이하가 아니라 그 이상을 담고 있다. 그것은 신뢰, 참여, 굴복, 순종, 공경, 감사하는 사랑을 포함한다. 그것은 단순히 마땅한 '호칭'을 그리스도에게 돌리는 것이 아니다.

바울은 "예수 우리 주를 죽은 자 가운데서 살리신"(롬 4:24) 하나님을 언급한다. 이는 바울이 자신의 서신을 작성하기 이전의 사도 교회로 거슬러 올라가는 신조와 이 말을 밀접하게 결부시킨 것이다. 그는 로마서 4장 25절에서 그리스도가 "우리가 범죄한 것 때문에 내줌이 되고 또한 우리를 의롭다 하시기 위하여 살아나셨느니라"고 부언한다. 바울이 부름을 받는 과정에서 그리스도가 특별히 하나님으로 말미암아 높

---

4) Scott, *Christianity according to St Paul*, pp. 249-50.

여진 분으로 나타났기 때문에 그에게 그리스도의 주권이 가장 중요하게 된 것이 명백하지만, 한편으로 그는 이 생각을 또한 물려받았다. 바울의 저서에서 그것은 여러 맥락에서 나타난다. 베르너 크라머(Werner Kramer)를 비롯한 다른 학자들은 그 중 하나를 **경건** 또는 **예배**의 상황으로 본다.[5] 그 예로 **주의 만찬**, 즉 성찬식에서 바울은 "주의 잔"(고전 10:21), "내가…주께 받은"(고전 11:23), "주의 죽으심"(고전 11:26), "주께 징계를 받는 것"(고전 11:32)과 잘 알려진 바와 같이 '주의 만찬'(11:20)을 언급한다. 아람어 표현인 마라나타(고전 16:22)는 "주여 오시옵소서"라는 뜻으로 요한계시록 22장 20절과 초창기 그리스도인의 기록물 중 하나인 『디다케』(Didache) 10장 6절에 나오는 기도임이 거의 확실하다.

다른 맥락은 실제적인 **행동**에 관한 것이다. 바울이 어떻게 "주를 기쁘시게 할까"(고전 7:32)에 대해 논하는 것은 "주를 섬기라"는 로마서 12장 11절의 말씀과 평행한다. '주의 일'(고전 15:58; 16:10)은 그리스도인의 삶에 중심이 되는 것이다. 연보는 주의 일에 관한 것이다(고후 8:5, 19). 생활방식은 주의 뜻에 달려있다(살전 1:6). 주께서 교회를 사랑으로 성장할 수 있도록 하셨고(살전 3:12-13), 바울에게 사도적 임무를 주었다(고후 10:8; 13:10). 크라머의 주장대로 로마서 14장 8절은 그리스도인의 생활에 관한 것이고 고린도후서 5장 6절과 8절은 그리스도인의 존재의 본성에 관한 것이다. 결정적으로 '몸'은 주께 속한 것이다(고전 6:13). 에른스트 케제만(Ernst Käsemann)이 강조하듯이 몸은 주께 대한 가시적인 순종을 쉽게 전달되고 믿을 수 있게 해준다.[6]

세 번째 맥락은 **파루시아**(Parousia, 재림), 곧 마지막 일이나 종말론에 관한 것이다. 바울은 '주의 날' 혹은 '주의 파루시아'(재림 혹은 강림)에

---

5) Werner Kramer, *Christ, Lord, Son of God*, trans. Brian Hardy (London: SCM Press, 1966), pp. 161-73.
6) Ernst Käsemann, *New Testament Questions of Today*, trans. W. J. Montague (London: SCM Press, 1969), p. 135.

대해 빈번하게 언급한다(살전 5:2; 고전 5:5; 살전 4:15; 5:23). 또한 그는 "주의 나타나심", 즉 주의 현현(顯現) 또는 그의 강림에 대해 진술한다(고전 1:7; 살전 4:16; 고전 4:5). 그리스도는 현재 여전히 '주'이시지만 오늘날에는 오직 교회에 의해서만 믿음 안에서 받아들여진다. 하지만 미래에는 그것이 바로 **공적인** 계시가 될 것이다. 그리고 주로서 그리스도는 만유의 재판관의 역할을 담당하실 것이다. 우리는 바울의 관심사가 후기 서신들에서도 이어지고 있다는 사실을 뒤에서 다룰 것이다.

이 배경에는 분명히 구약을 비롯하여 유대적 헬레니즘 사상도 있다. 거기에 구약의 단일신론이 있다는 것에는 이견이 없다. 이는 바울이 하나님을 향한 자신의 초점에 주요한 그리스도의 교리를 포함시켰기 때문이다. 닐 리차드슨(Neil Richardson)과 제임스 던은 오늘날 이 점을 보여주는 많은 이들 중에 속한다.[7] 많은 사람들이 이 사실의 중요성을 역설한다고 하더라도 우리는 '만유의 주'라는 호칭이 야훼 또는 이스라엘의 하나님이라고 불리는 유대교 신조라는 사실에만 매달릴 필요는 없다. 루돌프 불트만 이전에 빌헬름 부세(Wilhelm Bousset)는 오래 전부터 헬라어를 사용하는 교회 안에서 그 용어의 역할을 강조했다.[8] 그러나 바울이 복음을 전하기 위해 헬라어를 사용하는 교회의 언어를 썼다고 보일 수 있다 한다고 한들, "그 어떤 것도 그가 사용했던 언어가 그의 기독론을 유발시킨 것이 아니라 그러한 언어를 사용하게 했던 것이 그의(바울의) 기독론이라는 사실을 흐릿하게 해서는 안 된다"는 휘틀리의 지적은 타당하다.[9] 그리스도에 대한 바울의 관점이라는 측면에서 주요한 주제는 여전히 우리가 그리스도의 '소유'라는 사

---

7) Dunn, J. D. G., *The Theology of Paul the Apostle* (London: T. & T. Clark, 1998), pp. 252-60.
8) Wilhelm Bousset, *Kyrios Christos: A History of the Belief in Christ from the Beginnings of Christianity to Irenaeus*, trans. John Seely (Nashville: Abingdon, 5th edn, 1970).
9) Whiteley, *The Theology of St. Paul*, p. 102.

실이며, 이로 인해 두려움이 아니라 확신을 가지고 그리스도를 신뢰하는 것이다.

주권은 그리스도의 사역의 절정으로서 그의 부활과 연관되어 있으므로 **퀴리오스**(주)는 그리스도가 **합당한** 주라는 의미를 내포한다고 많은 이들이 강조한다. 우리는 이런 측면을 로마서 1장 3-4절과 10장 9절에서 볼 수 있으며 또한 사도행전 2장 36절의 설교에서도 발견할 수 있다. 아마도 여기에는 후기 로마 제국에 있던 초대 그리스도인들의 충성심을 시험하기 위한 대립적인 고백인 "가이사는 주님이시다"는 말에 대한 대조적인 의미가 있을 것이다. 또한 바울의 '주'라는 용어는 구약에서 하나님께 드리는 찬미로 매우 중요성을 가졌다는 점에서도 큰 빚을 지고 있다. 20세기 초에 부세가 이 관점을 암시했음에도 불구하고 이것은 예수와 복음으로부터 바울을 멀리 떼어놓지 않았다. 바울은 초대 그리스도인들과 다르지 않았다. 하지만 그는 이를 가장 선호하는 핵심 용어로 만드는 데 크게 이바지하였다. 그는 이 용어를 예수에게 200번 이상 사용했다.

2. 메시아, 마지막 아담, 하나님의 아들

바울은 '메시아'와 '사람' 또는 '마지막 아담'이라는 용어도 사용하였다. 서신들을 기록할 즈음에 바울은 '그리스도'를 고유명사로 자주 사용했다. 하지만 그는 이따금 크리스토스(Christos)를 유대 사상의 '메시아'와 동등한 것으로 사용했다. 고린도전서 1장 23절은 "우리는 십자가에 못 박힌 그리스도를 전하니 유대인에게는 거리끼는 것(skandalon)이요"라고 번역된다. 히브리어 마쉬아(Mashiah)는 헬라어로 크리스토스인데, 이는 '기름 부음 받은 자'를 의미한다. 곧 하나님의 나라를 이룩할 성령으로 기름 부음 받은 자이다. 로마서 9장에서 바울이 유대인으로서 자신의 정체성에 대해 말하는 부분에 관하여 던은 '그리스도'(롬 9:3-5, 참고. 롬 13:9, 10; 15:2-3)로 번역되는 것이 타당하며 "크리스토스는 여전히 그 명칭의 영향력이 있었다"고 평가한다.[10] 로마서 5장 15-19절과 고린도전서 15장 21-22절에서 바울은 그리스도를 '마지막 아담'으로 명확히 언급한다. 그는 아담 안에서 모두가 죽은 것같이 그리스도 안에서 모두가 살게 될 것이라고 기록한다. 아담이 오래되고 본래적인 인류의 머리이자 대표자였던 것처럼 그리스도는 새로운 인류의 머리이자 대표자이다.

하나님의 형상을 지닌 자로서 아담은 그리스도의 원형, 즉 '오실 자의 모형'(롬 5:14)이었다. 다른 초기 그리스도인들처럼 바울은 시편 8장 6절의 "주의 손으로 만드신 것을 다스리게 하시고"를 이 문맥에 인용한다. 그리스도는 '거꾸로 아담이' 되셨다(빌 2:5-11). 아담은 자신이 하나님과 동등됨을 취할 수 있다고 보았지만 그리스도는 그것을 구하지 않고 그 자신을 비우셨다. 그리하여 아담은 낮아졌지만 그리스도는 높아졌다. 이 구절들은 예수의 인성뿐만이 아니라 그의 우주적이고 대표적인 중요성도 강조하고 있다. 바울은 그의 동시대인들(예로, 필로)에게서 찾은 아담에 대한 어떤 추론을 취해서 그리스도의 인성과 대표적인 특성에 초점을 맞추는 데 사용한다. 하나님께서 그렇게 의도하신 대로 그리스도는 인간이다.

아마도 바울이 사용한 '인간'이나 '사람'이라는 용어에는 동일한 이중적인 강조가 있을 것이다. 사람(Man)은 아마도 히브리어 '인자'(Son of Man)를 헬라어로 옮긴 용어인 듯하다. 다니엘 7장 13절에서 이 용어는 우주적인 인물의 인간적 특성을 강조한다. 비록 그가 '하늘 구름'을 타고 오며, '권세와 영광과 나라'를 받는다고 해도 말이다. 이 말은 모

---

10) Dunn, *The Theology of Paul the Apostle*, p. 199; 참고. pp. 197-9.

든 원수를 그리스도의 발 아래 둔다고 하는 고린도전서 15장 25-28절에서의 서술과도 밀접하다. 하지만 그 구절은 "사망이 한 사람으로 말미암았으니 죽은 자의 부활도 한 사람으로 말미암는도다"(고전 15:21)라고 시작한다. 이는 후기의 서신들에서 한층 더 명료해진다. 곧이어 골로새서 1장 22절에서 바울은 "그의 육체의 죽음으로 말미암아 화목하게 하사"라고 쓰는 동시에 골로새서 2장 9절에서 "그 안에는 신성의 모든 충만이 육체로 거하시고"(헬라어 소마티코스〈sōmatikōs,〉 육화(肉化))라고 기록한다. 이는 예수 그리스도의 인성, 즉 사람됨에 더하여 신성의 내재함까지도 나타내는 것임에 분명하다.

'하나님의 아들'이라는 말에 대한 바울의 용례를 이해하기 위해서는 그리스 종교와 평행하다고 간주되는 것들을 살펴보기 전에 먼저 '하나님의 아들'의 아람어와 히브리어 용례에 대해 묻는 것이 현명하다. N. T. 라이트는 우리가 마주치는 의미의 두 세계에 대해 말하면서 이 구체적인 고찰을 제공한다.[11] 특별히 사무엘하 7장과 시편 2편에서 다윗 왕과의 관계에서 '~의 아들'이라는 히브리어 용어가 사용된다. 여기는 그들이 다윗의 직무와 특성을 가진 자를 고대하는 장면인데, 실제로는 어느 정도 그를 능가하는 자를 기대하는 것이다. 이것이 메시아적 호칭이 된다. 그리스의 신비적인 종교에 나타나는 '하나님의 아들'의 용례와 완전히 상반되게 그것은 기독교를 사적인 종교 집단으로 보는 어떠한 경향에도 저항한다. '하나님의 아들'은 이를 아구스도 또는 네로 황제에게 적용하는 것을 무색하게 하며, 우주적 중요성을 획득한다.

바울이 로마서 1장 3-4절에서 하나님께서 예수 그리스도를 하나님의 아들로 선포한 것을 표현한 사상은 초기 사도적 전승에서 물려받은 것 같다는 주장은 얼추 들어맞지만 전적으로 그런 것은 아니다. 이

---

11) N. T. Wright, *The Resurrection of the Son* (London: SPCK, 2003), pp. 723-38.

는 부활 때문이다. 던은 "우리는 여기서 '양자론'(adoptionist christology)을 말해서는 안 된다…이는 본래 '아들'이 아니었던 사람을 아들로 들이는 것을 뜻하기 때문이다"라고 정확하게 보았다.[12] 데살로니가전서 1장 9-10절에서 바울은 다음과 같이 회상한다. "너희가 어떻게 우상을 버리고 하나님께로 돌아와서 살아 계시고 참되신 하나님을 섬기는지와 또 죽은 자들 가운데서 다시 살리신 그의 아들이 하늘로부터 강림하실 것을 너희가 어떻게 기다리는지를 말하니, 이는 장래의 노하심에서 우리를 건지시는 예수시니라." 많은 이들이 이것을 이방인들에 대한 바울 설교의 요약으로 여긴다. 바울이 그의 회심과 소명을 회상할 때 그는 하나님이 그의 아들을 "내 속에 나타내시기를" 기뻐했다고 고백한다(갈 1:16). 고린도전서 15장 25-28절에서 나라의 이양에 대한 구절은 하나님의 아들로서 그리스도에 관한 것이다. 이 특징이 오직 초창기 서신들에만 있다고 생각하지 않기 위해서는 하나님이 우리를 "그의 사랑의 아들의 나라로 옮기셨으니"(골 1:13)라는 구절을 찾아 볼 수 있을 것이다.

3. 우주적(Cosmic) 또는 만유의(Universal) 그리스도

온 세상을 위한 그리스도의 우주적 중요성은 무엇보다 골로새서에서 명확히 나타난다. 어떻게 그리스도에 대한 신앙과 '통치자들과 권세들', 즉 인간의 통제를 초월한 세력이나 천사 같은 존재에 의해 인간 운명이 지배된다는 널리 퍼져있던 신념이 연관되는지에 대해 골로새교회가 고민한 것은 분명하다. 바울은 그리스도가 하나님의 주권과 목적을 완전히 드러냈다고 그들을 확신시킨다. 처음부터 끝까지 그리

---

12) Dunn, *The Theology of Paul the Apostle*, p. 243.

스도만이 모든 것이다. 그리스도는 모든 피조 체계가 향해 가는 목표이다. 그리스도는 하나님의 창조적인 생각을 육화한다. "그(그리스도)는 보이지 아니하는 하나님의 형상이시요, 모든 피조물보다 먼저 나신 이시니, 만물이 그에게서 창조되되 하늘과 땅에서 보이는 것들과 보이지 않는 것들과, 혹은 왕권들이나 주권들이나 통치자들이나 권세들이나 만물이 다 그로 말미암고 그를 위하여 창조되었고"(골 1:15-16)라고 바울은 기록한다. 이 헬라어는 시작(beginning)과 주된(chief) 또는 첫째(first)나 주요 본질(main principle) 두 가지 모두를 의미할 수 있다. 이는 그리스도를 세상에 선재하던 하나님의 우주적 지혜로 보는 창세기 1장 1절과 잠언 8장 22절의 영향을 가지고 있다고 볼 수 있다. 하나님의 '형상'으로서 그리스도는 구체적으로 그를 육화하고 또는 하나님을 '생각할 수 있게'(thinkable) 혹은 '상상할 수 있게'(conceivable) 만든다(6장 두 번째 단락을 보라).

이것은 결국 우리를 바울에게 나타나는 그리스도의 성육신과 선재성에 이르게 해준다. 이것은 잘 알려진 구절인 빌립보서 2장 5-11절에 한정되지 않는다. 고린도후서 8장 9절에서 바울은 "우리 주 예수 그리스도의 은혜를 너희가 알거니와 부요하신 이로서 너희를 위하여 가난하게 되심은"이라고 쓴다. 우리는 이미 하나님이 그의 아들을 '보내신' 것에 대한 구절들을 살펴보았다(롬 8:3; 갈 4:4). 고린도전서 10장 4절에서 우리는 또한 모세가 쳤던 바위는 그리스도였으며 그는 하나님의 선재하는 지혜임을 깨닫는다. 고린도후서 3장 17절에서 그리스도는 모세에게 일시적인 영광을 주었던 성령과 동일하게 여겨진다. 그러나 가장 분명한 진술은 바울이 인용하며 완전히 시인하는 빌립보서 2장 5-11절에 나온다. 그렇든 그렇지 않든 간에 이를 바울 저작이 아닌 삽입구라고 여기는 사람들도 있다. 우리는 이것을 이번 장의 끝에서 살펴볼 것이다. 신약이 그리스도의 신성을 가르치고 있느냐는 질문에 대해 쿨만(Cullmann)은 "'그렇다'···우리가 그 개념을 본체(substance)와 본성(natures)에 관한 후기 그리스 사변과 연관시키지 않는다는 조건 아래서 말이다"고 대답한다.[13] 바울은 그런 용어를 거부하지는 않았지만 사용하지 않았다. 그는 본체와 본성에 대한 후일의 논쟁에 대한 의문을 어느 정도 남겨 두었다. 존 로빈슨(John Robinson)의 지적처럼, 그런 용어는 성육신을 통한 그의 참된 인성을 무시하면서 그리스도의 신성을 강조하게 하거나 그리스도를 참된 하나님도 아니고 참된 인간도 아닌 잡종 인물로 보게 만든다.[14] 바울은 하나님께서 신적으로 정하신 '주'로서 그리스도의 실제적인 통용에 집중한다.

래리 허타도(Larry Hurtado)는 아주 초창기 그리스도인의 예배에서 차지하는 그리스도의 위치를 적절히 살펴본다.[15] 그는 예수의 부활과 바울이 부름 받은 짧은 기간 사이에 많은 일이 일어났는데, 현존하는 바울의 가장 이른 서신 이전의 18년 동안은 두말할 필요도 없다고 주장한다. 요한계시록 19장 10절에서 천사는 요한에게 자신을 경배하기를 금한다. 하지만 요한계시록 5장 9-14절에서 하늘의 장로들은 하나님만이 아니라 어린 양에게도 경배한다. 바울에게서 세례는 그리스도 안에 있으며, 기도는 예수 그리스도를 통하는 것이고 찬송은 예수에 대한 것이다. 그는 하나님께 드리는 경배를 밀접하게 결합시킨다. 초월적인 지혜, 말씀, 영광과 같은 신적인 요소의 유대교 개념들은 유대 단일신론에 적합했다.[16] 우리는 다음 장에서 하나님에 대한 바울의 관점을 고찰할 것이다.

---

13) Oscar Cullmann, *The Christology of the New Testament*, trans. J. G. Guthrie and C. A. M. Hall (London: SCM Press, 1963), p. 306.
14) John A. T. Robinson, *The Human Face of God* (London: SCM Press, 1973).
15) Larry W. Hurtado, *Lord Jesus Christ: Devotion to Jesus in Earliest Christianity* (Grand Rapids and Cambridge: Eerdmans, 2003).
16) 참고. Larry W. Hurtado, *One God, One Lord: Early Christian Devotion and Ancient Jewish Monotheism* (London: SCM Press, 1988).

던도 이 문제를 가지고 씨름했다. 그는 바울이 어떤 역할들에 있어서는 그리스도와 하나님을 상호 번갈아 사용했음을 지적한다. '하나님의 심판대'(롬 14:10)가 '그리스도의 심판대'(고후 5:10)인 것이 그 예이다. 바울은 심지어 유대교의 쉐마(Shema, 신 6:4)를 변용하여 유일한 하나님의 주권을 예수 그리스도에게 돌린다.[17] 하지만 그리스도는 한 구절 이상에서 우주의 '중재적' 창조자로 나타난다. 이것은 우리에게 아타나시우스(Athanasius)와 바질(Basil)이 했던 질문을 던지도록 만든다. 그리스도와 성령은 피조물, 즉 **창조된** 존재인가, 아닌가? 그리스도와 성령은 성부 하나님과 함께 **자존하는** 존재의 지위에 속하며 천사들, 권세자들, 인간들과 같은 피조물의 지위가 아닌 것은 명백하다. 이런 점에서 바울은 우리에게 원숙한 기독론에 필요한 모든 요소들을 제공한다. 후세대들은 이 요소들을 다른 방식으로 조합해도 좋을 것이다. 그러나 바울이 그리스도의 주권에 주목했을 때 무엇보다도 그리스도에 대한 그의 관점은 '호칭'이 아니라 **관계**에 있었다. 이것은 인간으로서 그리스도와 하나님으로서 그리스도에 대한 바울의 관점에 동일하게 적용된다. 우리는 그리스도 안에서 그를 통해 하나님을 만난다. 우리가 그리스도를 볼 때, 우리는 참된 '인간'이 무엇인지를 보게 된다. 우리는 "그리스도는 진실로 인간이었나?"를 묻기보다는, 그리스도를 보고 그 빛으로 "우리가 진실로 인간인가?"를 묻게 된다. 이것이 8장의 주제가 될 것이다. 바울은 그리스도의 선재성을 전제했고 퀴리오스(kyrios, 주)로서 그를 경외했다. 그는 그리스도에 대한 관점을 견실히 하였으며 또한 변용하였고 그것은 결국 우리의 신조들에 포함되었다.[18]

4장에서 우리는 '옥중'서신들(빌립보서, 골로새서, 빌레몬서, 아마도 에베

---

17) Dunn, *The Theology of Paul the Apostle*, pp. 252-60.
18) A. Grillmeier, *Christ in Christian Tradition: From the Apostle Age to Chalcedon*, trans. J. Bowden (London: Mowbray, 1965), p. 13.

소서도 포함될 수 있다)에 대한 고찰을 미뤄두었다. 그것들은 그리스도에 대한 바울의 관점에 특별한 정보를 제공하지만 바울의 인생 연대기와 꼭 들어맞기에는 어려움이 있다. 만일 우리가 에베소서를 바울 서신으로 가정하면 에베소서처럼 분명히 골로새서도 상대적으로 후기인데 이는 여전히 논쟁의 여지가 있다. 나는 그것이 확실하다고 받아들일 수 있는 이유들을 알고 있다. 그러나 모든 경우에 있어서 우리는 그것들이 가이사랴, 로마 혹은 아마도 에베소의 '감옥'에서 기록된 것인지 아닌지 확신할 수는 없다.

로마와 가이사랴에 대해서는 매우 그럴듯한 의견들이 있다. 빌립보서는 가이사랴(행 23:35)의 감옥에서 기록되었을 것이다. 거기에는 빌립보서 1장 13절의 '시위대'와 들어맞는 로마 주둔군이 있었다. 사도행전은 바울의 투옥이 최소 2년이었음을 보여주고(행 24:23), '보호관찰'(open arrest)이었음을 알려준다(빌 2:25-30; 4:10-20; 참고. 행 24:23). 반면에 빌립보서에서 바울은 후기 연대임을 암시하는 '연보'에 대한 언급을 하지 않는다. 골로새서의 경우 로마에서 기록되었다는 주장이 아마도 가장 설득력이 있는 것 같지만 우리는 확신할 수는 없다. 아마도 빌립보서는 59-60년, 골로새서는 60-1년에 기록되었을 것이다.

빌립보서는 매우 개인적인 서신이다. 빌립보는 주전 168년에 로마에 합병된 유구한 로마의 식민지였고 바울은 거기서 처음으로 유럽에 방문했다(제3장). 교회에서 여성은 중요한 역할을 담당했는데, 루디아에서 비롯해 바울과 함께 복음에 힘쓰던 유오디아와 순두게로 옮겨간다(빌 4:2-3). 바울은 교회에 감사하며 기쁨과 만족함으로 교회를 위해 기도한다(빌 1:3-11; 4:10-20). 바울에게 죽음은 현실적으로 있을 수 있는 일이었다. 그는 "내게 사는 것이 그리스도니 죽는 것도 유익함이라…세상을 떠나서 그리스도와 함께 있는 것이 훨씬 더 좋은 일이라 그렇게 하고 싶으나"(빌 1:21, 23)라고 기록한다.

그러나 바울에게는 한 관심사가 있었는데 이는 빌립보인들이 "아무 일에든지 다툼이나 허영으로"(빌 2:3) 하지 않는다는 것이었다. 자기보다 남을 생각하는 것은 그리스도 안에서 나타나는데 "그는 근본 하나님의 본체시나 하나님과 동등됨을 취할 것으로 여기지 아니하시고 오히려 자기를 비워 종의 형체를 가지사 사람들과 같이"(빌 2:6-7) 되셨다. 그리하여 하나님께서 그를 주로서 높이시고 그에게 "모든 이름 위에 뛰어난 이름을 주사 하늘에 있는 자들과 땅에 있는 자들과 땅 아래에 있는 자들로 모든 무릎을 예수의 이름에 꿇게"(빌 2:9-10) 하셨다. 예수는 자기를 희생하는 겸손한 섬김의 최고의 본보기이다. 하지만 만일 예수 그리스도가 '성육신,' 즉 인간 존재이면서 그러나 동시에 선재하며 창조되지 않은 존재로 육화하지 않았다면 이것은 이치에 맞지 않을 것이다. 그러므로 하나님은 그를 교회뿐만이 아니라 우주의 주로 높이셨다. 이는 우리가 앞서 살펴본 바 하나님은 그를 주로 만들 뿐만 아니라 우리의 실제 경험 안에서 '주'라는 점을 강조하셨다. 이에 더하여 그는 온 우주, 즉 만유의 주이다. 주후 60년에 이르기까지 바울은 인간이 아닌 힘이나 세력을 포함한 모든 것 위에 중대하고도 보편적인 그리스도의 주권의 의미를 반영해왔다.[19] 더 나아가 우리는 빌립보서 3장 1-16절의 어조는 다르지만 또 다시 "내가 이미 얻었다 함도 아니요 온전히 이루었다 함도 아니라"(빌 3:12)는 말이 있는 것을 알아챌 수 있다. 이어서 3장 20절에서는 로마 식민지의 상태를 다룬다. "우리의 시민권은 하늘에 있는지라"(즉 이곳이 아니다).

골로새서는 그리스도에게 주권을 부여하는 데 있어서 훨씬 더 우주적이다. 오늘날 많은 사람들은 주위를 둘러싼 이교들과 대조적으로

---

19) Gerald F. Hawthorne, *Philippians* (Waco, TX: Word Books, 1983), 특히 pp. 76-96; John B. Polhill, *Paul and his Letters* (Nashville: Broadman & Holman, 1999), pp. 164-79; 그리고 Stephen E. Fowl, *The Story of Christ in the Ethics of Paul* (JSNTSup 36; Sheffield: Sheffield Academic Press, 1990), pp. 49-102.

이것이 골로새에 있던 그리스도인들의 확신을 강화시켰다고 본다. 골로새교회는 이방인 그리스도인 에바브라가 세웠는데(골 1:7) 아마도 대부분의 교인들이 이방인이었을 것이다. 골로새는 빌립보, 데살로니가, 고린도 또는 에베소에 비해 훨씬 작은 도시였다. 그러나 이 교회는 "성도의 기업의 부분을 얻기에" 합당하였다(골 1:12). 바울은 하나님께서 이 교회에 신령한 지혜를 주고(골 1:9) 그들이 능하여지도록 기도하였다(골 1:11). 골로새서 1장 15-20절은 신약에서 우주적 기독론에 대한 최고의 표현들 가운데 하나이다. 요한복음 1장 1절, 고린도전서 8장 4-6절, 히브리서 1장 1절에서처럼, 바울은 "하늘과 땅에서 보이는 것들과 보이지 않는 것들과…통치자들이나 권세들이나 만물"(골 1:16)을 포함하는 창조에 그리스도가 참여했음을 단언한다. 그리스도 안에서 만물은 화합하고 하나가 된다(골 1:17). 그가 "네가 어찌하여 나를 **박해**하느냐?"는 말을 들었을 때, 바울은 교회를 그리스도의 몸으로 보기 시작했다. 더구나 또한 그리스도는 교회의 머리이다(골 1:18). 그는 부활로써 새 질서의 으뜸이 되었으며 "아버지께서는 모든 충만으로 예수 안에 거하게" 하셨다(골 1:18-19). 십자가로 인해 '만물'은 하나님과 화목할 수 있다(골 1:20).[20]

그리스도가 피조물, 즉 창조된 존재가 아닌 것은 확실하다. 다만 우주가 그를 '위한' 존재가 된다. 예수 그리스도는 세상을 조화시키는 화합과 활력의 우주적 본질이다. 그는 하나님의 육체적 표현이다. 바울에게서 그리스도는 하나님의 지혜와 하나님의 말씀과 동등했다. 유대교에서 이것은 태초 전에 선재하던 하나님의 대리적 요소로 보였다. 그러나 이 모든 것에 십자가와 부활은 중추적인 것이 된다. 바울

---

20) C. F. D. Moule, *The Epistle of Paul the Apostle to the Colossians and to Philemon* (Cambridge Greek Testament Commentary; Cambridge: Cambridge University Press, 1957); 그리고 Dunn, *The Epistles to the Colossians and Philemon*, 특히 pp. 83-104.

은 "각 사람을 그리스도 안에서 완전한 자로"(골 1:28) 세우려 하는 그리스도의 우주적 영광을 언뜻 내비친다. 그리스도 안에는 지혜와 지식의 모든 보화가 있다(골 2:3). 이른바 골로새와 라오디게아의 '철학'은 그들에게 심려할 바가 되지 못한다. 이것은 사소한 율법주의적 교리와 천사들에 대한 과대평가와 같이 그저 인간이 만든 체계, 즉 '육신의 생각'(골 2:18)이다. 바울은 "그리스도의 말씀이 너희 속에 풍성히" 거하기를 강권한다(골 3:16). 편지의 수신자들은 그리스도 안에서 기뻐하고 바울이 그들을 위해 기도한 것처럼 바울을 위해 기도한다(골 4:2-4). 그러나 이 서신의 초점은 여전히 그리스도와 그의 보편적인, 다른 말로 우주적인 영광에 있다.

The Living PAUL
An Introduction to the Apostle's Life and Thought

제6장
하나님에 대한 바울의 관점과 삼위일체적 함의

1. 하나님, 구약, 그리스도

바울은 구약과 유대교에서 **살아 계신** 하나님으로서 하나님의 개념을 물려받았다. 하나님은 세상에서 역사하며 또한 절대 **주권자**이시다. 하지만 바울의 회심과 소명은 이 개념을 최소한 두 가지 방법으로 변화시켰다. 첫째로, '갑작스레' 바울에게 닥친 하나님의 계시는 받을 자격이 없는 자에게 주는 하나님의 **은혜**를 강조한다. 하나님은 개시된 주권적인 은혜를 보여준다. 바울은 자신을 "사도 중에 가장 작은 자라. 나는 하나님의 교회를 박해하였으므로 사도라 칭함 받기를 감당하지 못할 자니라. 그러나 내가 나 된 것은 하나님의 은혜로 된 것"(고전 15:9-10)으로 여긴다. 둘째로, 바울은 예수 그리스도를 아는 지식 안에서 진전하며 공동의 행위자로서 아버지 하나님과 아들 예수 그리스도의 근본적인 협력을 보면서 우리가 하나님의 '그리스도 닮음'(Christlikeness)이라 부를 법한 것에 대해 깨달았다. 하나님과 그리스도는 서로 상대의 특성을 지니고 있다.

바울에게 하나님의 길은 "찾지 못하고 헤아리지 못하는" 것이었다 (롬 11:33). 그는 하나님은 거룩하고 '다르거나' 초월적이라는 구약의 유산에 공감했다(참고. 사 6:2-5). 하지만 **그리스도를 통하여** 하나님도 **다가 갈 수 있고** 또는 오늘날 에버하르트 융엘(Eberhard Jüngel)의 말을 빌리자면, '생각할 수' 있거나 '상상할 수' 있다.[1] 그리스도를 통하여 하나님은 바울의 삶에서 매일 실재가 되었다. 아버지 하나님은 궁극적으로 우주의 창조주이지만 그리스도로 말미암아 존재하는 모든 것을 창조하셨다(골 1:115-17; 고전 8:4-6, 참고. 롬 11:33-36). 바울은 특별히 매일 기도를 통해 하나님을 알았다.

그리스도에 대한 바울의 관점을 다룬 기사나 책이나 그 일부분들은 많은 반면에 상대적으로 하나님에 대한 바울의 관점을 다루는 책은 거의 없다는 닐 리차드슨의 지적은 일리 있다. 이것은 '놀라운 일'이다.[2] 리차드슨은 불트만, 콘첼만(Conzelmann), 큄멜(Kümmel)을 언급하며 그들 각각의 **신약 신학**(이들 각 신학자들의 대표적인 저서를 가리킨다-역주)에서 이 중요한 주제를 다루는 데 거의 지면을 할애하지 않은 점을 보여준다. 그들은 그리스도가 하나님에 대한 바울의 관점을 상당부분 변화시켰다는 것은 다루지 않고 그저 바울이 구약이나 유대적 관점을 이어 받았다고 가정한다. 보다 최근에는 특히 래리 허타도와 할버 몽스네(H. Moxnes)의 연구로 인해 이러한 상황이 나아진 것은 인정하지만 다른 한편으로 이런 경향은 대체로 여전하다.[3]

시작부터 바울은 하나님께 **기도**드린다. 그는 아마도 현존하는 가

---

1) Eberhard Jüngel, *God as the Mystery of the World*, trans. D. L. Guder (Edinburgh: T. & T. Clark, 1983), pp. 8-9 그리고 220-1; 참고. pp. 287-8 그리고 376-82.
2) Neil Richardson, *Paul's Language about God* (JSNTSup 99; Sheffield: Sheffield Academic Press, 1994), p. 12.
3) 다음을 보라. Hurtado, *One God, One Lord*; 그리고 Halvor Moxnes, *Theology in Conflict: Studies in Paul's Understanding of God in Romans* (NovTSup 53; Leiden: Brill, 1980).

장 이른 서신에서, "우리가 너희 모두로 말미암아 항상 하나님께 감사하며, 기도할 때에 너희를 기억함은 너희의 믿음의 역사와 사랑의 수고와 우리 주 예수 그리스도에 대한 소망의 인내를 우리 하나님 아버지 앞에서 끊임없이 기억함이니"라고 기록했다(살전 1:2-3, 참고. 롬 1:8; 고전 1:4-9; 빌 1:3-11; 골 1:3-8. 바울 서신들에서 통상적인 '감사' 형식). 그는 "우리가 하나님께 끊임없이 감사함은 너희가 우리에게 들은 바 하나님의 말씀을 받을 때에 사람의 말로 받지 아니하고 하나님의 말씀으로 받음이니"(살전 2:13)라고 부언한다. 바울은 "하나님 우리 아버지와 우리 주 예수는 우리 길을 너희에게로 갈 수 있게 하시오며"(3:11)라고 간구한다. 이는 데살로니가후서에서 계속된다. 저자는 "우리가 너희를 위하여 항상 하나님께 감사할지니"(살후 1:3)라고 기록한다. 그는 계속해서 "우리도 항상 너희를 위하여 기도함은 우리 하나님이 너희를 그 부르심에 합당한 자로 여기시고"(1:11) "우리가 항상 너희에 관하여 마땅히 하나님께 감사할 것"(2:13)과 그리고 "하나님 우리 아버지께서 너희 마음을 위로하시고"(2:16-17)라고 쓴다.

데살로니가서에서 바울은 하나님을 많이 언급한다. 데살로니가의 그리스도인들은 "하나님의 사랑하심을"(살전 1:4) 받았으며 하나님께서 사랑을 나타내시는 것을 확증했다(참고. 신 7:7-8; 요 3:16; 요일 3:1). 바울은 하나님을 향하고(1:8), 우상으로부터 하나님께로 돌아선 것과(1:9), 하나님의 복음과(2:2, 9), 하나님께 옳게 여기심을 입고 하나님을 기쁘시게 하는(2:4) 그들의 믿음에 대해 언급한다(1:8). 하나님은 그들의 증언이고(2:5), 그들은 "하나님에 합당히"(2:12) 행한 자들임이 분명하다. 디모데는 하나님을 위한 일꾼이었다(3:2, 참고. 3:9; 4:1, 3, 7-9, 14; 5:9, 18, 23). 우리가 만일 데살로니가후서를 바울이 썼다고 본다면, 데살로니가후서 1장 2, 4-5, 8, 12절, 2장 4, 11, 15-16절, 3장 5절을 추가할 수 있다.

그래도 하나님을 언급함에 있어서 주된 서신은 아마도 로마서일 것이다. 바울은 로마의 그리스도인들이 그를 지지하고 서바나로 향할 선교에 '기지'를 제공할 것이라는 큰 소망 안에서 그들에게 자신의 신임장을 제출한다. 레온 모리스(Leon Morris)는 특정한 단어 수를 세었다. 그는 정관사(the)와 그리고(and) 다음으로 "이 서신에서 바울의 가장 빈번하게 나오는 단어는 '하나님'(Theos)이다"라고 서술한다.[4] 몽스네도 이를 암시한다. 모리스는 그 단어가 153번 나온다고 하였다. 바울은 하나님의 본성(롬 1:23), 그의 미쁘심(롬 3:3), 그의 참되심(롬 3:4), 그의 참으심(롬 2:4; 3:26), 그의 인자하심(롬 2:4; 11:22)에 대해 진술한다. 하나님은 '소망의 하나님'이고 '평강의 하나님'이다(롬 15:13, 33; 16:20). 하나님은 또한 진노와 준엄함을 보이신다(롬 1:18; 3:5; 9:22; 11:22). 간혹 진노는 사랑의 결핍을 나타내거나 사랑의 반대말이라고 여겨진다. 하지만 대다수의 부모들이 잘 알고 있듯이 사랑의 반대말은 진노가 아니라 무관심이다. 아이를 사랑하면 사랑할수록 그 아이가 자신을 파멸시킬 행동을 하는 것에 대해 더더욱 화를 낼 것이다.

닐 리차드슨은 로마서 9-11장을 하나님이 세상과 관계하는 극장을 구성하는 세계 역사의 무대 위에서 이스라엘의 역할에 대해 로마에 있던 이방 그리스도인들에게 행한 연설로 본다. 바울은 첫째로 많은 육신의 이스라엘이 이스라엘의 메시아를 알지 못하는 데 대한 비통함을 표현한다. 그는 9장에서 누가 하나님의 참된 자녀이며 누가 하나님의 약속의 후손인지 묻는다(롬 9:8-11, 참고. 사 10:20-23; 11:1, 16). 하나님은 불의하지 않으나 모든 것은 인간의 의지가 아니라 하나님의 긍휼에 달려있다(롬 9:16). 하나님은 진흙을 주무르는 토기장이 같은 분이다(롬 9:20-22, 이는 렘 18:5-9을 반영한 것이다). 바울은 70인역의 호세아 2장 1,

---

4) Leon Morris, 'The Theme of Romans', in W. Ward Gasque and Ralph P. Martin (eds), *Apostolic History and the Gospel: Presented to F. F. Bruce* (Exeter: Paternoster Press, 1970), p. 250; 참고. pp. 249-63.

23절과 이사야 10장 22-23절을 약간 변용하여 논지를 한결 명확히 한다.[5] 다음에 그는 크랜필드(Cranfield)의 말대로 이사야 8장 14절과 28장 16절(LXX)을 약간 변용해서 "주권적인 하나님의 목적을 보다 강렬하게 표현한다."[6] 거기에는 유대 신앙에 있어 주요 주제인(마카베오상 2:27, 54, 집회서 48:2) '하나님께 열심'에 대한 비판이 있다.

2. 은혜, 경험, 내러티브(narrative)

바울은 하나님의 **은혜**에 관한 주제를 다루면서 독특한 소재를 제공한다. 리차드슨은 '하나님의 은혜'는 70인역에는 나오지 않는다고 주장한다.[7] 이는 엄밀하게 언어학적으로 영어단어 은혜(grace)에 딱 맞는 바를 고려할 때 옳은 말이다. 그러나 70인역은 주께 노아가 은혜(헬라어 카리스⟨charis⟩)를 입은 것과 아브라함이 하나님께 카리스(charis)를 입은 것과 많은 유사한 내용(예로 출 3:21; 유딧 10:8 등)들에 대해 말한다. 비록 NRSV는 이를 은혜가 아니라 호의(favour)로 번역하지만 말이다. 구약은 하나님을 은혜롭다(gracious)고 형용사적 구조로 이야기한다. 바울의 논거의 핵심은 다음과 같다. "은혜로 택하심을 따라 남은 자가 있느니라. 만일 은혜로 된 것이면 행위로 말미암지 않음이니, 그렇지 않으면 은혜가 **은혜** 되지 못하느니라"(롬 11:5-6). 로마서 10장과 11장은 모든 것은 하나님의 은혜(히브리어 헨⟨chēn⟩, 헬라어 카리스⟨charis⟩)에서 나오지 인간의 노력이나 '열심'에서 비롯된 것이 아니라는 생각을 결합시킨다.[8]

---

5) Stanley, *Paul and the Language of Scripture*, pp. 109-19.
6) Cranfield, *The Epistle to the Romans*, vol. 2, p. 486; 참고. Dunn, *Romans 9-11*, p. 554.
7) Richardson, *Paul's Language about God*, pp. 74-5.
8) Richard H. Bell, *Provoked to Jealousy: The Origin and Purpose of the Jealosy Motive*

바울의 사상에서 하나님은 그리스도보다 덜 중요하게 여겨진다는 인상을 바로 잡기 위해 또 한 가지 서신을 살펴보도록 하자. 고린도전서에서 "그리스도의 머리는 하나님이시라"(고전 11:3) "모든 것은 하나님에게서 났느니라"(고전 11:12)고 증언한다. 나아가 만물이 그리스도 안에서 하나님께 복종할 때, "아들 자신도 그 때에 만물을 자기에게 복종하게 하신 이(즉, 하나님)에게 복종하게 되리니"(고전 15:28)라고 한다. 이 구절들은 매우 잘 알려져 있어서 보통 '종속'(subordination) 구절들이라고 불린다. 허타도는 이 구절들이 '팔레스타인' 유대 기독교인들에게서 유래했으며 하나님의 유일하고 궁극적인 주체를 강조한다고 보았다.[9]

신조에서 볼 수 있는 것처럼 어떻게 우리는 바울이 이 맥락에서 기록한 성령의 동등함에 대해 말할 수 있는가? 아마도 고린도교회가 동떨어지거나 거리감 있는 하나님의 모습을 받아들이지 않았던 반면에 주로서 그리스도를 친밀하게 받아들이는 것은 너무나 쉬운 일이었을 것이라는 주장은 적절하다. 그들은 또한 신비적인 헬레니즘 이교들과의 유사점에 호소한다. 바울은 그런 관점을 바로 잡으려고 시도한다. 세르포(Cerfaux)는 만물 안의 만물로서 하나님의 '신비'를 그가 바울 저작으로 여기는 에베소서 1장 23절과 비교한다.[10] 나아가 골로새서 1장 15-20절(제5장 우주적, 즉 만유의 그리스도 첫 단락 참고)과 같은 구절들도 역시 바울의 관점을 보완한다.

오늘날 널리 퍼진 오해와 정반대로 바울은 구약과 이스라엘의 하나님의 행위와 그리스도의 행위를 분리시키지 않는다. 실로 그는 창조 그 자체를 아버지 하나님과 아들의 공동의 사역으로 보았다. 비록 함께 창조한 작인이라는 점에서 각각의 역할은 달라도 말이다. 골로새

---

in Romans 9-11 (WUNT 2.63; Tübingen: Mohr, 1994); 그리고 Richard H. Bell, *The Irrevocable Call of God* (WUNT 2.184; Tübingen: Mohr, 2005).
9) Hurtado, *One God, One Lord*, p. 96.
10) L. Cerfaux, *The Church in the Theology of Paul*, trans. G. Webb and A. Walker (New York: Herder & Herder, 1959), p. 317.

서 1장 16절에서 바울은 "만물이 그에게서 창조되되 하늘과 땅에서"라고 분명히 기록하고 존재의 보이는 것과 보이지 않는 것의 질서들을 열거한다. 그러나 이것은 "아버지께서는 모든 충만으로 예수 안에 거하게"(골 1:19) 하기 때문이다. 신학자들은 아버지 하나님을 궁극적인, 즉 제1의 원인으로(헬라어 에크⟨ek⟩ 또는 엑스⟨ex⟩, ~에서) 말하지만 하나님의 아들 그리스도는 중재적 창조주로(헬라어 디아⟨dia⟩, ~을 통하여) 말하는 데 이바지한다. 고린도전서 8장 6절에서 바울은 정확히 동일하게 서술한다. "우리에게는 한 하나님 곧 아버지가 계시니 만물이 그에게서 **났고**(헬라어 ek 또는 ex)…또한 한 주 예수 그리스도께서 계시니 만물이 그로 **말미암고**(헬라어 dia) 우리도 그로 말미암아 있느니라." 신약에서 바울만이 이런 특징을 가지며 그리스도를 우주의 '중재적' 창조주로 부르는 것은 아니다. 요한은 "만물이 그(그리스도)로 **말미암아**(dia) 지은 바 되었으니"라고 선포하는데 그가 바로 하나님이다(요 1:1, 3). 히브리서에서는 "그(Christ)로 **말미암아**(dia) (하나님이) 모든 세계를 지으셨느니라"(히 1:2, 참고. 1:2-4)고 말씀한다.

성령에 대한 강한 주장이 있는 신조를 상기하는 것은 당시 바울은 그런 믿음과는 동떨어져 있는 것처럼 보이게 할 수도 있다. 이는 마치 후대의 교리가 신약에 직접 기인한 것이 아니라는 견해를 강화하는 듯이 보인다. 그러나 바울에게 **성령은 일상의 경험 속에 일부분으로 기반을 두고 있다.** 로마서 8장 26절에서 그는 "우리는 마땅히 기도할 바를 알지 못하나"라고 시인한다. 하지만 그는 성령이 우리를 기도하도록 고무시키며 우리의 연약함을 도운다고 덧붙인다. 성령은 우리에게 우리 아버지로서 하나님께 기도하도록 고무시키며(롬 8:15-16), 우리는 그리스도를 통해 기도한다. 매일의 일상적인 기도에서 삼위일체의 세 위격 모두는 직접적으로 포함된다. **기도는 하나님에게 바쳐지며, 성령 하나님으로 인해 고무되고, 하나님의 아들 우리 주 그리스도로 말미암**

는다. 그리스도가 우리로 하여금 하나님을 생각할 수 있고 상상할 수 있도록 한 것처럼 성령은 하나님에게 하는 우리 기도를 정확하고 분명하게 만든다.

그러나 예수 그리스도의 내러티브는 삼위일체로서 하나님을 믿는 한층 더 견고한 신앙의 기반을 제공한다. 한편으로 바울은 삼신론(tritheism)이나 따로 분리된 세 하나님을 믿는 것을 피하는데 이는 그가 "하나님은 한 분밖에 없는 줄"(고전 8:4, 참고. 신 4:15-20; 6:4; 10:12; 26:10)로 아는 유대적 신조를 공유하고 있었기 때문이다. 다른 한편으로 아버지 하나님으로 인해 예수 그리스도는 주로 승격되고 영으로 죽음에서 살아났다(롬 1:3-4; 8:11; 고전 15:4, 44; 빌 2:9-11). 교부들의 지적처럼 (특히 4세기의 아타나시우스와 바질) 바울에게서 성자와 성령은 모두 창조된 존재가 아니다. 그들은 특히 고린도전서 2장 10-16절, 12장 4-8절, 고린도후서 13장 14절을 참고하여 하나님의 아들과 성령은 모두 아버지 하나님과 함께 일한다는 사실을 강조한다. 성자와 성령은 우리에게 하나님의 마음을 이해하는 것(고전 2:14-16), 은혜(헬라어 카리스마타 〈charismata〉)의 선물(고전 12:4-8), 하나님만이 줄 수 있는 것(고후 13:14〈저자가 사용한 RSV, NRSV, NEB 등의 영역성경은 14절이지만, 개역개정, 새번역 등의 한글성경은 13:13이다-역주〉)을 내려준다.[11]

바울이 확실히 언급하지는 않았지만 사도적 전통을 통해 알았을 법한 것은, 예수 그리스도가 세례를 받을 때 성부, 성자, 성령이 모두 참여했다는 사실이다. 이는 즉 하나님은 예수의 순종을 말씀하셨고, 성령이 그 위에 내려왔으며, 예수는 하나님의 백성들과 연대의식을 나타낸 것을 가리킨다. 그러나 바울은 그리스도가 이스라엘이 광야에서

---

11) Michael A. G. Haykin, *The Spirit of God: The Exegesis of 1 and 2 Corinthians in the Pneumatomachian Controversy of the Fourth Century* (VCSup 27; Leiden and New York: Brill, 1994), pp. 59-169.

방황할 때 거기 있었다고 명료하게 말한다. 이스라엘은 바울이 그리스도라고 여기는 반석으로부터 마셨으며(고전 10:4; 참고. 출 17:2-7), 고린도교회는 그리스도를 시험했던 이스라엘을 따르지 말고(고전 10:9, 참고. 출 32:1-6), 미쁘신 하나님을 의지해야만 한다(고전 10:13).

3. 하나님에 대한 접근성과 삼위일체

오늘날 흔히 "하나님이…(예수를) 화목제물(또는 화해의 수단, 속죄, 혹은 유화)로 세우시고"(롬 3:25), 하나님은 예수 그리스도의 고통과 죽음에서 멀리 떨어져 있었다고 생각되는 그릇된 개념보다 더 바울을 동떨어지게 보이도록 하는 것은 없다. 그런 잘못된 생각에 반하여 바울은 "하나님께서 그리스도 안에 계시사 세상을 자기와 화목하게 하시며"(고후 5:19)라고 단언한다. 이런 문제들 중 하나는 하나님이 "자기 아들을…보내어 육신에 죄를 정하사"(롬 8:3), "하나님이 그 아들을 보내사…율법 아래에 있는 자들을 속량하시고"(갈 4:4-5)에서 볼 수 있는 것처럼 '보낸'(sent)이라는 단어에 놓여 있는듯 하다. 그러나 하나님의 주권적인 행동의 발단 근거가 하나님이 운행되도록 만든 것으로부터 하나님 자신이 떨어져 있다는 것을 암시하지는 않는다. 그렇다면 바울이 십자가를 하나님의 **사랑**의 **열매**로서 이야기할 때, 그는 무엇을 의미하는가? 위르겐 몰트만은 "**고통 받을 수 없는 하나님은 사랑도 할 수 없다.** 사랑할 수 없는 하나님은 죽은 하나님이다"고 특색 있게 표현했다.[12] 바울에게 만일 하나님이 **그리스도와 같은 분**이라면 우리는 각각의 경험과 사랑을 상대에게서 매우 뚜렷하게 분리해 낼 수 없다. 하나

---

12) Jürgen Moltmann, *The Trinity and the Kingdom of God: The Doctrine of God*, trans. Margaret Kohl (London: SCM Press, 1981), p. 38 (저자 강조).

님이 고통 받을 수 없다는 생각은 하나님을 그의 피조물과 구별하고 그를 불변하는 '완전함'으로 여기기 위한 후대의 철학적이고 교리적인 필요로 인해 생겨났다. '성부 수난설'(patripassianism)로 불리는 이단은 마치 하나님을 (십자가에 못을 박는-역주) 인간의 행동에 당하는 입장인 것처럼 수동적으로 견뎌내는 것으로 본다. 그러나 이에 반해 그리스도 안의 하나님은 그의 능동적인 의지로 자발적이고 주권적으로 그의 선택을 제한하였다. 이것은 그의 주권을 누그러뜨리는 것이 아니다. 오직 예수 그리스도만이 십자가에서 육체적인 고난을 받았다. 그러나 하나님도 그와 함께 같은 고난을 받았다.

우리는 십자가에서 예수의 유기된 상태의 절규에 대해 무어라 할 수 있는가? 또 다시 몰트만은 깊이 있는 설명을 한다. 그는 "[그리스도를] 버리고, 그리스도를 넘겨준 오직 한 분, 하나님 아버지는 여전히 아버지이다. 사랑을 전하고 사랑에 응답하는 것은 모두 같이 무한한 고통으로 변한다"고 서술한다.[13] 그는 성부, 성자, 성령의 가장 내밀한 삶이 아버지가 소중한 아들을 '잃음'으로써 위태해졌다고 강조한다. 그러나 하나님의 영으로 말미암은 부활은 현실이 된다. 바울이 다른 한 편에 대한 언급이 없이 오직 한쪽 편에 대해서만 말한 적은 거의 없다. 이를 무시하는 것은 또 다시 마치 성부, 성자, 성령이 실제로는 일체가 아닌 것으로 보는, 즉 바울의 뜻이 아닌 삼신론의 위험을 초래한다. 우리가 속죄에 대한 바울의 견해를 다룰 때, 더 깊이 고찰해 볼 것이다.

바울의 모든 저서에서 '하나님'이라는 단어는 548번 나타나는데도 불구하고 어떤 의미에서 바울은 여러 교회에 보낸 서신들에서는 하나님에 관하여 광범위하게 기록하지 않았는데 이는 "하나님은 바울신학

---

13) Moltmann, *The Trinity and the Kingdom of God*, p. 80.

의 근본적인 전제이기" 때문이다.[14] 던은 하나님에 대한 바울의 관점은 '자명하고' 쉽게 말해 '당연시되었으며' '하나님에 대한 유대적 확신'을 공유했다고 주장한다.[15] 우리가 하나님의 피조물과 주권적인 능력(롬 1:19-20, 참고. 딤전 1:17과 시 8:9), 심판관인 하나님(롬 3:5, 참고. 사 33:2), 뜻대로 하는 하나님(고전 1:1; 고후 1:1; 골 1:1; 살전 4:3, 참고. 시 40:8), 죽은 자를 살리는 하나님(롬 4:17, 참고. 사 26:19), 하나님의 영광(롬 6:4, 참고. 사 6:3), 하나님의 의(롬 1:17, 참고. 사 7:17), 그의 영원(고후 4:17, 참고. 사 57:15), 그의 '선'(롬 3:12, 참고. 시 53:1)을 생각해 볼 때 이것은 옳은 말이다. 그러나 바울은 창세기 1장 1절-2장 3절에 나오는 창조 사역을 "예수 그리스도의 얼굴에 있는 하나님의 영광"(고후 4:6)의 일로 본다. 그것은 이중(또는 삼중)의 세력이(골 1:15-17) 공유된 결과이다. 하나님이 모든 시작의 원인일지라도 그리스도가 만물이 분열하여 없어지지 않도록 만물을 유지시킨다(고전 8:6). 우리가 하나님의 사랑과 은혜, 또 그의 계시와 구원의 행위를 고찰할 때 바울 사상의 독특함이 가장 뚜렷이 나타난다. 고린도전서 1장 18절-2장 5절에서 '하나님'은 빈번히 언급되고 강조되지만 주요한 주제는 그리스도의 십자가를 강력히 전하는 것이다.

초점이 십자가에 맞춰진 하나님의 '지혜'는 세상은 물론이고 유대인들에게까지 '어리석은 것'으로 여겨졌으며, 모욕이자 올무였다. 바울은 고린도교회가 기대하던 바와 같이 듣는 사람의 비위를 거스르지 않는 수사법과 궤변을 거부했다. 이는 십자가에 대한 단순한 전도가 그리스도 안에서 하나님의 뜻과 목적에 가장 밀접하게 부합했기 때문이다. 다른 사람들의 눈에는 하나님의 능력조차도 '약한 것'으로 보였다(고전 1:18-19, 23; 2:1-5). 바울은 1장 10-12절에서 십자가의 그리스도가

---

14) Dunn, *The Theology of Paul the Apostle*, p. 28.
15) Dunn, *The Theology of Paul the Apostle*, p. 29.

아니라 분열적인 슬로건과 그들이 특별한 관계를 가지는 종교적인 지도자로서 그리스도의 상징을 사용하기 원하는 '그리스도 일파'의 주장을 거부한다. 그런 뒤에 바울은 하나님은 오직 성령을 통해서만 알려질 수 있다고 말을 잇는다(고전 2:6-16). '하나님의 지혜'는 '그리스도의 마음'으로 드러나며, 성령을 통해서 전달되고 나타난다. 고린도의 큰 문제 중 하나는 많은 사람들이 그리스도와 성령을 전능한 아버지 하나님으로부터 완전히 분리된 상태로 여기는 것이었다. 이 때문에 리차드슨은 "이 부분에서 십자가는 하나님에 대한 바울의 언어에 있어 핵심적인 것이다"라고 말한다.[16]

대(大) 바질은 송영(doxology)을 인간, 천사, 권세 같은 피조 질서와 성부, 성자, 성령의 창조되지 않은 질서의 중요한 구별로 보았으며 이것은 또한 바울을 상기시킨다. 그는 특별히 고린도전서 2장 10-16절과 12장 8절을 언급했다. 로마서 끝부분에서 바울은 "이제는 나타내신 바 되었으며 영원하신 하나님의 명을 따라…너희를 능히 견고하게 하실 지혜로우신 하나님께 예수 그리스도로 말미암아 영광이 세세무궁하도록 있을지어다"(롬 16:25-27)라고 기록한다. 11장 36절에서 그는 "그에게(그리스도 안의 하나님) 영광이 세세에 있을지어다"라고 선포한다. 또 "하나님 곧 우리 아버지의 뜻을 따라…영광이 그에게 세세토록 있을지어다"(갈 1:5)라고 말하였다. 우리는 "(하나님께) 교회 안에서와 그리스도 예수 안에서 영광이 대대로 영원무궁하기를"(엡 3:21)과 "그에게 영광이 세세무궁토록 있을지어다"(딤후 4:18)를 비교해 볼 수 있다. 바울에게서 그리스도와 성령은 모두 '창조된 존재'가 아니다(따라서 우리의 신조에서 그리스도는 "지은 바 되지 않고 태어났다"⟨begotten not made⟩, 성령은 아버지 하나님에게서 '나왔다'⟨proceed⟩). 그러므로 이 세 위격은 홀로 영광이나 예배를 받을 수 있다. 비록 가장 빈번하게는 하나님 홀로 아버지로서

---

16) Richardson, *Paul's Language about God*, p. 134.

그리스도를 '통하여' 성령의 능력 안에서 예배를 받긴 해도 말이다.

바울에게 그리스도인들은 아버지 하나님의 '아들들'인데, 그리스도의 아들 됨(Sonship)을 공유하는 의미에서 그렇다. 하나님은 특별히 예수의 아버지이다. 하나님은 몇 가지 독특한 의미에서 그리스도인들의 아버지이다. 첫째로, "우리 곧 성령의 처음 익은 열매를 받은 우리까지도…양자 될 것"을 기다린다(롬 8:23). 둘째로, 부성(fatherhood)은 아버지 같은 보살핌을 나타내며 삶의 결정적인 창출을 뜻한다. 셋째로, 하나님은 '자비의 아버지'로 자녀들에게 합력하는 선을 위하여 아낌없이 선물을 내린다(고후 1:3). 에베소서 3장 14-15절에서 부성은 아버지 하나님에게서 유래한다고 말한다. 바울은 온전한 의미에서 하나님을 예수의 아버지로 본다(골 1:13). 이 확증은 바울이 로마서 8장 15절에서 예수의 아람어 용어 '아버지'를 차용한 것과 갈라디아서 4장 6절에서 보듯이 "우리가 '아빠! 아버지!'라고 부를 때, 그것은 우리 영혼의 성령이 우리가 하나님의 자녀라는 것을 증언하는 것이다."

이것이 사실상 친밀감을 나타내는 유아적 용어에 가깝다고 보는 요아킴 예레미아스(Joachim Jeremias)의 주장은 논쟁의 소지가 다분하다.[17] 그럼에도 불구하고 여기 수반되는 관계는 깊은 친밀함, 보살핌, 환대이다. 로마서 5장 5절에서 바울은 "우리에게 주신 성령으로 말미암아 하나님의 사랑이 우리 마음에 부은 바 됨이니"라고 말한다. 바울의 저작으로 간주하는 사람도 있지만 설령 아니라고 해도 최소한 바울 사상을 반영하고 있는 후기 서신들에서 하나님은 구주라고 언급된다(딤전 2:3; 딛 2:10, 13; 3:4). 에베소서는 하나님을 '영광의 아버지'(1:17)로 부른다. 빌립보서 4장 20절에서 바울은 "하나님 곧 우리 아버지께 세세

---

17) Joachim Jeremias, 'Abba', in *The Central Message of the New Testament* (London: SCM Press, 1965), pp. 9-30; 참고. James Barr, 'Abba Isn't Daddy', *Journal of Theological Studies* 39 (1988), pp. 28-47.

무궁하도록 영광을 돌릴지어다"고 선포한다. 우리가 이 책 10장에서 살펴볼 그리스도의 사역과 속죄를 살펴볼 때, 하나님과 친밀한 관계는 필수적인 것임을 알게 될 것이다. 로마서 8장 39절은 그리스도인들이 하나님의 사랑에서 결코 끊어지지 않을 것을 선포한다.

　우리는 바울에게서 뚜렷하게 성숙하지 못한 성령론을 발견한다. 그러나 바울은 하나님, 그리스도, 성령이 모두 협력하며 어느 한 분도 피조물이 아니라는 것에 대해 충분히 언급한다. 아타나시우스와 바질의 견해처럼, 바울은 하나님이 유일하며 영원하고, 인격적이며 주권적이고 삼위일체라는 논리적인 귀결을 요구하는 하나님에 대한 관점을 미해결상태로 두었다. 하나님의 본성은 그의 행위에서 보이며, 무엇보다도 그 행동은 주권적인 은혜와 사랑을 이룬다. 하나님의 사랑이 우리를 창조하고 구원한 바로 그 이유이다.

제7장
성령에 대한 바울의 관점

성령에 대한 바울의 관점은 **그리스도**에 집중된다. 바울은 "누구든지 그리스도의 영이 없으면 그리스도의 사람이 아니라"(롬 8:9)고 기록한다. "너희가 아들이므로 하나님이 그 아들의 영을 우리 마음 가운데 보내사 '아빠! 아버지!'라 부르게 하셨느니라"(갈 4:6). 성령은 그리스도의 영으로 그리스도인 안에서 하나님을 향한 그리스도의 자세를 재현한다. 성령은 예수 그리스도를 드러내 보인다. 그리스도 '안에' 있는 것은 성령을 받아들인 척도이다.

1. '영'의 모호함

그러나 우리는 **영**(헬라어 프뉴마⟨pneuma⟩)이라는 단어의 다른 용례들을 구별해야 할 것이다. 로마서 12장 11절에서 헬라어(토 프뉴마티 제온테스⟨tō pneumati zeontes⟩)의 의미는 인간적 상태를 나타내는 '열심을 가지고'(AV)인가 아니면 '성령으로 뜨거워져라'(RSV)는 것인가? 그것은 '열심'(NRSV)을 뜻하는가 혹은 '성령으로 뜨거움'(REB)을 의미하는가?

여기에 쓰인 1세기 당시의 헬라어에는 대문자와 소문자의 구분이 없었다. 때때로 바울은 헬라어 프뉴마(pneuma)를 사람의 영혼을 가리킬 때 사용하곤 했지만 보통은 보다 신학적으로 하나님의 영이나 그리스도의 영을 지칭할 때 사용했다. 간혹 이 용어는 심리적인 상태를 나타내곤 했는데, "[우리가] 종의 영을 받지 아니하고"(롬 8:15)라는 말씀에서 살펴볼 수 있다. 그러나 보다 더 특징적으로 하나님의 영을 가리킨다(롬 8:14; 고후 3:3).

(그리스도와 성령의 친밀한 관계를 떠나서) 우리의 첫 번째 요지는 바울이 구약에 나오는 성령의 개념에 대해 가지는 연속성과 차이점에 관한 것이다. 70인역의 헬라어 프뉴마(pneuma)와 히브리어 루아(ruach)는 모두 하나님의 영, 인간 영혼 또는 바람이나 숨결도 의미할 수 있다. 인간은 바람이 불게 하지도 못할뿐더러 하나님으로부터 흘러나오는 생명을 불어넣는 창조적인 힘에 필적하지도 못한다. 이에 따라 영은 인간이 그 스스로의 힘으로 할 수 없는 것을 가능케 할 수 있다. "애굽은 사람이요 신이 아니며, 그들의 말들은 육체요 영이 아니라"(사 31:3)고 할 때에, 이 말은 하나님의 능력에 반하여 그들의 여리고 약함을 환기시킨다. 사사기는 어떻게 여호와의 영이 기드온에게 임하여 초인적인 일을 감당할 수 있었는지 서술한다(삿 6:34). 온화한 비둘기의 이미지와 반대로 여호와의 영이 삼손에게 "강하게 임하여" 그는 "손에 아무것도 없이 그 사자를 염소 새끼를 찢는 것 같이" 찢어버렸다(삿 14:6). 영이 삼손에게 "갑자기 임하여" 밧줄을 끊어버렸다(삿 15:14). 그리고 그는 나귀 턱뼈로 천 명을 죽였다. 이사야는 여호와의 영이 약탈하는 무리들로부터 이스라엘을 지켰다고 진술한다(사 63:14).

이 모든 것은 온화한 세력으로서 '성령'의 개념과 매우 다르다. 에스겔서에서 영(ruach)이라는 단어는 40번 이상 나온다. 영이 엘리야에게 했던 것처럼, 에스겔을 들어서 계시와 환상을 보도록 하였다(겔 3:12;

8:3; 11:1; 37:1). 영으로 인해 남은 이스라엘 공동체는 새로운 생명을 얻고, 다른 말로 하자면 '부활'한다(겔 37:1-14). 영은 마른 뼈들조차도 살아나도록 하였다. 구약에는 '모든 육체,' 즉 만민에게 성령이 부어질 때(욜 2:28), '새로운 시대,' 즉 새로운 세상의 질서에 대한 기대가 담겨있다.

바울은 이 모든 생각을 이어받았다. 바울이 '성령의 은사'에 관해 언급한 얼마간의 구절들은 이 모든 것을 전제로 한다. 하지만 거기에는 또한 근본적인 차이가 있다. 바울은 '말세에' 영이 모든 하나님의 백성에게 공동체적, 즉 공통적인 은사가 될 것임을 알았다. 그리고 하나님의 백성은 그리스도와 친밀하게 연합될 것이고, 그리스도로부터 나오게 될 것을 알았다. 학자들은 주로 바울에게서 영은 '그리스도 중심적이고 공동체적이며 종말론적'이라고 기록한다. 즉, 그리스도를 통하여 말세에 만민에게 은사가 주어진다. 더욱이 이 은사는 간헐적이거나 한시적인 것이 아니라 영원불변한 것이다. 휘틀리는 바울에게서 성령은 모든 그리스도인들에게 '검증인'(hallmark)이 된다고 보았다.[1] 여기에는 사고의 두 체계가 작동한다. '기독론적' 체계에서 **모든** 그리스도인들은 그리스도와 함께 연합하기 위해 성령을 받는다. 또한 지속되는 구약의 체계에서 성령은 특정한 일(이제는 그리스도 중심적인)을 수행하기 위해 선택된 **개인들**에게 주어진다. 바울에게 이 두 관점과 접근은 모두 유효하다. 하지만 '기독론적' 체계는 그리스도의 사역의 완성과 함께 나타난다. 구약에서 성령은 오순절 베드로의 설교에서처럼 오직 '말세에' 성취될 고대하던 약속으로 남아있다(행 2:17-21, 참고. 엘 2:28-29).

---

1) Whiteley, *The Theology of St. Paul*, pp. 124-6.

2. 성령과 예수 그리스도

이것이 바울로 하여금 모든 그리스도인들은 그리스도의 소유, 즉 "그리스도 안에 있는" 존재이기 때문에 성령을 받으며, 그뿐 아니라 성령으로 인하여 우리가 그리스도의 소유가 된다고 힘주어 말하도록 이끌었다. 얼핏 보아 이것은 모순이 아니라면 역설처럼 들린다. 그러나 이런 생각의 정황은 각각의 경우에 따라 다르다. 이전에 알버트 슈바이처(Albert Schweitzer)는 성령을 '그의[그리스도의] 메시아적 인격의 생명력'이라고 불렀다.[2] 논리적이고 신학적인 관점에서 바울은 "누구든지 그리스도의 영이 없으면 그리스도의 사람이 아니라"(롬 8:9)고 주장한다. 또한 "너희가 아들이므로 하나님이 그 아들의 영을 우리 마음 가운데 보내사 '아빠! 아버지!'라 부르게 하셨느니라"고 말한다. 우리의 아들 됨은 그리스도의 아들 됨에서 비롯된다. 따라서 그리스도인들은 예수가 사용한 '아빠'라는 말을 사용한다(갈 4:6). 그러나 논리가 아니라 경험과 삶의 측면에서 바울은 "성령으로 아니하고는 누구든지 예수를 주시라 할 수 없느니라"(고전 12:3)고 선포한다.

여러 번의 실패에도 불구하고 오늘에도 여전히 성령의 은사를 받았는지 그렇지 않았는지에 대한 문제로 씨름하는 사람들이 있다. 바울은 성령을 받지 않고 그리스도인이 되는 것은 불가능하다고 말한다. 심지어 그러한 염려를 하는 것 자체가 성령의 역사를 내포하고 있다. 예수가 "성령에 거스른 모독"(막 3:28-30, 평행구로 마 12:31-32)을 언급한 것에 대해 쓸데없이 고민하는 사람들이 많이 있는데, 단순히 말해 이것을 고민하는 것 자체가 성령이 역사하고 있다는 것을 입증한다. 그 문맥은 선을 인정하는 것을 거부하는 것에 대해 다루고 있으며 이를 악

---

[2] Albert Schweitzer, *The Mysticism of Paul the Apostle*, trans. W. Montgomery (London: A. & C. Black, 1931), p. 165.

한 것이라고 하는 것이다. 명백히 우리가 기도한다고 하더라도 이것은 성령이 행하고 있다는 표시이다. 바울이 성령이 우리에게 기도하도록 격려한다고 믿었던 것에서 이를 알 수 있다(롬 8:26-27).

고린도전서 12장 3절에서 바울은 그리스도를 주로 믿고 순종하는 것으로서 성령의 역사함을 설명한다. 이 난해한 구절의 전반부에는 부정적인 함축이 있다. 이는 "하나님의 영으로 말하는 자는 누구든지 예수를 저주할 자('Let Jesus be cursed,' 저자가 사용한 NRSV 본문은 '예수는 저주를 받아라'고 옮길 수 있다-역주)라 하지 아니하고"(고전 12:3)이다. 전통적으로 이것은 (1) 지상의 예수에 대한 부정적인 평가, 또는 (2) 십자가를 통한 그의 속죄 사역을 인정하지만 부활은 받아들이지 않는 것, 또는 (3) 거기에 따르는 충분한 반성이 없는 도취적 발언, 또는 (4) 한 유대인의 발언을 반영한 것이라고 여겨졌다.[3] 하지만 근래에 브루스 윈터(Bruce Winter)는 보다 그럴듯한 설명을 하였다. 고린도 근처의 발굴 작업에서 '저주' 판이 발견되었는데 여기에는 이방신들에게 사랑이나 사업의 경쟁자들의 "저주를 비는 것"도 있었다. 헬라어 원문에는 동사가 사용되지 않아서(명사로 사용되었다-역주) '저주하다'(능동태) 또는 '저주받다'로 모두 해석이 가능하다.[4] 바울은 성령이 결단코 누구도 "예수가 이 사람, 즉 사업이나 사랑의 경쟁자를 저주하길"이라고 기도하게끔 이끌지 않는다는 것을 말하고 있는 듯하다. 아무튼 성령은 그리스도적 삶의 시작뿐만 아니라 우리의 모든 그리스도적 삶의 근거이자 기초가 된다. REB 역에 따르면, 성령은 그리스도적 삶의 '근원'이며 그 삶의 '진로'를 알려준다(갈 5:25).

---

3) Joseph A. Fitzmyer, *First Corinthians: A New Translation with Introduction and Commentary* (Anchor Yale Bible 32; New Haven and London: Yale University Press, 2008), p. 459.
4) Bruce W. Winter, *After Paul Left Conrinth* (Grand Rapids: Eerdmans, 2001), pp. 164-83.

제임스 던에 따르면 로마서 8장 9-10절은 비그리스도인이 성령을 가지는 것과 그리스도인이 성령을 가지지 않을 이 두 가지 모두의 가능성을 **배제한다**.[5] 이것은 '성령으로 받는 세례'를 그리스도인이 되고 난 이후의 경험으로 여기는 시각에 대해 다시 검토해 볼 것을 권한다. 같은 책에서 던은 다시 이 주제에 지면을 할애하여 "성령으로 세례를 받는 것이 고린도인들로 하여금 그리스도의 몸의 지체, 즉 그리스도인들이 되게 하였다는 결론 외에 다른 대안은 없다"고 서술한다.[6] 이것은 한 사람이 깊은 성령의 역사를 체험한 이 후에 두 번이라고 할 것도 없이 더 많이 경험할 수 있다는 사실을 부정하는 것이 아니다. 다만 그 용어에 관해서 우리가 바울의 실제 사용에 충실하고자 할 때, 그의 '성령으로 받는 세례'라는 용어는 방금 것을 설명하기에는 무리가 있다는 것이다. 은유적인 용어라고 해도 '세례'는 보통 그리스도적 삶의 시작을 보여주는 것이다. 거기에 "성령의 **두 번째** 은사와 같은 관념은 없다."[7] 여기서 던은 또한 고린도후서 3장을 근거로 삼는다.

그리고 성령은 그리스도인들로 하여금 아버지 하나님에 대해 예수가 가졌던 동일한 자세와 또한 관념적으로 동일한 친밀감을 가지도록 한다. 이것은 확신, 믿음, 공경, 예배, 순종으로 특징을 나타낸다. 그리스도인들은 바로 예수가 그랬던 것처럼 하나님을 아빠, 아버지로 부른다(갈 4:6; 롬 8:15). 예수와 마찬가지로 그리스도인들은 세상을 향한 하나님의 목적의 마지막도 볼 수 있게 된다. 그러나 아직 '종말'이 오지 않았으므로 "의의 소망을 (간절히) 기다리노니"(갈 5:5)라고 바울은 기록한다. 다른 곳에서 바울은 "양자 될 것 곧 우리 몸의 속량을 (간절히) 기다리느니라(헬라어 아펙데코메노이〈apekdechomenoi〉)"(롬 8:23)고 쓴다. 우

---

5) J. D. G. Dunn, *Baptism in the Holy Spirit* (London: SCM Press, 1970), p. 95.
6) Dunn, *Baptism in the Holy Spirit*, p. 129.
7) Dunn, *Baptism in the Holy Spirit*, p. 135 (저자 강조).

리가 앞서 살펴본 비유를 상기해본다면(2장 초반부) 우리는 여전히 최종적인 안전을 향해 구명정을 타고 가는 중이거나 온기가 우리를 따뜻하게 감싸는 동안 여전히 냉기를 지니고 있다. 우리는 약함 속에서 말할 수 없는 탄식이나 신음으로 기도한다(롬 8:26-27). 우리는 목표를 향해 달려간다(빌 3:11-14). 성령은 우리 안에 하나님의 목적이 온전히 성취되기를 보기 원하는 열망을 심고, 또 한편으로 의심이 들거나 고난의 때가 닥칠 때 우리의 믿음을 견고하게 한다. 이 주제에 대해서만 작은 책을 쓴 사람도 있다.[8] 심지어 성령은 그리스도인에게 장차 있을 최후의 부활에 대한 총책임자이다(롬 8:11).

바울의 글에서 특히 두 단어가 이를 강조한다. 하나는 제조업과 재무에서 끌어온 은유이다. 성령은 생산라인에서 나오는 시제품, 즉 원형으로 장차 더 많은 수입에 대한 보증금, 즉 계약금이거나 첫 할부금이다(헬라어 아라본(arrabōn), 고후 5:5). 바울이 사용한 두 번째 용어 역시 농사, 즉 농업에서 끌어온 은유이다. 헬라어 아파르케(aparchē)는 작물의 첫 열매를 뜻하는 것으로써 앞으로 더 많이 열릴 열매를 보증한다. 많은 학자들이 여기서 성령을 현재로 '침입한' 미래로 언급한다. 장차 얻게 될 것은 늘 더 많을 것임이 보증된다. 이 문맥에서 더욱더 거룩해진다는 것은 "우리가 무엇이 되어야 하는지," 즉 하나님이 그리스도 안에서 우리를 지은 바, 바로 그것이 되어야 한다는 것을 의미한다.

갈라디아서 5장 22-23절에서 그리스도 닮음, 즉 윤리적인 삶에 내재하는 성령에 관한 내용은 잘 알려져 있다. 거기서 바울은 "성령의 열매는 사랑과 희락과 화평과 오래 참음과 자비와 양선과 충성과 온유와 절제니"라고 기록한다. 이에 앞서 바울은 분쟁, 시기, 화냄, 불화와 같은 '육체의 일'을 대조적인 그림으로 끌어왔다(갈 5:20). 성령의 열매

---

[8] Neill Q. Hamilton, *The Holy Spirit and Eschatology in Paul* (Edinburgh: Oliver & Boyd, 1957).

는 '그리스도에게 속한 사람들'(갈 5:24)에게서 명백히 나타날 것이다. 약간의 긍정적인 특성들은 '선한' 불신자들 사이에서도 나타난다고 하더라도 바울은 그들의 토대와 동기는 다르다고 주장한다. 윤리와 생활방식에 대한 내용인 15장에서 이를 더 깊이 살펴볼 것이다.

3. 성령의 은사들

이것은 바울이 물려받은 성령에 관한 사고의 두 번째 체계로 우리를 인도한다. 성령의 은사는 보통 특정한 일을 위해 선택된 개인들에게 주어졌다. 하지만 이것은 온 공동체의 안녕을 위한 공동체적, 즉 공통적인 틀 안에서만 그러했다. 이것에 대한 바울의 관점을 축약한 전형적인 구절은 고린도전서 12장 7절의 "각 사람에게 성령을 나타내 주시는 것은 공동 이익을 위한 것입니다"(새번역)이다. 바울은 지혜, 병 고침, 예언, 각종 방언의 은사들은 보통의 경우 동일한 한 사람에게 주어지지 않고 다만 성령이 "그의 뜻대로 각 사람에게"(고전 12:11, 참고. 12:8-10) 나누어 준다고 설명한다.

이러한 은사들 중 일부는 한 가지 해석 이상의 여지가 있다. 아마도 가장 유명한 것은 '예언'일 것이다. 많은 사람들은 이것을 특별한 교회나 사람에 대한 짧막한 영감을 받은 스타카토 같은 발언으로 생각한다. 그러나 '예언'은 그리스도인의 격려와 복음의 메시지를 위한 쉽고 명료한 말이다(고전 14:3-4, 24-25). 더 많지 않다고 해도, 최소 4, 5명의 학자들은 예언의 기본적 의미는 복음의 주요한 진리에 대한 목회적 설교에 적용되는 것이지, 일부 개별적으로 맞춰진 '메시지'에 적용되는 것이 아니라고 설득력 있게 주장한다. 다른 이들도 있지만, 아마도 토마스 길레스피(Thomas Gillespie)가 이 관점에 대해 최고의 설명을

제공하는 것 같다.[9]

아마 이 다음으로 '각종 방언'이 논쟁의 소지가 있을 것이다. 분명 바울이 고린도전서 12장과 14장에서 사용한 용어로는 '방언'은 교회의 구성원들이 아니라 **하나님**께 말하는 것임에 틀림없다(고전 14:2). 그것은 또한 바울이 방언에 대한 통역을 이야기할 때, 방언을 말하는 사람에 대해 언급하는 것과도 같다. 헬라어 원문에는 처음 말하는 자의 곁에 있는 '누군가'를 나타내는 단어가 없다(고전 14:30-역주). 바울은 신비하고 환상적인 일을 경험한 그리스도인은 모든 교회의 유익을 위해 그가 경험했던 바를 알아들을 수 있게 말할 수 있어야만 한다고 역설한다. 아마도 이때까지 문제의 그 통찰력을 직관적으로나 잠재의식으로 받아들였을 것이다. 바울은 이해할 수 있는 언어를 사용하여 나머지 교인들이 유익을 얻을 수 있어야 한다고 주장한다(고전 14:1-19). 그렇지 않다면 그것은 의미 없는 군대 나팔 소리와 같다. 단지 소음일 뿐이다(고전 14:7-8, 참고. 13:1). 잠시 살펴보자면, 다른 누구보다도 게르트 타이센(Gerd Theissen)은 '마음의 숨은 일들'에 대한 바울의 견해가 현대의 잠재의식의 개념과 매우 밀접하다고 생각한다. 바울은 잠재의식에서 나온 진심어린 찬양이 하나님께 도달할 수 있지만 다른 이들에게 유익을 주지는 못한다고 본다(고전 14:4).[10] 만일 통역될 수 없다면 방언은 반드시 사적인 영역으로 제한되어야 한다(고전 14:2-5). 그러나 방언을 하는 사람은 하나님에게 깨달은 바를 정확히 전달할 수 있는 능력을 간구하는 것이 낫다(고전 14:13-19).

일반적으로 '기적을 행하는 능력'(고전 12:10, NRSV)으로 번역되는 은

---

9) Gillespie, *The First Theologians*, 특히, pp. 97-164; 그리고 Thiselton, *The First Epistle to the Corinthians*, pp. 956-70와 1087-94 (참고. bibliography and comment, pp. 903-7와 1077-81).

10) Gerd Theissen, *Psychological Aspects fo Pauline Theology*, trans. John P. Galvin (Edinburgh: T. & T. Clark, 1987), pp. 59-114와 292-341.

사도 논란이 된다. 우리는 바울이 사용한 '능력' 또는 '힘'(헬라어 두나미스⟨dunamis⟩)이라는 단어를 처음 세 복음서에서 사용된 것과 같은 의미로 여기면 안 된다. 그것은 이성을 초월한, 즉 하나님께 받은 타고난 재능을 훨씬 능가하는 것을 암시한다. 하지만 이는 성령에게서 비롯한 자연을 초월하거나 능가하는 것을 의미하는 데서 그렇다. 헬라어 에네르게이마타 두나메온(energēmata dunameōn)은 실제로는 "능력의 효과적인 실행"을 뜻한다.[11] 이따금 성령의 은사는 자연을 능가하는 것으로 보이지만, 다른 면에서 우리는 성령의 행동을 극적인 것으로만 제한하지 말아야 한다. 바울과 요한에게 내재하던 영은 자기를 내세우지 않고 그리스도를 영화롭게 섬기며 교회를 세워주었다. 이와 유사하게 '병 고침'도 이러한 은사들 가운데서 제자리를 찾지만 그것은 일반적인 과정과 특별한 행위 모두를 포함하는 듯하다. 오늘날 바울보다 더 초자연적인 능력을 강조하는 사람들이 있을 수 있다. 이는 믿음으로 기도하지만 아직까지 엄밀히 '낫지 않은' 사람들의 문제를 심화시킨다. 바울도 시력 문제로(또는 간질) 고통 받았으며 '육체의 가시'(고후 12:7-9; 갈 4:13-15; 6:11)를 지니고 있었지만 그럼에도 하나님은 그것을 치료해주기보다는 약한 데서 그의 은혜를 나타내었다.

이러한 현상들은 개인적인 수준보다는 온 교회의 공동체적인 수준에서 가장 잘 설명된다. 이것이 바울이 성령의 은사에 대해 이야기하는 것에 대한 틀이기 때문이다. 그 중 한 가지 예가 '믿음'의 은사이다. 이 맥락에서 바울은 모든 그리스도인들이 가진 의롭다 함을 입는 믿음이 아니라, 한 개인이 특별히 하나님에 대한 강한 확신을 가지고 전반적으로 교회를 장려할 수 있는 믿음을 이야기한다. 칼 바르트(Karl Barth)는 '영적 은사들'에 대해 경이적인 말을 남겼다. 그는 많은 사람들이 '다른 종교 안에서 이에 상응하는' 것들을 가지고 있지만, 그것

---

11) Thiselton, *The First Epistle to the Corinthians*, pp. 952-6.

자체가 문제가 되지는 않는다고 지적했다. 하지만 그는 "우리의 진짜 관심은 그 현상 자체가 아니라, 그것들이 어디서 왔는가? 무엇을 위한 것인가? 에 있다"고 부언한다.

4. 성령은 '인격'인가?

바울은 성령을 '인격'으로 여겼는가? 하나님이나 그리스도가 일상적인 용어의 의미로 '인격' 이상의 분이라는 점에서 그 용어는 유비적이다. 바울은 자신만의 방식으로 성령에 대한 이 용어를 강조한다. 이따금 그는 성령을 액체처럼 '부은 바' 되었다거나 사람들을 '채운다'고 말할 때, 그는 성령에 대해 역동적인, 즉 한결 인격적이지 못한 용어를 사용하기도 했다(롬 5:5; 고후 5:5; 살전 5:19; 엡 5:18). 그러나 보다 특징적으로 바울은 인격적인 의도를 가진 언어를 사용했다. 예로 "성령도 우리의 연약함을 **도우시나니** 우리는 마땅히 기도할 바를 알지 못하나"(롬 8:26)라는 말씀이 있다. 여기서 쓰인 수난티람바네타이(sunantilambanetai)라는 헬라어는 정말 선명한 인격적인 용어이다. 같은 구절에서 성령은 우리를 위해 '간구한다.' 고린도전서 2장 10-16절에는 "성령은 모든 것 곧 하나님의 깊은 것까지도 통달"(고전 2:10)한다고 기록되어있다. 성령은 하나님의 영으로 하나님을 친밀히 안다(고전 2:11). 성령은 하나님의 길을 '가르쳐주고'(고전 2:13), 그리스도인들에게 '그리스도의 마음'(고전 2:16)을 준다.

바울에게 성령은 비인격적인 '힘' 이상이었다. 흔히 '영성'이 성령의 행위에 의지한 마음가짐이라기보다는 마치 인간성인 양 말하는 현대의 사상은 도움이 되지 않는다. 우리가 원한다면 이 생각의 상호작용은 성령의 '**초인**적임', 즉 보다 인격적이었으면 인격적이지 그 이하는 아니라고 할 수 있을 것이다. 그것은 1세기에는 '인격'이라는 용어가 없었다는 주장과는 무관하다. 이것은 딱 들어맞는 단어의 개념을 찾으려고 함으로써 나타나는 언어학적 오류로 보인다.[12] 바울은 인격적인 존재에만 어울리는 용어로(비록 성령은 그 이상이지만) 성령에 대해 말하였다.

바울은 성령을 부활한 그리스도와 동일시하지 않았다. 고린도후서 3장 17절의 "주는 영이시니"를 잘못 해석하여 오해하는 사람들이 있다. 여기서 '~이시니'(is)라는 말은 '내가 인용한 그 구절을 나타내는' 것을 의미한다. 그것은 주해적인 '~이시니'이다. 바울은 어떻게 모세가 "여호와 앞에 들어가서 함께" 말하였는지를 서술하는 출애굽기 34장 34절을 참조한다. 바울은 모세의 수건(출 34:35)을 일시적이고 사라져버릴 그의 영광을 감추는 것으로 해석한다. 따라서 고린도후서에서 그는 "지금 이 구절에 나오는 퀴리오스(주)는 성령을 나타낸다. 그리고 주의 영이 있는 곳에 자유가 있다"고 말하는 것이다. 테일러(Taylor), 라이트, 던, 해리스(Harris)는 이 관점을 지지한다.[13] 그러나 고린도전서 12장 3절과 이와 유사한 구절들에서 보았듯이, 바울은 그리스도와 성령을 긴밀하게 연관시킨다. 교회는 그리스도의 몸이고 그리스도는 교회의 머리이다. 성령은 우리도 같은 경험을 하게 한다. 헬라어 코이노니아(koinōnia, 고후 13:13; 빌 2:1)는 '~와의 친분'이기보다는 '주주(株主)가 되는 것' 또는 '~에 참여하는 것'으로 번역되어야 한다. 성령은 우리가 주주, 즉 주식을 보유한 자가 되는 일상적인 삶의 기반이기 때문이다. 에베소서에서 성령의 '인'(印)은 하나님의 소유권의 표시이지만(엡 1:13-14), 그리스도인들은 또한 그들의 주인 그리스도의 소유이다.

---

12) James Barr, *The Semantics of Biblical Language* (Oxford: Oxford University Press, 1961), pp. 216-46.

13) Harris, *The Second Epistle to the Corinthians*, pp. 310-13; Dunn, *The Theology of Paul the Apostle*, pp. 421-2; Vincent Taylor, *The Person of Christ in New Testament Teaching* (London: Macmillan, 1959), p. 54; and N. T. Wright, *The Climax of the Covenant: Christ and Law in Pauline Theology* (Edinburgh: T. & T. Clark, 1991), pp. 175-92.

아타나시우스와 바질이 그랬듯이, 고린도전서 12장 4-6절은 성삼위일체에 대한 단순한 실마리 이상을 제공한다. 바울은 각각 은사, 직책, 사역 혹은 일의 성과의 측면에서 서로 조력자로서 '같은 성령' '같은 주님' '같은 하나님'을 연관시킨다. 이것은 성령의 역사가 하나님을 친밀하게 알게 하고 '그리스도의 마음'(고전 2:16)을 가지게 한다는 고린도전서 2장 6-10절의 말씀과 같이 연결된다. 또한 이 구절들은 피조질서 너머에서 비롯하는 그리스도의 은혜, 하나님의 사랑, 성령의 **코이노니아**가 함께 언급되는 고린도후서 13장 13절에 이른다. 우리는 바울이 성삼위일체 교리에 대한 요소들을 공식화했다는 결론에 도달한다.[14] 하지만 그의 주된 강조는 함축적인 교리보다는 일상적인 경험에 있다. 성령은 우리를 기도하게 하며, 의심이나 고난이 밀려올 때 우리를 위로하고 견고하게 하고, 우리에게 그리스도를 실재하게 하며, 우리 안에 그리스도를 닮은 마음을 양육하고, 그리스도 안에서 하나님의 세계와 연결된 생명줄에 있다. 게다가 구약에서 볼 수 있듯이 성령은 기드온과 삼손에게 전투할 채비를 갖추어 주었으며 고린도전서 12장에서 보듯이 우리에게 각양의 은사들을 준다. 성령이 '내재하는 초월성'이라 언급되어 온 것은 마땅하다.

---

14) Haykin, *The Spirit of God*, pp. 59-169.

The Living PAUL
An Introduction to the Apostle's Life and Thought

제8장
인간에 대한 바울의 관점

바울은 부활에 관한 기록에서처럼(고전 15장) 다른 부분에서도 한결같이 인간에 대해서만 서술하지는 않는다. 반면에 그는 주권자이고 조물주이신 하나님과 의존적이고 피조적인 인간을 대조하며 묘사한다(롬 1:15). 하나님께서는 그리스도를 통하여 인간이 나도록 하셨다(골 1:17). 이것은 인간의 창조가 하나님의 사랑의 목적에 귀속된다는 것을 뜻한다. '육신'을 입는 것은 인간의 선을 위한 선물이지 플라톤의 주장처럼 슬픔의 근원이 아니다. 우리가 살펴볼 바와 같이 육신은 제자도를 보일 수 있고 전달할 수 있게 해준다.

1. 피조성(Creatureliness)과 하나님의 형상을 지닌 인간

인간은 천사들과 권세들(롬 8:38; 골 1:16), 또는 보이지 않는 세력들과 함께 피조 세상에 살고 있다. 그러나 인간은 하나님의 형상을 지니고 있다. 바울은 창세기 1장 26-27절을 통해 이를 알았고, 시편 8편 5-8절을 통해 짐작했을 것이다. 인간은 동물과 식물의 청지기로서 '지배권'

을 부여받았다. 이것은 동물이나 세상을 착취하는 권력이 아니고 오히려 그것들에 대해 책임감을 가지는 것이다. 그러나 비록 바울이 하나님의 형상 안에서 인간의 창조를 바라보는 구약의 관점을 전제했다고 해도, 인간은 흠 없는 그 상태 그대로 남아있지 못했다(9장을 보라). 따라서 오직 **그리스도** 안에서만 **훼손되지 않은** 하나님의 형상을 볼 수 있다(고후 4:4; 골 1:15; 3:10). 그러므로 이미 살펴본 바와 같이 바울은 우리가 "그리스도가 참 인간인가?"라는 전통적인 질문보다 오히려 그리스도에 비추어 보았을 때 "**우리**가 참 인간인가?"를 먼저 물어야 한다고 말했을 법하다. 그럼에도 불구하고 바울은 하나님의 형상을 지닌 존재는 합리성, 지배권(또는 동물의 영역을 포함한 세상에 대한 청지기직), 하나님과 그 외의 다른 존재들과 **관계**할 수 있는 능력을 여전히 가지고 있다고 여겼음을 알 수 있다.

바울이 인간의 **합리성**을 높이 산 것은 분명하다. 그러나 이것은 악한 목적을 위해 오용되고 남용될 수 있다. 데살로니가교회는 오실 그리스도에 관한 주장들에 대해 합리적인 판단과 생각을 하지 않았다. '올바른 마음'이 그들에게 필요했다(살전 5:12, 14; 살후 3:15, 참고. 살후 2:2). 갈라디아인들은 유대적인 풍습에 홀리고 빠져서 복음의 의미에 대해 논리적으로 되새겨볼 필요가 있었다(갈 3:1-2). 그들은 어리석었다. 바울은 빌립보인들의 마음과 생각에 하나님의 은총이 있기를 기도한다(빌 4:7). 때때로 마음(헬라어 누스〈nous〉)이라는 헬라어 단어는 마음가짐이나 자세를 의미한다(고전 2:16). 물론 일반적으로는 단순히 '마음'을 의미한다. 던과 보른캄(Bornkamm)의 지적처럼, 인간 실존의 변화는 마음의 갱신을 통한 것이다(롬 12:2, 참고. 엡 4:23).[1] 그리스도인은 **생각**하도

---

1) Dunn, *The Theology of Paul the Apostle*, pp. 73-5; Günther Bornkamm, 'Faith and Reason in Paul' in *Early Christian Experience*, trans. P. L. Hammer (London: SCM Press, 1969), pp. 29-46.

록 예정되었다. 하지만 바울은 플라톤주의자와 '영지주의자'가 마음을 하나님과 '이상적' 세계와 연관되는 능력으로 보는 관점을 거부한다. 마음은 그 자체의 선을 위한 능력이 아니라 선을 위한 본질적 도구가 되는 것이다. 그것은 필수적인 것인데 그 예로 은사주의적 신비주의의 무분별한 과도함을 마음에서 명확하고 냉정하며 진지하게 반성함으로써 억제하는 것을 들 수 있다(고전 14:14-15, 참고. 롬 12:2).[2]

그러나 바울은 인간을 잠재적 지식인으로 바라보는 엘리트주의자가 아니다. 사람은 **느끼고 바라며** 또한 생각한다. 따라서 **마음**(헬라어 카르디아〈kardia〉)은 중요하다. 바울은 구약의 전통을 따라 깊은 인간의 감정이나 완고하거나 굳은 의지 또는 어떤 존재의 핵심을 나타내기 위해서 이 용어를 사용한다. 디모데서와 디도서를 제외하고 바울은 50번이 넘게 그 용어를 사용하였다. 바울은 마음으로 슬퍼하였으며(롬 9:2) 그리고 사람은 마음을 변치 않게 굳게 먹을 수 있으며(고전 7:37), 또는 하나님의 평강이 "너희 마음을 주장하게 하라"(갈 3:15)고 바울은 기도할 수 있었다. 그럼에도 불구하고 마음이라는 용어의 '최신의' 사용은 **부지불식간**에, 즉 잠재의식과 같은 것을 수반한다고 보는 타이센과 불트만의 주장은 올바르다.[3] 하나님의 사랑이 '우리 마음에' 부은 바(롬 5:5) 되었다는 것은 '샅샅이' 들어찬 것을 의미하며 우리가 알아챌 수 없는 우리 자아의 국면에도 미친다는 뜻이다. 하나님은 '마음을 살핀다'(롬 8:27). 바울은 마음에 숨긴 것과(고전 4:5; 14:25), 마음의 '감찰'(살전 2:4)에 대해 말한다. 대개의 경우 바울은 "영을 우리 마음 가운

---

2) 참고. Robert Jewett, *Paul's Anthropological Terms: A Study of Their Use in Conflict Settings* (Leiden: Brill, 1971), pp. 358-90; S. K. Stowers, 'Paul on the Use and Abuse of Reason', in D. L. Balch and others (eds) *Greeks, Romans, Christians* (Minneapolis: Fortress Press, 1990), pp. 253-86.
3) Theissen, *Psychological Aspects of Pauline Theology*, pp. 59-114 그리고 267-319; Rudolf Bultmann, *Theology of the New Testament*, vol. 2 (London: SCM Press, 1955), pp. 220-7.

데 보내사"(갈 4:6), "말씀이 네 마음에 있다"(롬 10:8)고 할 때처럼 '마음' 을 '존재의 핵심'을 뜻하는 바로써 사용한다.

2. 바울의 전문용어

즉시 이것은 '마음,' '가슴' 등의 용어들이 조금이나마 사람들의 '부분'을 나타내는 것인지 아니면 전인적인 도량이나 모양을 나타내는 것인지에 대한 질문을 유발시킨다. 바울은 오늘날 우리가 전인적인 영육통일체라고 부르는 것을 수긍한다. 따라서 놀랍게도 구약과 전적으로 일치하여 '영혼'(헬라어 프쉬케⟨psychē⟩)과 같은 단어의 언급은 거의 없고 '생명'이라는 의미의 헬라어는 많이 쓰인다. 로마서 13장 1절은 AV 역에서 "모든 영혼(soul)은 위에 있는 권세들에게 굴복하라"인데 이는 '영혼'을 뜻하는 것이 아니라 단지 '모든 사람'을 의미한다. NRSV역의 "모든 사람은 위에 있는…"이라는 번역은 적절하다. '몸'과 '영혼'(또한 영 spirit)은 물질적인 공적 세상에서 **한 사람의 존재의 양태들**이다. 이것은 일반적인 삶의 세계이거나 또는 영적이고 영원한 세상에서의 삶이다. 일반적으로 psychē라는 용어는 바울에게서 특별한 가치가 없다. 반면에 그것이 형용사(헬라어 프쉬코스⟨psuchikos⟩)로 쓰였을 때는 '영적이 아닌'(고전 2:14, NRSV) 혹은 단지 '평범한'이라고 번역되어야 한다. 그것은 생명이나 활기로 규정되는데, 이는 동물에게서도 나타난다. 그 반대로 '영적인'이라는 말은 고린도전서 15장 42-44절에서 살펴보듯 "성령으로 규정되는" 것을 뜻한다. 이것은 좀처럼 인간 특성은 아니다.

주윗(Jewett)과 다른 이들의 주장처럼 '살아 있는 피조물'이나 '평범한 사람'을 뜻하는 프쉬케(psychē)의 사용은 구약과 상당히 일치한다[4] 히브리어로 '영혼'(네페쉬⟨nephesh⟩)은 흔히 '생명'(창 9:4; 19:17; 44:30; 출

---

4) Jewett, *Paul's Anthropological Terms*, p. 356; 참고. pp. 334-57.

4:19; 레 17:14)을 의미하고, 간혹 시체도 가리킨다(민 9:6; 7:10). 그들이 내 psychē(롬 16:4, 참고. 살전 2:8; 빌 2:30)를 위해 그들의 목을 내어놓았다고 할 때의 의미는 '영혼'이 아니라 '생명'을 가리키는 것이다.

바울에게 **육체**(헬라어 사륵스⟨sarx⟩)라는 용어는 부분적으로 신학적인 용어인데 다음 장에서 더욱 충분히 다뤄볼 것이다. 하지만 그것 역시 불분명하고 피조적이며 상처받기 쉬운 인간 존재를 가리킨다. 그것은 우리가 만들어지게 된 발원인 물질적인 실체를 나타낸다. "육체는 다 같은 육체가 아니니"(고전 15:39)라는 말씀은 바울이 육화된 생명이나 육신적 실체 혹은 물체를 나타내는 예를 보여준다. 여기서 바울은 창조 세계를 함께 공유하는 위치에서 동물에게도 적용한다. 마찬가지로 '육체의 가시'는 "찌르는 것 같은 육체적 고통"(고후 12:7, REB)을 의미할 것이다. 또한 바울은 육체의 약함을 언급한다(갈 4:13). 이것은 구약에서의 '육체'(히브리어 바싸르⟨basar⟩)의 용례를 따르는 것이다. "육체로 자랑하는" 자들이 있던 곳에서 할례로 논쟁이 일어날 때, 필연적으로 그것은 더 깊은 의미를 취한다(롬 2:28; 빌 3:3-4; 갈 6:12-13). '골육의 친척'(롬 9:3)이라는 것은 '육신적 유대인' 또는 그 이상을 의미하는 듯하다.

바울이(또는 바울의 제자가) "우리의 씨름은 혈과 육을 상대하는 것이 아니요 통치자들과 권세들과…악의 영들을 상대함이라"(엡 6:12)고 말할 때의 '육체'는 인간의 오류와 취약함을 나타낸다. 통치자들과 권세들과 같은 말들은 약한 것이 아니라 초인적으로 강한 힘을 의미한다. 이것은 욥기 10장 4절에서 하나님께 "주께도 육신의 눈이 있나이까, 주께서 사람처럼 보시나이까?"라고 물었던 것과 이사야 31장 3절에서 "애굽은 사람이요 신이 아니며 그들의 말들은 육체요 영이 아니라"고 한 맥락과 같다. 여기서 이 용어는 인간의 약함을 나타낸다. 그리스도인들까지도 오로지 인간적(육신적) 잣대로만 사리를 판단하는 버릇이들 수 있다(고후 11:18). 빌레몬서 16절에서 도망친 종 오네시모는 '육신' (즉 한 인간으로)과 '주 안에서'(그리스도인으로) 사랑받았다. '육신의 생각'과 그와 비슷한 용례들은 다음 장에서 살펴볼 것이다.

몸(Body)은 아주 별개의 문제이다. 몸은 하나님의 선물로 우리는 몸으로써 그리스도의 제자도를 실천하고 **공적이고 가시적인 세상에서** 그리스도의 주권에 순종할 수 있다는 에른스트 케제만의 설명은 올바르다. 이로 인해 그리스도를 주로 인정하는 것이 쉽게 전달되며 신빙성을 얻게 된다. 만일 그렇지 않다면 그것은 단지 '내부적'이거나 '사적인' 문제에 불과할 것이다.[5] 이런 어려운 개념들은 공적 장소에서 다른 사람들이 하는 것을 '지켜봄'으로써 가장 잘 이해될 수 있다는 철학자 비트겐슈타인(Wittgenstein)의 경구와 밀접하다. 그는 이것을 "의미의 공적 기준"이라고 부른다.[6] 그렇기 때문에 바울은 고린도교회에 "너희 몸으로 하나님께 영광을 돌리라"(고전 6:20)고 한다(AV역에서처럼, "또 너희 영으로"라는 말이 덧붙여진 완전히 잘못된 필사본들이 있다).

아무튼 '육신적' 삶은 차선책이거나 '영적인' 사람들이 흥미를 가지지 못하는 것이라는 기독교 개념은 바울의 견해와 완전히 다른 것이다. 그것은 플라톤과 이 외의 많은 그리스인들에게서 파생되었으며 후에는 영지주의에서 비롯하였다. 바울은 선뜻 몸을 단련시키는 것을 운동 경기에 비유한다(고전 9:24-27). 그는 "여러분은 그리스도와 한 몸이 되는 것입니다"(현대인의 성경)라고 한다(고전 6:17). '한 몸'은 단지 모임의 '구성원'을 뜻하는 것이 아니라 문자 그대로 몸의 지체를 나타내는 것이다. '몸'은 교회를 빗대어 사용되었으며 이는 그리스도가 "네가 어찌하여 **나를** 박해하느냐?"(행 9:4; 22:7)고 한 말에서 비롯한 것이

---

5) Käsemann, *New Testament Questions of Today*, p. 135; 참고. pp. 108-37.
6) Ludwig Wittgenstein, *Philosophical Investigations* (German and English, Oxford: Blackwell, 1967), §54 (p. 27); 참고. §§293-317 (pp. 100-4).

다. 로마서 12장 1절에서 보듯이 그리스도인들은 '몸'을 산 제물로 드려야 하며, 이는 '그들 자신을' 잘 보이는 공적 영역에 두는 것을 의미한다. 따라서 '몸'은 공동체적으로든지(고전 3:16-17) 개인으로든지(고전 6:19) 성령의 전이다.[7] '몸'은 인간이 서로 유대감을 가지고 또한 동물 세계와도 연대하게끔 구속력을 지닌다고 하는 사람들도 있다. 게다가 몸은 부활하기로 되어있다(고전 15:33-49). "하나님이 그 뜻대로 그에게 형체를" 준다(15:38). 여기서 바울은 존재의 양태가 공적인 의사소통이 가능하게 하고, 알아볼 수 있게 하며, 정체성을 보여주는데 이는 지상이 아닌 곳에서의 '하늘에 속한 형체'까지도 그런 역할을 한다는 것을 함의한다. (앞서 언급한 바와 같이 16장에서 살펴볼) '신령한' 몸은 이것과 모순되는 것이 아니라 성령으로 말미암는다는 것이 특징이다. 바울은 고린도의 슬로건에 부합하여 "음식은 배를 위하여 있고…하나님은 이것 저것을 다 폐하시리라"(고전 6:13, NRSV역에서는 이 슬로건을 너무 짧게 인용한다)고 한 뒤, "몸은…주를 위하여 있으며 주는 몸을 위하여 계시느니라. 하나님이 주를 다시 살리셨고, 또한 그의 권능으로 우리를 다시 살리시리라"(고전 6:13-14)고 덧붙인다.

계속해서 고려되는 인간에 대한 두 논쟁점은 바로 **양심**과 **심령**이다. C. A. 피어스(Pierce)는 양심이 스토아학파의 생각과 달리 원래 자신의 잘못에 대한 뼈아픈 자각이며 앞으로의 행실에 대한 신적 지침이라는 것을 보여주었던 반면에, 다른 이들은 그 후에 이 관점을 '선한 양심'을 감안해 수정해 왔다(고후 1:12; 살전 1:5; 3:9). 고린도전서 8장 7, 10, 12절과 10장 25-29절에서 양심은 자의식에 가까운데, 이는 보통 말하는 필수적인 도덕적 역량이라기보다는 신념을 지키는 것을 강조한다. 헬라어로 양심은 쉬네이데시스(syneidēsis)인데, 이 말의 표면적인 의미는

---

7) Albert L. P. Hogeterp, *Paul and God's Temple* (Leuven, Paris, and Dudley, MA: Peters, 2006), pp. 295-360, 379-86.

'함께 알기' 또는 '같이 아는 것'을 뜻한다. 이는 마치 또 다른 자신의 인성이 자기의 행동을 살펴보는 것과 같다. 여하튼 그것은 일부 그리스인들의 생각처럼 '하나님의 목소리'가 아니다. 왜냐하면 양심은 훼손될 수도 있기 때문이다. 아마도 그것은 '자의식'과 '양심' 사이의 어딘가에 자리해 있을 것이다.[8]

3. 영과 육의 인간

'영'에 대한 문제는 헬라어와 영어 모두 두 가지 독특한 점들을 은폐하는 데 있다. 이 언어들은 인간의 영을 인간적인 측면으로, 성령을 인격이나 중개자로 덮어둔다. 바로 앞 장에서 REB역은 로마서 12장 11절을 '성령으로 뜨거움'으로 번역했지만 NRSV역은 '열심을 품어라'로 옮긴 것을 살펴보았다. 우리가 지금 보는 바울이 사용한 헬라어는 모두 대문자로 되어있다. REB역이 좀 더 바울적인 특징에 가깝지만 그것이 헬라어 자체에서 나온 해석이라고 할 수는 없다. 실제로 '영'이라는 단어는 (1) 인간의 영, (2) '종의 영'으로 사용된 것과 같이 심리적인 용례, (3) 미혹하는 영들(바울은 보통 이것을 daimōn이라고 지칭했지만), (4) 성령이나 하나님의 영, 이 모두를 아우른다.

바울은 고별인사에 **사람의 심령**이라는 말을 쓴다(갈 6:18; 빌 4:23; 몬 1:25). 보통 '너희 영'이라는 말은 간단히 '너희'를 뜻한다. 시적인 대구법을 보여주는 "내 영혼이 주를 찬양하며 내 마음이 하나님 내 구주를 기뻐하였음은"이라는 말씀에서 영혼(soul)과 마음(spirit, 대부분 한역성경

---

8) Peter D. Gooch, 'Conscience in 1 Corinthians 8 and 10', *New Testament Studies* 33 (1987), pp. 244-54; H. J. Eckstein, *Der Begriff Syneidēsis bei Paulus* (Tübingen: Mohr, 1983); C. A. Pierce, *Conscience in the New Testament* (London: SCM Press, 1965); and Thiselton, *The First Epistle to the Corinthians*, pp. 607-17 과 640-8.

의 번역-역주)은 서로 바꾸어 쓸 수 있다(눅 1:47). 바울이 "너희의 온 영과 혼과 몸이…흠 없게 보전되기를 원하노라"(살전 5:23)고 쓴 것은 "너희가 철저하게 보전되기를 원한다"는 뜻이다. 형용사 '영적인'(프뉴마티코스〈pneumatikos〉)의 사용은 바울이 하나님의 성령을 강조했다는 사실을 뒷받침한다. "우리가 세상의 영을 받지 아니하고 오직 하나님으로부터 온 영을"(고전 2:12) 받았으므로 성령이 가르치는 '영적인 것'(2:13)과 성령으로 말미암아 생기가 돌고 특징지어진 신령한 자가 되도록 이끌린다(2:14-15). 같은 용례로 기록된 부활한 '신령한 몸'은 식별할 수 있으며 정체성을 지닌 자아를 뜻하지만 이 역시 성령으로 생기가 돌고 특징 지워진다. 여기서 바울은 부활한 그리스도인들이 비물질적 양상을 띠는 존재로 변하는 것이 아니라 윤리적인 변화로 즉시 하나님 곁으로 가는 문제에 대해 말하고 있다.[9] 여기에는 바울과 스토아학파 사이의 매우 낯선 차이가 존재한다. 스토아학파는 영을 내재하는 '세계혼'(world-soul)으로 생각했다. 하지만 바울은 영을 초월적이고 거룩하며 인격적이고 중개적인, 즉 피조적이지 않은 것으로 보았다(참고. 고전 2:11-16).

바울에게는 근대의 사상과 다양한 교차점이 있을 뿐만 아니라 차이점도 있다. 바울이 영육통일체로서의 인간과 우리의 잠재의식이나 무의식에 대해 강조한 생각은 가장 최근에 근대 서양 사상에 나타난다. 지그문트 프로이트(Sigmund Freud)가 본 대로 자기기만(self-deception)은 정말로 가능한 일이다. 그도 역시 구약과 유대주의에서 이러한 이해, 즉 몸은 마음(mind)에 영향을 주고 마음은 몸에 영향을 미치므로 몸과 마음은 통일체라는 견해를 가졌다. **가슴**(heart)은 의식적인 마음조차 알 수 없는 비밀을 간직하지만 하나님과 성령에게는 알려진다. 그러

---

9) Thiselton, *The First Epistle to the Corinthians*, pp. 1258-81; 그리고 Wright, *The Resurrection of the Son of God*, pp. 342-56.

나 오늘날 '영적인'이라는 말은 주로 바울과 양립할 수 없는 방법으로 사용된다. 바울은 막연하게 신성을 인식하는 인간의 잠재력이나 인간의 종교성을 나타내기 위해 '영성'이라는 말을 하지 않았다. 물론 이는 성령이 그리스도를 닮도록 단단히 붙잡았을 때의 상황이 아닐 때의 말이다. 그는 또한 그리스도적 사고로 **몸**을 폄하하지도 않았다. 바울은 몸을 하나님이 선사한 근사한 선물 중에 하나로 여기고 그리스도적 섬김과 미래가 의미하는 바를 전하기 위해 사용하였다.

이것은 좀 더 깊이 다루어질 수 있다. 바울은 그리스도인들에게 육체적인 성관계를 즐기라고 권하는 것을 거북하게 여기거나 부끄럽게 생각하지 않았다. 앞에서 이미 언급했고(제1장. 예수와 바울에게 나타나는 여성) 또 제15장에서 다시 윤리에 대해 다루기도 하겠지만 바울은 당시의 통념을 뛰어넘어 여성이 단지 남성의 쾌락을 위한 수동적인 수단이 아니라 여성도 남성과 마찬가지로 이 육체적인 사랑의 표현에서 기쁨을 얻는다고 보았다(고전 7:3-5). 바울은 사랑은 상대방을 위한 최선의 것을 구하는 것이라는 성경적 관점을 가지고 있었다.

몸과 마찬가지로 심지어 돈도 선물이다. 돈은 사람이 자신의 자금 사정에 맞춰 선택하는 것을 공적으로 보여주는 좋은 기회를 제공한다. 바울은 "어떠한 형편에든지 나는 자족하기를 배웠노니"(빌 4:11), "내가 아무의 은이나 금이나 의복을 탐하지 아니하였고"(행 20:33)라고 기록한다. 돈 자체가 아니라 "돈을 사랑하는 것"이 모든 악의 뿌리이다(딤전 6:10). 에라스투스(Erastus)처럼 즐겨 기부하는 그리스도인들이 있었다(그의 기부에 대해 기록된 서판이 고대 고린도 주위에 여태껏 남아있다). '연보'는 예루살렘의 가난한 자들과의 유대관계에 이방교회가 주로 관심이 있었다는 것을 보여준다(고전 16:1-4; 고후 8:1-7). 이는 "먼저 자신을 주께 드리는" 자들의 표현이다(고후 8:5). 그리스도께 바울이 인도한 자들은 "무슨 일이든지 허영심에서 하지" 않아야만 한다(빌 2:3). 바울은 야망과 개인적인 권력을 포기하였다.

바울은 인간의 능력이 아니라 하나님과 그리스도를 즐거워한다. 하지만 그는 마음과 생각을 사용하라고 명하고 이를 중요하게 여긴다. 또한 그는 사람의 마음은 우리로 하여금 강렬하게 느낄 수 있도록 만들 뿐만 아니라 우리의 욕정과 동기를 우리가 모르도록 감출 수도 있다는 것을 알았다. 바울은 하나님의 선물이자 그리스도를 향한 우리의 태도를 나타내는 수단으로써 몸을 중요하게 생각한다. 아마도 무엇보다 중요한 것은 하나님의 형상으로 만들어졌다는 것은 인간이 관계능력이 있다는 것을 의미한다는 사실일 것이다.[10] 여기에는 남자와 여자, 유대인과 이방인, 노예와 자유인(갈 3:28), 친구 사이가 포함된다. 이는 특히 그리스도를 통하여 하나님과 친밀한 관계를 맺을 수 있도록 해준다.

---

10) Stanley J. Grenz, *The Social God and the Relational Self: A Trinitarian Theology of the Imago Dei* (Louisville: Westminster John Knox Press, 2001), pp. 267-303.

The Living PAUL
An Introduction to the Apostle's Life and Thought

제9장
인간소외 그리고 죄에 대한 바울의 관점

 죄에 대한 바울의 관점은 널리 오해되어왔다. 많은 이들이 "내가 원하는 바 선은 행하지 아니하고 도리어 원하지 아니하는 바 악을 행하는도다"(롬 7:19)를 곧잘 인용하며 바울이 그 문제에 사로잡혔다고 본다. 그들은 대체로 로마서 7장 7-24절을 자전적인 것으로 가정하는데, 사실 여기서 바울은 인간의 곤경에 대해서 논하고 있는 것이지 자신의 편력에 대해 말하고 있는 것이 아니다. 이전 스텐달(Stendahl)의 연구에서 보듯이, 바울은 자신의 악한 양심과 씨름하지 않았다.[1]

 바울은 견고한 양심을 가지고 있었다. 심지어 그는 자신이 회심하고 소명을 받기 전에도 "율법의 의로는 흠이 없는 자"(빌 3:6)였다고 밝힌다. 로마서 2장 17절-3장 20절은 악한 양심에 대한 언급이 아니라 이스라엘 백성의 실패에 대해 말하는 것이다. 고린도전서 4장 4절에서 바울은 양심에 거리끼는 것이 아무것도 없다고 단언한다. 그는 죄와 과실, 또는 이에 상응하는 것들을 다수의 생각과는 다른 시각으로

---

1) K. Stendahl, *Paul among Jews and Gentiles* (London: SCM Press, 1977), pp. 78-96; reprinted from 'The Apostle Paul and the Introspective Conscience of the West', *Harvard Theological Review* 56 (1963), pp. 199-215.

본다. 이는 중요한 위치를 점유하지만 바울은 자기 자신에 대해 거리낄 것이 아무것도 없다는 것을 알고 있었다(고전 4:4).

1. 죄의 세 가지 양상

근래의 많은 전제들과 반대로 죄의 본질은 진실을 말하지 않거나 이웃을 사랑하지 않는 것과 같은 개인이 행하는 일련의 행동들이 아니다. 바울은 **공동체적**이고 **공통적인** 인간의 상태와 잘못된 욕망으로 인한 서로간의 소외와 하나님으로부터 소외에 대해 훨씬 더 큰 관심을 기울인다.[2] 바울은 실로 **과녁을 벗어나거나 결함**, 또는 **태만죄를 범하는 것**이 '죄'의 한 형태라는 구약의 개념을 물려받았다. 히브리 성경은 일반적으로 이러한 죄에 하타(chatta'th)라는 단어를 사용한다(창 4:7; 18:20; 출 10:17; 32:30-34; 레 4:3; 16:16; 신 9:18; 삼상 2:17; 욥 10:6; 시 25:7; 51:2; 사 6:7, 43:25과 250개가 넘는 다른 구절들이 있다). 이 용어는 70인역에서 하마르티아(hamartia)로 번역되며, 바울 서신 중에서 로마서 3:9; 5:12, 13, 26; 6:1, 2, 11; 7:7, 고린도전서 15:58에 나오며 그 외 다른 곳에도 많이 나온다. 이 헬라어 단어는 마카비4서 4:12, 지혜서 1:4; 2:12; 10:13; 11:23, 집회서 2:11; 3:3; 4:21과 다른 유대 문학에도 나타나는데 때로는 유사한 형태로 나타난다. 그러나 이것은 세 가지 현상 중에 한 가지 양상에 불과하다.

히브리 성경에서 두 번째 중요한 단어는 '반역하다' '범죄하다'를 뜻하는 동사형 파샤(pāsha')와 '범죄'를 뜻하는 페샤(pesha')이다(암 4:4; 잠 8:21; 렘 3:13; 왕상 12:19; 왕하 1:1; 3:17; 사 1:28; 46:4; 48:8; 53:12; 호 14:10과 그

---

2) Tom Holland, *Contours of Pauline Theology: A Radical New Survey of Influences on Paul's Biblical Writings* (Fearn, Rosshire: Mentor, 2004), 특히, pp. 96-9의 로마서 7장에 관한 부분.

외 여러 곳). 이는 민족이 왕을 거슬러 모반할 때나 이스라엘이나 사람들이 하나님을 거역하는 것을 지칭할 때 사용되었다. 이것은 주로 두 개의 헬라어로 번역되는데, '불경건함'을 뜻하는 아세베이아(asebeia)와 '범죄'를 뜻하는 파라바시스(parabasis)이다. 뒤의 것은 지혜서 14장 31절을 비롯하여 다른 유대 문학에도 나타난다. 바울서신에서 '범죄'(헬라어 파라바시스⟨parabasis⟩)는 로마서 4장 15절, 5장 14절을 포함하여 다른 곳에서 볼 수 있고 '불경건함'(헬라어 아세베이아⟨asebeia⟩)은 로마서 1장 18절, 11장 26절을 비롯한 그 외 다른 데서 찾을 수 있다. 원래 이 단어들은 행동을 나타낼 뿐만 아니라 불경건한 자들이나 범죄자들이 서로 간에 소외되고 하나님으로부터 소외되는 상태를 나타낸다. 히브리어 페샤(pesha‘)는 '악행'이나 '불법'을 뜻하는 파라프토마(paraptōma)로도 번역된다(고후 5:19; 롬 4:25; 5:15; 갈 6:1; 골 2:13). 이것은 '실책'이나 '실족'의 은유적 확장(metaphorical extension)이다. '반역'의 히브리적 배경이 단어의 의미형성에 여전히 이바지하고 있다. 이는 헬라어를 사용하는 유대인들의 저작물에서 나타난다. 그 예로 지혜서 8장 13절, 10장 2절이 있다.

세 번째 중요한 히브리 용어는 아온('āwōn)으로 이는 '죄악,' '과실,' '왜곡된 상태' 또는 그 결과를 의미하며 '내부적인' 결과나 외부적인 처벌을 수반하는 것이다.[3] 히브리 성경에서는 창세기 15장 16절, 출애굽기 28장 43절, 열왕기하 7장 9절, 시편 51편 7절, 호세아 9장 7절, 욥기 15장 5절, 20장 27절, 예레미야 11장 10절에서 나타나고 또한 다른 많은 구절들이 있다. 창세기 4장 13절에서 가인은 "내 아온('āwōn, 죄벌)이 지기가 너무 무거우니이다"고 하나님에게 울부짖는다. 반역이나 결핍으로 인한 '내부적인' 처벌은 왜곡, 무능력이나 자기 소외이다. '외부적인' 처벌은 하

---

3) Francis Brown (ed), a revision of F. Brown, S. R. Driver, and C. A. Briggs (eds), *Hebrew and English Lexicon* (Lafayette, IN: Associated Publishers, 1988), pp. 730-1.

나님이 심판관으로서 어떠한 처벌을 내리기 위해 개입할 때 생긴다. 70인역과 그리스 유대 문학에는 딱 맞는 동일한 언어가 없지만 하마르티아(hamartia)는 아온('āwōn)과 페샤(pesha'), 하타(chatta'th)로 모두 번역될 수 있다. 주로 바울은 이를 '범죄,' '종,' '노예,' '소외'와 같은 단어로 바꾸어 사용한다. 죄의 영향력은 '육체'와 '죽음' 심지어 하나님의 '진노'와 같이 죄에 잇따른 결과들로 표현된다. 바울은 "죄가 기회를 타서 계명으로 말미암아 나를 속이고 그것으로 나를 죽였는지라"(롬 7:11)와 같이 다양하고 강렬한 은유들을 사용한다. 구원받지 못한 이스라엘이나 인간은 '곤고하고' 죽음에 이르게 되는 세력에 갇혀 있다(7:24). 인간은 죄의 결과로 죄 아래 종으로 팔렸다(7:14). 그리스도인들은 '종 노릇한 데서' 해방되었다(8:21). 그들은 "다시는 종의 멍에를" 메어서는 안 된다(갈 5:1).

요한과 마찬가지로 바울이 특징적으로 기여한 것들 가운데 하나는, 죄를 어떤 행동을 하거나 과녁을 벗어난 것으로 여기는 느슨한 도덕적 관념을 축소시키는 반면 한층 더 심각한 죄의 개념, 즉 주로 노예의 개념과 소외를 수반하는 **상태**로서의 죄를 강조하는 것이다. 어거스틴과 루터의 견해대로 예속적인 상태는 인간이 스스로 자신의 문제를 다룰 수 있다는 환상을 완전히 깨버린다. 죄의 문제가 해결되지 않는 이상, 소외는 하나님을 부르기 어렵다는 것만을 강조한다. 실제로 이것은 악순환이 되는데 오직 그리스도의 사역만이 해결할 수 있는 것이다. 그리스도의 사역을 바탕으로 성령은 인간이 스스로 이룰 수 없는 과정을 착수한다.

2. '육신'과 노예

데이비스(W. D. Davies)는 바울이 '육신'(flesh)이라는 말의 사용 횟수

중에 56번은 가치중립적으로 물질성, 신체 구조, 혈연관계, 현 존재의 영역, 약함을 지칭하는 데 사용한 반면에, 35번은 윤리적 혹은 신학적으로 예속상태, 소외, 또는 다른 죄의 결과들과 관련지어 사용했다고 진술한다.[4] 전자의 것은 이미 바로 앞 장에서 살펴보았다. 이따금 바울은 모든 인간이 하나님과 떨어져 있다는 것을 나타내기 위해 '육신'이라는 말을 사용했다. 그는 "내 속 곧 내 육신에 선한 것이 거하지 아니하는 줄로 아노니"라고 쓴다(롬 7:18). 그러나 현대의 독자들에게 이러한 말은 잘못된 인상을 심어줄 수 있다. 바울은 인간이 물질적이거나 일시적인 영역에 귀속되어 있기 때문에 인간이 악하다고 보는 플라톤을 비롯한 많은 그리스인들의 견해를 되풀이해서 말하고 있는 것이 **아니다**. 그는 자신이 마땅히 찬양과 충성을 받아야 할 하나님께 행할 바를 하지 못하고 오히려 주권적인 그 분을 대적하는 공통적 구조에 속했다는 사실을 진술하고 있다. 인간이 이를 인식하든지 못하든지, 이러한 공통적 구조(바울이 '육신의 생각'이라고 부르는)의 자세는 실제로 하나님과의 전쟁(전투상태)이다(롬 8:7).

바울은 이 본질을 다양한 방식으로 표현한다. 그는 "우리는 나으냐 결코 아니라 유대인이나 그리스인이나 다 죄 아래에 있다"고 단언한다(롬 3:9). 죄의 '몸'(즉 공통적 구조)은 죽었다(롬 6:6). "너희는 죄의 종이었다"(롬 6:20). 마치 고용주처럼 죄는 '삯'을 지불하지만 "죄의 삯은 사망이다"(롬 6:23). 이것은 전 인류에 대한 보편적인 사실이다. 유대인이든지 이방인이든지 거기에는 아무런 차별이 없고 "모든 사람이 죄를 범하였으매 하나님의 영광에 이르지" 못한다(롬 3:22-23). 그래서 바울은 결국 사망으로 판명되는 '삯'(롬 6:23)을 지불한 위선적인 고용주와 폭군처럼 복종을 강요하는 왕(롬 5:21)과 사람들을 종으로 삼고 모질게

---

4) W. D. Davies, *Paul and Rabbinic Judaism: Some Rabbinic Elements in Pauline Theology* (London: SPCK, 1958), p. 19.

대하는 주인(롬 6:6)을 자신의 논증을 위해 동원한다. 이 '객관적인' 정세는 아온('āwōn)이 전달하는 사실을 생생한 색체로 그려낸다.

바울은 능수능란하게 언어를 사용하였다. 그가 범죄에 대해 말하면서 인류를 하나님의 '진노' 아래로 데려다 놓는 것은 오늘날 많은 이들에게 곤란한 문제로 다가온다. 한 학자는 이것을 도덕적 세상 아래 인과율의 법칙으로 과소평가했다. 주로 범죄에는 그로 인한 '보상'(reward)이 따르게 되므로 여기에도 어느 정도 진리가 있다. 이와 같은 원리로 피아노를 열심히 연습하면 부수적으로 주어지는 보상이 없어도 피아노를 매우 잘 연주할 수 있게 되는 '보상'이 따른다는 것을 알 수 있다. 따라서 이런 점에서 죄는 그에 따른 다양한 생득적 결과들의 형태로 '보상'을 가져온다. 그러나 앨런 리차드슨(Alan Richardson)이 명확하게 언급했듯이 바울은 그 이상을 의미했다.[5] 하나님의 진노는 '하늘로부터' 나타나는데(롬 1:18), 이는 인간이 하나님을 손쉽게 인식하기 위해 "썩어지지 아니하는 하나님의 영광을" 우상(즉, 스스로 만든 조형물)으로 바꾸었기 때문이다(롬 1:23). 이 개념은 신인동형론적인 '복수'로서 어떠한 방법으로든지 숙청되어야만 하는 것이다. 경망한 부모는 자녀의 자기파괴 행동에 대해 무관심한 채로 있는 반면에, 사랑이 많은 부모는 이러한 행동에 대해 화를 낸다. 우리가 앞서 보았듯이(6장 첫 부분), 사랑의 반대말은 화가 아니라 무관심이다. 자연적인 법칙이라는 측면에서의 설명은 하나님을 적극적으로 관심을 가지지 않는 분으로 보이게 만드는 위험을 무릅쓴다. 몰트만은 하나님의 감정을 삼위일체의 핵심으로 보고, 또한 그것을 성경의 내용을 충분히 반영한 것으로 여긴다.[6]

---

5) Alan Richardson, *Introduction to the Theology of the New Testament* (London: SCM Press, 1958), p. 76.
6) Moltmann, *The Trinity and the Kingdom of God*, pp. 31-52.

3. 인간의 '비참'과 소외

현대의 독자들은 인간의 '상태'나 위치와 '타락'에 대한 바울의 견해가 문제를 일으킨다는 점도 발견할 수 있다. 행동은 잘못된 욕망의 한 부분을 나타내는 것에 불과하다. 바울은 악은 의식적인 행동보다 더 뿌리가 깊어서 자아가 하나님으로부터 방향 감각을 상실하도록 만든다고 주장한다. 볼프하르트 판넨베르크(Wolfhart Pannenberg)는 "원죄교리의 쇠퇴는 죄의 행위에 죄의 개념을 고착시켰으며" 그 결과로 신학적 '실패'에 이르렀다고 서술한다.[7] "'비참'(misery)은 하나님으로부터의 단절을 요약한 말이다. '소외'라는 용어는 이와 유사하다."[8] 판넨베르크는 인생의 운명이자 복과 형통의 근원인 하나님과의 친교를 박탈당한 모든 이들의 숙명이 '비참'이라고 설명한다. 따라서 바울은 이러한 존재를 고찰하며 "나는 곤고한 사람이로다"라고 한다(롬 7:24). 이러한 점에 비추어보면 우리는 그리스도 홀로 온전히 인간임을 보게 되는데, 이는 그가 하나님과의 친밀한 교제를 즐겼기 때문이다. 판넨베르크는 어거스틴의 고전적 의의는 그가 다른 교부들보다도 죄와 그 결과들에 대한 바울의 접목을 정확하게 보았다는 데 있으며, 이것은 '뛰어난 업적'이라고 평가한다.[9]

현대 사상에서 '타락'은 골칫거리로 보인다. 이는 바울이 역사적 아담을 인간 소외와 비참의 **원인**으로 여겼다고 보지 않는다. 바울은 우리 모두가 어떻게든 아담의 과실을 공유하고 있지만 의지적으로 아담과 똑같은 길을 따라간다고 인정한다. 그러나 우리는 그리스도와 떨어진 인간 '아담'을 알고, 아담과 유대관계를 가지며, 공유하는 파괴적

---

7) Wolfhart Pannenberg, *Systematic Theology*, 3 vols, trans. G. W. Bromiley (Grand Rapids: Eerdmans and Edinburgh: T. & T. Clark, 1991, 1994, 1998), vol. 2, p. 254.
8) Pannenberg, *Systematic Theology*, vol. 2, p. 178.
9) Pannenberg, *Systematic Theology*, vol. 2, p. 241.

인 힘으로 고통 받는다. 다른 한편으로 "그리스도 안의" 새로운 인성은 새로운 창조와 새로운 공동의 결속을 가져온다. 따라서 **이 세상에 있는 악의 세력은 분리된 개인들보다 훨씬 강하다**. 데카르트에서 비롯한 근대 개인주의와 계몽운동이 지향하는 것과는 반대로 포스트모던 사상은 이에 대해 매우 잘 이해하고 있다(이후 17장에서 논의). **'아담'과 유대관계에서 비롯한 악의 세력으로부터 분리된 개인은 아무도 없다**. 그리스도와 함께 복이 **시작되는** 것처럼, 인간 비참은 아담과 함께 **시작되었다**(롬 5:12-21). 각 개인이 죄를 짓게 된 원인이 아담이라는 것은 "모든 사람이 죄를 지었으므로 사망이 모든 사람에게 이르렀느니라"(롬 5:12), "그러나 아담으로부터 모세까지…사망이 왕 노릇하였나니…이 은사는 그 범죄와 같지 아니하니…하나님의 은혜와 또한 한 사람 예수 그리스도의 은혜로 말미암은 선물은 많은 사람에게 넘쳤느니라"(롬 5:14-15)는 바울의 진술과 상충된다. 만일 인류의 죄와 아담을 분리해서 생각한다면 새 인류의 머리로서 값없이 구원의 선물을 가져다주는 그리스도의 역할을 이해하기가 더욱 힘들 것이다. 바울은 평행구와 대조를 사용한다. "죄가 더한 곳에 은혜가 더욱 넘쳤나니…"(롬 5:20).

바울 당시의 유대교는 아담을 죄의 원인으로 보는 관점과 전적으로 자기 홀로 책임을 져야 하는 것으로 보는 관점 사이에 논쟁이 있었다. 바울과 같이 (2에스드라라고도 하는) 에스라4서에서는 율법의 무력함을 강조한다. 죄는 보편적이다(에스라4서 3:35-36; 7:46, 68; 8:35). 에스라4서는 "오, 아담! 네가 무엇을 행하였느냐! 네가 죄를 범하였지만, 너 혼자가 아닌, 너의 후손된 우리 모두가 멸망하도다"(에스라4서 7:117-118, 참고. 116)라고 선포한다. 또한 "악의 씨앗 한 알이 아담의 마음에 심겨져서…지금껏 얼마나 많은 불신의 열매가 맺어졌는가"(4:30, 참고. 3:21-23; 7:11, 12)라고 말한다.[10] 그러나 바룩2서는 정반대로 접근한다. 잘 알려

---

10) N. P. Williams, *The Ideas of the Fall and Original Sin: A Historical and Critical Study*

져 있는 이 '펠라기우스'적인(즉 원죄를 부인하는 것 같은) 구절은 "따라서 아담은 자기 자신 안에서를 제외하고는 원인이 아니다. 그러나 우리 각자가 자기 자신의 영혼을 가진 아담이 되었다"고 한다. 필로는 인간 본성에서 아담을 이성적인 원리로, 하와를 감각적인 요소로 이해했다 (Philo, De mundi opificio, 56). 그러나 바울에게는 이 개념이 없다.

윌리엄즈(Williams)는 유전된 '악의 충동'(히브리어 예체르 하라〈yêtzer hâ-râ'〉) 이라는 랍비적인 개념과 죄에 대한 바울의 개념을 연결시키려고 한다. 하지만 '선의 충동' 역시 존재하고 있다. 두 가지 충동 모두 '타락' 후에 작용하고 있다. 그것은 기술(description)이지 설명(explanation)이 아니다. 만일 그것이 어떤 역할을 담당한다면 이는 로마서 7장 7-24절에 나오는 인간의 분열된 자아와 더욱 관련되어 있을 것이다.

대다수가 창세기 3장 1-34절, 로마서 1장 18-32장, 5장 12-21절과 7장 7-24절에 나오는 '타락'의 세 가지 표현을 본다. 우상숭배의 도덕적 결과에 대한 바울의 비판과 악행에 관한 장황한 목록들은 헬라어를 사용하는 유대 회당의 설교와 병행되어질 수 있다고 볼 수 있다. 그러나 바울은 그들과 함께 자랐을 것이고, 그리스도인이 되어서도 자신에게 익숙한 이 언어를 사용한다. 이는 유대인과 이방인이 동등하게 하나님의 심판 아래 있으며 그분의 목적에 이르지 못했다는 그의 주장의 일부를 이루고 있다. 바울은 먼저 은혜가 필요한 이방 세계를 책망하고 그 다음 2장과 3장에서 유대인들도 같은 심판 아래에 있다고 말한다. 로마서 5장 12-21에서는 아담과 재앙 또는 예수 그리스도와 은혜를 한데 묶음으로써 인간의 공통적 상태에 대해 고찰하고 있다. 만일 인류가 "아담 안에" 있다는 것을 부인한다면, 같은 논리로 새로운 인류가 "그리스도 안에" 있다는 것을 부인해야 할 것이다.

(London and New York: Longman, Green & Co., 1929), pp. 79-80; 참고. pp. 70-91; and also Davies, Paul and Rabbinic Judaism, pp. 32-5.

이것은 학술용어로 인류의 '공동 연대'(corporate solidarity)이다. 이 개념을 설명하기는 까다로웠는데, 이는 우리 모두가 계몽운동의 유산인 개인주의를 물려받았기 때문이었다. 그러나 오늘날 모두는 축구팀의 공동 연대에 대해 잘 알고 있다. 팀에 소속된 한 선수의 (아담에 비할 수 있는) '자책골' 또는 (그리스도에 비할 수 있는) 득점은 팀 전체에 적용되는 것이다. 누구도 이 시합이 불공평하다고 이의를 제기하지 않는다. 그것은 전체 팀의 득과 실을 공유하는 것을 나타내고 있다.

로마서 7장 7-24절에서는 율법이 죄를 다루기에 불완전함을 역설한다. 정말로 어떤 것을 하지 말라는 계명이 오히려 우리로 하여금 그것을 하도록 거세게 부추기곤 한다(롬 7:8-10). 율법 자체는 신령하지만(롬 7:14), 인간의 상태로 인해 그것은 단지 그리스도에 대한 절박한 필요를 나타낸다. 이것은 갈라디아서 3장과 4장 21절-5장 1절의 면밀한 보충작업이다. 죄는 '세력'이 되었고 그보다 더 큰 세력은 그리스도와 성령 안의 하나님이다. 바울은 전혀 자기 성찰적이거나 침울해 하거나 하지 않았다. 그는 이 주제에 대해 그저 논하는 것에 의미를 두지 않고 다만 죽음의 몸에서 우리를 구원하는(롬 7:24) "우리 주 예수 그리스도로 말미암아 하나님께 감사하리로다"(롬 7:25)라며 이 장을 끝맺는다. 그리스도는 객관적으로 죄를 처리하고 성령은 주관적으로 그리스도의 사역을 수행한다.

제10장
그리스도의 사역과 "그리스도 안에" 있는 것

1. 십자가 중심

바울에게 있어 그리스도의 십자가는 모든 것의 중심이 된다. 그는 복음의 메시지를 "십자가의 말씀"(고전 1:18)으로 정의한다. 갈라디아서에서 그는 상투적인 안부인사 대신에 "그리스도께서…우리 죄를 대속하기 위하여 자기 몸을 주셨으니"(갈 1:4)라고 기록한다. 1장 8절에서는 "그러나 우리나 혹은 하늘로부터 온 천사라도 우리가 너희에게 전한 복음 외에 다른 복음을 전하면 저주를 받을지어다"라고 외친다. 그는 고린도에 있는 교회에게 "곧 하나님께서 그리스도 안에 계시사 세상을 자기와 화목하게 하시며 그들의 죄를 그들에게 돌리지 아니하시고"(고후 5:19)라고 말한다. 그는 또한 "내게는 우리 주 예수 그리스도의 십자가 외에 결코 자랑할 것이" 없다고 강조한다(갈 6:14). 오디세우스는 자기의 총명함을 자랑하지만 바울은 오직 그리스도의 십자가를 자랑으로 여긴다.

바울은 수신자들이 십자가를 이해하는 것을 돕기 위해 다양한 심상과 유비를 사용한다. 대속이나 참여를 섞어서 사용하는 구절들도 있다. "한 사람의 범죄를 인하여 많은 사람이 죽었은즉 더욱 하나님의 은혜와 또한 한 사람 예수 그리스도의 은혜로 말미암은 선물은 많은 사람에게 넘쳤느니라"(롬 5:15). 여기서 바울이 대속(substitution), 참여(participation), 대표(representation) 중에 과연 무엇에 대해 말하고 있는지, 또는 세 가지 모든 요소를 말하고 있는지에 대한 것은 논쟁거리이다. 그러나 현대의 독자들에게 이 심오한 신비를 전달하는 가장 간단한 방법은 아마도 **인간이 그 스스로를 위해 할 수 없는 것을 그리스도가 인간을 위해 하였다**고 말하는 것이다. 축구시합에서 한 선수가 다른 선수를 대신해서 교체 출전하여 득점을 올린 것이 그가 속한 팀 전체에 적용되는 것은 너무도 당연하다. 그는 대체자(substitute)이며 대표자(representative)이고 참여자(participant)이다. 바울은 "한 사람이 순종하심으로 많은 사람이 의인이 되리라"(롬 5:19), 즉 "한 사람이 모든 사람을 대신하여 죽었은즉"(고후 5:14)이라고 기록한다.

사실 바울은 다른 심상이나 유비를 사용했다. 그러나 상당수가 인간의 그릇된 욕망이나 소외라는 특정한 면에 연관되어 있다. 두 가지 심상이 일상생활에서부터 비롯하여 현대 세계에 반향을 일으킨다. 첫째 것은 특별히 21세기의 처음 십 년 말경에 나타난 경기침체와 부채 증가와 관련이 있다. 개발도상국의 채무변제에 관한 건도 역시 유사하다. 바울은 "우리를 거스르는" 채무 기록을 비유해서 말한다. 그리스도는 "법조문으로 쓴 증서를 지우시고 제하여 버리사 십자가에" 못 박았다(골 2:14). 이는 당시 바울의 세계에서는 흔한 일이었다. 하지만 오늘날에는 더 이상 통용되지 않는 것이다. 채무변제는 찬송가와 주기도문에서 익숙한 유비이다. 이는 빚으로서의 죄의 개념과 연관되어 있다. 안셀무스는 죄가 하나님께 마땅히 돌려져야 할 경배와 순종을 하지 못하게 했다고 강조한다.

두 번째로는 매수 가격이나 예속 상태로부터 '구속'의 비유이다. 모든 유대인들은 히브리 성경과 그리스성경에서 사용된 이 비유에 친숙할 것이다. 사사기에서 (1) 이스라엘은 악을 행하고, (2) 이로 인해 여호와의 진노를 일으키며, (3) 하나님은 이스라엘을 압제자에게 '넘기고' (4) 이스라엘은 여호와께 부르짖으며, (5) 하나님은 구원자를 세워 그들을 위험에서 **구원**한다(삿 3:7-11, 12-30). 이러한 사건의 반복은 '평화'나 '구원'을 가져온다. '구원하다'와 '구원자'를 뜻하는 히브리 용어(고엘⟨go'el⟩과 가알⟨gā'al⟩, 또는 파다흐⟨pādāh⟩)는 출애굽기에 나오며(출 6:6; 15:13; 시 74:2; 77:15), 또 망명에서 돌아오는 두 번째 대(大) 구원 사건에 나온다(사 43:1; 44:6; 47:4; 60:16). 그것은 사적인 해명이나 개인적인 구원에도 사용된다(욥 19:25). 고엘(Go'el)은 또한 "가까운 친척의 일을 하는 것"을 뜻하고 이는 그들을 대신해 가까운 친척을 구해줄 수 있는 사람을 가리킨다. 실질적으로 구원은 압제나 위험의 상태**로부터** 구원을 뜻한다. 이는 상당한 비용이나 구원의 행위로 **말미암고**, 안전, 자유, 행복의 상태**로 나아가는** 것을 의미한다.

오늘날 대다수는 전당포나 대금업자에게 일시적으로 맺은 계약에 익숙하다. 대가를 치른 후에는 자신의 물건을 돌려받을 수 있다. 출애굽기 21장 30절에서 부주의함으로 인해 누군가를 죽게 하여 사형 선고를 받았을 때, 자기 생명의 대가로 몸값을 지불할 수 있었음을 볼 수 있다(파다흐⟨pādāh⟩로 기록됨). 이사야 43장 2-4절에서 구원의 예언은 이스라엘의 해방을 가리킨다.

이방인들도 이 비유에 익숙할 것이다. 일찍이 아돌프 다이스만(Adolf Deissmann)은 이방신들이 노예를 '해방'시키기 위해 "값을 주고 사는" 유비를 언급했다. 그가 델피(Delphi)와 다른 곳에 있는 비문들을 참고한 것은 적절했다.[1] 하지만 보다 최근에 데일 마틴(Dale Martin)을 비롯

---

1) Adolf Deissmann, *Light from the Ancient East: The New Testament Illustrated by Recently Discovered Texts from the Graeco-Roman World*, trans. L. R. M. Strachan

한 다른 학자들은 그것이 바울의 주안점을 오해한 것임을 단정적으로 보여주었다. 바울에게서 "값을 치르고 사는 것"은 악한 주인, 즉 악의 세력**으로부터** 인간을 구하여 자유롭게 되고 자율적으로 되는 것이 아니다. 다만 선한 주인, 즉 예수 그리스도의 새로운 주권에 속하는 것이다.[2] 5장에서 살펴보았듯이 우리가 그리스도를 주(헬라어 퀴리오스⟨Kyrios⟩)로 여길 때, 주되신 예수께 속한다는 것은 그가 우리를 돌보게 되었다는 것을 뜻한다. 비천하고 자유로운 사람들, 즉 오직 자력에만 의지하고 스스로를 지켜야 하는 처지에 비해서 실제로는 '선한' 주인의 종이 훨씬 나은 상태이다. 그리스도께 '속하는 것'은 그의 이름과 명예와 사랑의 보호를 받는 것이다. 그러나 이 '주인 교환'의 기저는 그리스도의 구원의 행위 안에 있다. 그것은 "값이 누구에게 지불되는가?"라고 묻는 구입(purchase)의 은유 이상의 것이다. 그것은 **대가**(cost)의 은유이다. 그리스도가 죄의 값을 치렀다.

가장 잘 알려진 바울의 암시 중 하나는 고린도전서 6장 19, 20절에서 "너희는 너희 자신의 것이 아니라, 값으로 산 것이 되었으니"라는 데서 볼 수 있다. 바울은 고린도전서 7장 22-23절에서 반복하여, "자유인으로 있을 때에 부르심을 받은 자는 그리스도의 종이니라. 너희는 값으로 사신 것이니 사람들의 종이 되지 말라"고 말한다. 갈라디아서 3장 13절에서는 "그리스도께서…율법의 저주에서 우리를 속량하셨으니"라고 단언하고 "하나님이 그 아들을 보내사…율법 아래에 있는 자들을 속량하시고"(갈 4:4, 5)라고 덧붙인다. 은유적으로 율법 그 자체는 인간을 그것에 종속되도록 하는 임자, 즉 '주인'으로 보인다. 여기서 제일 목전에 보이는 죄의 양상은 인간을 예속시키는 '권세'이다. 율법

(London: Hodder & Stoughton, 1927), pp. 319-30.
2) Martin, *Slavery as Salvation*, pp. 63-8 그리고 전체. Thiselton, *The First Epistle to the Corinthians*, pp. 544-65.

은 인간의 범죄와 무력한 상황을 악화시키는 결과의 악순환을 촉진한다. 율법은 그 자체로는 '거룩'하지만 인간의 곤경을 구제할 수 없다는 점에서 불충분하다. 그것은 단지 불법과 죄의식만을 증진시킨다. 묵시론자들과 마찬가지로, 바울은 점증하는 인간의 개혁보다는 새로운 창조를 기대하였다. 비록 그 대가가 비싸다고 하더라도, 그리스도인은 '구원'이 필요하다.

2. 대속으로서 희생과 참여

그러나 제의적 비유는 현대 학자들에게 보다 조심스럽게 설명되어야 할 것이다. 바울은 "우리의 유월절 양 곧 그리스도께서 희생되셨느니라"(고전 5:7)고 기록한다. "우리를 대신하여 죄로 삼으신 것은 우리로 하여금 그 안에서 하나님의 의가 되게 하려 하심이라"(고후 5:21)는 구절의 해석은 여전히 논쟁적인데, 이는 우리를 위해 "그를 속죄제로 삼으신" 것이라는 의미일 가능성이 높기 때문이다. 하지만 그 용어가 반드시 그것을 뜻하는 것은 아니다. '희생'이라는 것이 이 정도까지 바울의 사상에 영향을 주었다는 데 동의하지 않는 이들도 있다. 그리스 성경 이전의 히브리 구약에서 하타(chattā'th)와 아샴('ashām)은 '죄'와 '속죄제'를 모두 의미할 수 있으므로 어떤 견해가 옳은 것인지 구별하기가 어렵다고 주장하는 이들도 있다. 이와 같은 애매함이 로마서 8장 3절을 특징짓는다. 하나님은 그의 아들을 '속죄제로' 보내셨다(헬라어 페리 하마르티아스〈peri hamartias〉). 머레이 해리스(Murray Harris)의 지적처럼, 이것의 배경은 레위기 4장 1–35절에 나오는 속죄제에 대한 부분과 "여호와께서는 우리 모두의 죄악을 그(하나님의 종)에게 담당시키셨도다"

는 말씀이 있는 이사야 53장 4-12절에 있을 법하다.[3] 오늘날 우리는 이러한 희생적인 체계를 납득하기 힘들지만, 이는 십자가와 속죄에 대한 바울 관점의 **전제**이다. 이러한 구절들은 대표와 참여의 측면뿐만 아니라 교환과 대체적인 면도 포괄한다.

이는 형벌의 개념을 수반하는 바울의 법률적, 즉 법정적인 유비에 주의를 돌리게 한다. 오래전 감리교의 학자 빈센트 테일러(Vincent Taylor)는 '법정적' 구절들에 대한 연구에서, "누구나 '형벌'이라는 말보다 한결 나은 단어를 바라지만, 그것을 찾기까지는 이 단어를 포기해서는 안 된다"고 말하며 끝을 맺는다.[4] 가장 널리 알려져 있는 구절 중 하나는 신명기 21장 33절의 "나무에 달린 자는 하나님께 저주를 받았음이니라"는 말씀을 갈라디아서 3장 13절에서 바울이 그리스도에게 적용시킨 "그리스도께서 우리를 위하여 저주를 받은 바 되사"라는 말씀이다. 일반적으로 바울 이전에 퍼져 있던 사도적 가르침에서 로마서의 평행구절이 비롯되었다고 용인되지만, 바울은 이를 바로 보증해 준다. "예수는 우리가 범죄한 것 때문에 내줌이 되고 또한 우리를 의롭다 하시기 위하여 살아나셨느니라"(롬 4:25). 예레미아스는 우리가 이미 살펴본 골로새서 2장 14절의 변제된 빚에 대한 비유와 함께 이것을 '법정적' 비유에 포함시킨다.[5] 휘틀리는 '대속적' 효력에 관한 일반적 구절들(롬 8:3; 고후 5:21; 갈 3:13)을 다루며, 그것들이 단지 "죄인이 된 한 사람"을 뜻한다고 주장한다.[6] 휘틀리는 '대속'을 과소평가하는 듯 하지만(또는 '우리를 위한'(for us) 측면- 'for'이 광범위한 의미를 가지긴 해도), 십자가와 우리의 관계를 잊지 않는 것에 대한 염려는 타당하다. 사람들

---

3) Harris, *The Second Epistle to the Corinthians*, p. 452; 참고. pp. 449-56.
4) Vincent Taylor, *The Atonement in New Testament Teaching* (London: Epworth Press, 1940), p. 130.
5) Jeremias, *The Central Message of the New Testament*, pp. 36-7.
6) Whiteley, *The Theology of St. Paul*, pp. 134-40.

이 단지 관찰자로 있을 때는 참여자일 때보다 더 큰 유익을 얻지 못한다(우리는 이미 속죄에 있어서 하나님도 단지 '관찰자'이지 않음을 살펴보았다). 그리스도의 사역은 우리에게 온전하고 충분하다. 우리는 거기에 '더할 것'이 없다. 그러나 우리는 또한 "그리스도와 함께 죽은" 자들이며, 이로써 변화된 자들이다. 던은 이러한 구절들이 "죄인에게서 죄를 제거"한다고 하며 거기에다 희생적 체계의 위력을 적용시킨다. 하지만 그는 "'대속'이라는 단어의 불충분함"에 대해서도 설명한다.[7] 그는 '대속'이 틀렸다고 하는 것이 아니라 그것만으로는 충분하지 못하다고 말하는 것이다. 십자가의 다음 두 가지 측면은 모두 진실이다. 그리스도는 죄를 완전히 청산했다. 그러나 우리는 이전에 살아왔던 대로 살도록 방치되지 않았다.

어떻게 이러한 긴장이 생겼는가? 비록 수년 전이긴 해도 레이드(Reid)는 이 미궁 사이를 유익하게 다루었다. 그는 (1) **'일치법'**(a rule of correspondence)으로서 **참여**, 즉 그리스도의 속죄를 공유하는 것과 (2) **'모순법'**(a rule of contrariety)으로 그리스도가 **대속자**로서 우리를 대신하여 죽은 것을 대조시킨다.[8] 제임스 데니(James Denney)처럼, 레이드는 한 찬송가에 나오는 "그가 나를 대신하여 징계를 받았다"는 구절로 만족한다. 그러나 이것이 **온전한** 진리는 아니다. **모순법**은 "그리스도가 자기 스스로에게는 조금도 필요가 없는 유익을 우리를 위해 성취하는 것"에 적용된다.[9] 그리스도가 죽었기에 우리가 산다. 그가 고통 받았기에, 그리스도인은 마음 편히 기뻐한다. 그리스도가 유죄 판단을 받았기에, 우리는 결백하게 여겨진다. 그러나 **일치법**도 적용된다. 우리는 그리스도의 죽음과 부활에 참여한다. 그리스도인들은 "그리스도와

---

7) Dunn, *The Theology of Paul the Apostle*, pp. 218와 223.
8) J. K. S. Reid, *Our Life in Christ* (London: SCM Press, 1963), pp. 90-1(저자 강조).
9) Reid, *Our Life in Christ*, pp. 90-1.

함께 살리심"을 받았다(골 3:1). "곧 우리가 원수 되었을 때에 그의 아들의 죽으심으로 말미암아 하나님과 화목하게 되었은즉 화목하게 된 자로서는 더욱 그의 살아나심으로 말미암아 구원을 받을 것이니라"(롬 5:10). 이 두 가지 모든 법이 작용한다. 일치법은 우리와는 아무런 상관이 없는 듯이 그냥 관찰자로서 십자가를 바라보기만 하지 않도록 한다. **모순법**은 비록 우리가 실패하거나 미지근한 믿음을 가질 때에도 그리스도만이 채무변제, 즉 용서의 유일한 근거임을 확신하도록 만든다. 대속 신학(a theology of substitution)은 조야하고 매력이 없는 것으로 여겨지곤 한다. 하지만 그리스도인은 그리스도가 **우리를** 대신해서 죽었다는 사실에 대해 확신을 가져야 한다. 이것은 분명히 전체 이야기의 한 부분에 불과하다. 어떤 방식으로든지 그리스도와 함께 죽고 살아나는 것에 참여하지 않는 그리스도인은 그 말 자체로 모순이다.

그러나 '대속'에 관해 오해되는 두 번째 경우로 인해 우리는 한 발 물러서야만 한다. 이미 살펴본 바대로 그 자체로 '불충분한' 설명뿐만이 아니라, 성부 하나님의 사역에서 성자 하나님의 사역을 극단적으로 엄격히 분리하는 위험도 상존한다. "지독한 아버지가 그 아들을 보내 끔찍한 모든 일들 겪도록 했다"고 말하는 사람들도 있다. 하나님은 그리스도가 고난 받도록 '보내지' 않았으며, 그리스도와 상관없이 떨어져 있지 않았다. 하나님이 고통 받을 수 없다는 개념은 하나님을 바울이 아닌, 플라톤의 절대적인 존재로 바꾸어 놓았다. 이미 살펴보았듯이 몰트만은 "고통 받을 수 없는 하나님은 사랑도 할 수 없다"고 말했다. 바울에게 하나님의 은혜는 희생의 **결과**(fruit)가 아니라 희생의 **원인**(root)이다. "곧 하나님께서 그리스도 안에 계시사 세상을 자기와 화목하게 하시며"(고후 5:19), "모든 것이 하나님께로서 났으며 그가 그리스도로 말미암아 우리를 자기와 화목하게"(고후 5:18) 하신다. 십자가 위에 있는 그리스도의 권유로 인하여 마지못해 인류에게 다시 한 번

기회를 주는 하나님에 대한 개념은 바울에게 찾아볼 수 없다. 하나님은 그 아들을 "보내었다." 그것은 성부, 성자, 성령 하나님의 공유된 목적이었기 때문이다.

3. '속죄'(expiation) 그리고/또는 '유화'(propitiation)로서 만남의 장소란?

'참여'에 대해 좀 더 살펴보기 전에, 우리는 '까다롭고' 논쟁의 여지가 많은 구절, 로마서 3장 25절을 살펴보아야만 한다. 적어도 여섯 개의 관점은 진지하게 고려할 만하다. (1) NRSV는 이 구절을 그리스도를 "하나님이 그의 피로 말미암아 믿음으로 유효한 **속죄 제물**로 내어 주었다"고 번역한다. (2) REB는 "**속죄**의 수단"이라고 되어있다. (3) J. B. 필립스, AV, 공동기도서(the Anglican Book of Common Prayer)는 "**유화의 수단**"이나 간단히 "**유화**"라고 한다. (4) 앤더스 니그렌(Anders Nygren)은 **속죄소**(mercy-seat)라고 주장하는 반면, (5) C. K. 바렛(Barrett)은 "**속죄 담지자**"(expiatory agency)[10]를 제안하고, (6) 그 외의 다른 이들은 그 결과를 이유로 간단히 **만남의 장소**(place of meeting)로 제시한다. 서로 다른 이 모든 시도는 헬라어 힐라스테리온(hilastērion)을 번역하기 위한 것인데, 이는 신약성경에서 요한일서 2장 2절, 4장 10절과 히브리서 9장 5절을 제외하고는 나타나지 않는 단어이다. 단커(Danker)의 고전 원어사전에는 '속죄'와 '유화' 모두 볼 수 있다.[11] 이 논쟁의 각각의 편에 있

---

10) Anders Nygren, *Commentary on Romans*, trans. C. C. Rasmussen (London: SCM Press, 1952), p. 156. 그리고 C. K. Barret, *A Commentary on the Epistle to the Romans* (London: A. & C. Black, 1962), p. 77.

11) W. F. Danker (ed.), *Greek-English Lexicon of the New Testament* (based on Walter Bauer, W. F. Arndt, and F. W. Gingrich's Lexicon, 3rd edn, Chicago: University of Chicago Press, 2000), p. 474.

는 저자들을 더 많이 언급할 수 있다. 그러나 사실은 각각의 용어에 장단점이 있다는 것이다. 각각의 용어는 설명이 필요하다. **속죄**는 죄를 덮는 수단이다. 다드(Dodd)는 이를 소독약을 사용하는 것에 비유한다. 이 관점의 유익은 마치 하나님의 호의를 사야만 하고, 매수되거나 적어도 설득시켜야 할 것만 같은 유화적인 하나님의 개념을 기피한다는 것이다. 반면에 단점은 그것이 십자가를 개인적인 문제가 아닌 기계 작용이라고 암시한다는 것이다. **유화**는 개인적인 어휘라는 이점이 있다. 그러나 그것은 쉽게 오해될 수 있다는 단점이 있다. 기본원칙은 바울이 **오직** 하나님이 그것의 주체일 때, 즉 유화의 창시자일 때만 이를 하나님께 적용시켰다는 것이다. 그는 십자가를 유화의 수단이라고 **여긴다**. 그러나 설명이 없이는 **속죄**는 좀 더 안심할 만한 단어로 여겨질 것이다. '만남의 장소'는 그리스도 안에서 하나님의 역사에 대해 더 이해하고자 하는 이들에게 피상적일 수 있지만, 보다 더 대중적인 용어이다.

4. 화목으로서 만남의 장소

바울이 사용한 **화목**이라는 용어는 다른 용어들에 비해 현대 사회에서 가장 중요한 위치를 가진다고 할 수 있다. 국가들 사이나 부부 사이, 혹은 부모와 아이들 사이 등 어디에서든지 우리는 소외와 불화를 목격한다. 사르트르(Sartre)나 까뮈(Camus) 같은 실존주의적 무신론자들은 이 문제를 피할 수 없다. 이런 맥락에서 화목은 불화나 적개심의 관계를 올바르게 정립하는 것이다. 바울은 이 십자가의 용어를 반복적으로 사용한다. 하지만 그것의 토대를 이해하기 위해서는 바울의 다양한 묘사와 유비들을 한층 더 깊이 연구해야만 한다. 바울은 "화목하게 하는 말씀"(고후 5:19)을 받았다고 말한다. "그리스도를 대신하여 간청하노니 너희는 하나님과 화목하라"(고후 5:20).

바울은 주로 그리스도의 죽음과 부활을 공유하는 측면에서 '참여적인' 차원을 나타낸다. 수년 전, 슈바이처는 "모든 것은 예수와 친밀한 관계의 실현에 달려있다"고 말한 점에서 바울과 예수는 일치한다고 주장했다.[12] 바울은 "(그리스도의) 고난에 참여함(헬라어 코이노니아⟨koinōnia⟩)을 알고자 하여 그의 죽으심을 본받아"(빌 3:10)라고 말한다. 그는 그리스도인은 "그리스도와 함께 한 상속자니…고난도 함께 받아야 할 것이니라"(롬 8:17)고 한다. 세례를 받으므로 우리는 "그와 함께 장사"되었다(롬 6:4). 바울이 자기 몸에 '예수의 흔적'(헬라어 스티그마타⟨stigmata⟩)을 지니고 있다고 말할 때, 그는 노예가 낙인을 찍히므로 그 주인의 소유임을 나타내는 것을 참고한다(갈 6:17). 바울은 그리스도와 함께 못박혔으며, "그런즉 이제는 내가 사는 것이 아니요 오직 내 안에 그리스도께서 사시는 것이라"고 고백한다(갈 2:20).

5. 그리스도 안에 있는 것

바울이 사용하는 또 다른 표현은 "그리스도 안에 있는 것"이다. "그리스도 안에"가 사용되는 경우를 다섯 가지로 구별한 학자도 있다.[13] (1) 그것은 "그리스도가 왔기 때문이다"라는 뜻이다(롬 3:24). (2) 그것은 단순히 전치사로서 사용될 수 있다. 예로, "주 안에서 자랑하라"는 구절이 있다(고전 1:31). (3) 바울은 수단적으로 사용한다. 예로, "주 예수 안에서 너희에게 구하고"라고 말한다(살전 4:1). (4) 그는 대표적으로 사

---

12) Schweitzer, *The Mysticism of Paul the Apostle*, p. 107; 참고. p. 121.
13) Weiss, *Earliest Christianity*, vol. 2, pp. 468-9.

용한다. 예로, "아담 안에서 (모든 사람이 죽은 것 같이-역주) 그리스도 안에서"라는 구절이다(고전 15:22). (5) 그는 '신비적'이거나 통합적으로 사용한다. 예로 "내게 능력 주시는 자 안에서 내가 모든 것을 할 수 있느니라"는 말씀이다(빌 4:13). 무엇보다도 모든 그리스도인은 신분과 정체성으로서 '그리스도 안에' 있으며, 이로써 "그리스도인은 새로운 세상에서 살아가는 새로운 피조물이다." 이는 또한 일상을 그리스도 안에서 연합하며 살아가는 것, 즉 그의 죽음과 부활을 공유하는 것이다.[14] 개인과 교회에서 그리스도의 체험들이 다시 일어난다. 주안점은 가지들이 하나의 통일체로 접목되어 있는 것에 있다. 매우 촘촘히 얽혀있는 가지들은 맨 처음 접목으로 인해 그렇게 된 것이다. 여기서는 '대속'에 대해서만이 아니라 '일체감'에 대해서도 말하고 있다.

그러나 만일 "그리스도 안에 있는 것"이, 즉 그리스도인의 현존과 일상 속에서 체험하는 긴 여정이라는 두 가지를 기반으로 이루어진다면 어떻게 바울은 그리스도인들이 **이미** 그리스도와 함께 **죽었으며**(그들이 새로운 피조물임을 근거할 때), 그들이 **계속해서** 그들의 매일의 체험으로 그리스도와 함께 **죽고 살아나야** 한다고 말할 수가 있는가? 로버트 태너힐(Robert Tannehill)은 이 문제로 고심했다.[15] 그는 자신의 책을 주제에 따라 두 부분으로 나누었다. 첫 번째는 새로운 삶의 기저로서 그리스도 안에 있는 것(또는 그리스도와 함께 죽는 것)으로 로마서 6장 3-6절, 고린도후서 5장 14-17절과 같은 구절들을 다룬다. 두 번째는 새로운 삶의 구성으로서 그리스도와 함께 죽고 살아나는 것(그리스도 안에 있는 것)에 대해 다루고 있다. 이것은 차례로 윤리적 행동의 체험, 고난의 체

---

14) Alfred Wikenhauser, *Pauline Mysticism: Christ in the Mystical Teaching of St. Paul*, trans. J. Cunningham (Edinburgh: Nelson and Freiburg: Herder, 1960), pp. 93-4; 참고. pp. 50-65.
15) Robert C. Tannehill, *Dying and Rising with Christ: A Study in Pauline Theology* (Berlin: Töpelmann, 1967).

험, 그리스도가 오실 때의 변화로 나누어진다.

그리스도와 함께 죽는 것의 윤리적인 함의 또는 그리스도 안에 있는 것은 로마서 6장에서 볼 수 있다. 바울은 "너희도 너희 자신을 죄에 대하여는 죽은 자"(롬 6:11)로 여길 것을 권하는데, 이는 단지 정신적이거나 사적인 활동에서만이 아니라 "밖에서 실천하는 것"을 뜻한다.[16] "너희는 죄에 대해서 죽었다"는 직설법이 "죄에 대해서 죽은 자들로 살아라"는 명령법이 된다. 앞에서 예로 살펴본, 냉기가 여전히 남아있지만 온기로 인해 따스해지고 있는 비유가 여기서 다시 적용된다(2장 첫 부분). 그리스도는 '단번에' 죽으셨다(롬 6:10). 그것에 대해서 우리는 아무것도 보완할 수 없다. 단지 우리는 적절히 이행할 수 있을 따름이다. 새로운 삶은 서로를 섬기는 것이 특징이다(갈 5:13-15).

여러 곳에서 나타나는 바와 같이, 그리스도와 함께 고난 받는 것의 함의는 고린도후서 4장 7-14절에도 나타난다. 4장 10절에서 바울은 "예수의 죽음(헬라어 네크로시스〈nekrōsis〉)과 생명(헬라어 조에〈zōē〉)"에 참여하는 것, 즉 관계하는 것에 대해 말한다. 바울은 고린도후서 13장 4절과 빌립보서 3장 10절에서 그리스도 부활의 권능에 대해 이야기한다. 이것은 통렬하게 실제적이다. 죽음과 부활의 공유는 우리 자신의 삶의 경험을 이해하는 수단이다. 그리스도의 죽음과 관련하여 바울은 "우리의 한계에 이르러서"(필립스 역) 또는 "우리는 우리 자신이 사형 선고를 받은 줄" 알고 "죽은 자를 다시 살리시는 하나님"을 의지하게 되었다고 한다(고후 1:9). 바울이 하나님께 그의 '육체의 가시'(또는 '강한 육체적 고통')를 없애줄 것을 청했을 때, 그는 "내 은혜가 네게 족하도다 이는 내 능력이 약한 데서 온전하여짐이라"는 응답을 받았다(고

---

16) Tannehill, *Dying and Rising with Christ*, pp. 77-8. 참고. Kenneth Grayston, *Dying, We Live: A New Enquiry into the Death of Christ in the New Testament* (Oxford and New York: Oxford University Press, 1990), pp. 45-68, 93-110, and 127-30.

후 12:9). 이는 "그리스도의 능력이 내게 머물게" 하기 위해서인데(고후 12:9), 그 능력은 그리스도와 함께 못 박히고 살아나는 것으로서 정의된다(16장에서 장래의 부활에 대해 살펴볼 것이다). 한편 바울은 빌립보서에서 "내가 그리스도와 그 부활의 권능과 그 고난에 참여함을 알고자 하여, 그의 죽으심을 본받아 어떻게 해서든지 죽은 자 가운데서 부활에 이르려 하노니"라고 말한다(빌 3:10-11). 그는 "내가 이미 얻었다 함도 아니요"라고 덧붙인다(3:12). 빌립보서 3장 7-16절에서는 "그리스도 안에" 있는 것의 **두 번째** 의미에 대해 다루고 있다.

이 구절들은 또 다른 난해한 구절을 이해하도록 도와준다. 바울은 "나는 이제 너희를 위하여 받는 괴로움을 기뻐하고, 그리스도의 남은 고난을 그의 몸된 교회를 위하여 내 육체에 채우노라"고 기록한다(골 1:24). 이 말은 바울이 그리스도의 고난에 무엇을 '더하려고'(add) 했다는 뜻이 아니다. 바울은 그 고난이 "온전하고 완벽하며 충분한" 것이라고 기술하는 잉글랜드 국교회 기도서에 동의했을 것이다. 그러나 고난은 그 대속의 능력이라는 측면이 아니라 교회와 그 구성원들의 삶을 반영한다는 측면에서 '성취되려고' 여전히 남아 있다. 휘틀리는 햇빛에 '더할 수' 없이 다만 그 빛을 반영할 뿐인 달빛을 비유로 든다.[17] 그리스도의 속죄의 완전한 충만과 단회성은 문제되지 않는다. 거기에는 객관적으로 '일차적인' 면이 있고 또한 관여에 대한 '이차적으로' 파생적인 면도 있다.

결국 바울은 (우리가 오늘날 그렇게 하듯이) 그리스도의 사역을 설명하기 위한 모든 가능한 방법들을 동원한다. **구원, 희생, 속죄, 유화, 만남의 장소, 부채변제, 화목** 중에 어떤 용어를 선택한다고 해도, 이 모두가

---

17) Whiteley, *The Theology of St. Paul*, pp. 148-9; 참고. Moule, *The Epistle of Paul the Apostle to the Colossians and to Philemon*, pp. 74-80; Dunn, *The Epistles to the Colossians and to Philemon*, pp. 113-17; and Dunn, *The Theology of Paul the Apostle*, pp. 482-7.

필요하다. 바울은 인간의 설명이 그리스도의 사역을 충분히 설명하기에 부족하다는 것을 절대적으로 알고 있다. 하지만 그의 서신에서 십자가 사건은 중심에 있고, 이는 타협할 수 없는 것이다. 그것은 '하나님의 지혜'이다.

The Living PAUL
An Introduction to the Apostle's Life and Thought

제11장
칭의와 율법

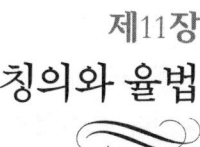

많은 사람들은 오직 믿음을 통한 은혜로 말미암은 칭의(justification)를 죄 용서에 대한 형식적인 방법으로 생각한다. 하지만 실제로 이 용어는 '용서'보다 훨씬 광범위한데 이는 범죄 행위 자체에 주목하고 일반적인 갱신을 요구하는 것이 아니라 부분적으로나마 하나님과 인격적인 관계를 나타낸다. 또한 그것은 동사로서 "바로 잡는 것"(히브리어 ts-d-q, 헬라어 디카이우〈dikaioō〉)을 의미한다. 명사로는 '의'(righteousness)를 뜻할 수도 있지만 또 다른 의미는 "올바른 관계에 있는 것"(히브리어 명사 체덱〈tsedeq〉, 헬라어 명사 디카이오수네〈dikaiosunē〉)이다. 유명한 복음전도자 톰 리즈(Tom Rees)는 알버트 홀에서 열린 집회에서 "하나님과 바른 관계를 맺어라"(Get right with God)는 슬로건을 사용했는데, 이것은 "하나님과 믿음으로 말미암아 의롭게 되는" 것의 질 나쁜 대중화는 아니다.

해방 신학자 호세 미란다(José Porfirio Miranda)는 바울이 정의에 대한 하나님의 요구를 나타내기 위해 통합적인 헬라어 용어 디카이오마(dikaiōma)를 사용했다고 주장한다.[1] 이것은 이웃 사이에서 사회적이고

---

1) José Porfirio Miranda, *Marx and the Bible: A Critique of the Philosophy of Oppression*, trans. J. Eagleson (London: SCM Press, 1977), pp. 40-3.

우주적으로 '바로 잡는 것'을 함축하고 있다. 불트만의 책을 번역한 그로벨(Grobel)은 디카이우(dikaioō)를 '의롭게 만드는 것'(to rightwise)으로 옮긴다. 일반적으로 용서는 반복되는 반면에, 그것은 단회적인 행동을 나타낸다.[2] 2009년에 더럼(Durham)의 주교, 톰 라이트(Tom Wright)는 믿음을 통한 은혜로 말미암은 칭의에 관해 무척이나 중요하고 치밀한 책을 내었다.[3] 여러 가지 가운데서, 그는 칭의가 '우리'와 인류의 죄에 대해서만이 아니라 바울 복음에 있는 총체적인 하나님 중심적 특징과 구약의 언약적인 기반과 조약들에 대한 것임을 보여준다. 그는 평범하게 '의'(디카이오수네〈dikaiosunē〉)를 뜻하는 이 헬라어 단어를 정의(justice)를 나타내는 것-초기 고전 헬라어에서는 그렇게 사용되었지만, 바울 시대에는 그렇지 않은-으로 보지 않는다.

그러나 여전히 많은 질문들이 **"의롭다고 하다"**(헬라어 디카이우〈dikaioō〉)의 개념과 그 명사형(디카이오수네〈dikaiosunē〉, 주로 의(義)라고 해석되는)을 에워싸고 있다. (1) 진부한 질문 중 첫 번째는 그런 단어들이 그리스도인의 지위에 대한 **선언**인지, 아니면 그리스도인의 **실제적인 상태**에 관한 것인지 이다. 다른 방식으로 보자면, 하나님의 시선에서 우리가 어떤 상태에 있는가와 우리 자신의 시선에서 어떤 상태에 있는가로 나눌 수 있다. 지슬러(Ziesler)를 비롯한 다른 이들은 그 명사형(디카이오수네〈dikaiosunē〉)은 보통 실제 의의 상태를 나타내지만, 동사형(디카이우〈dikaioō〉)은 원래 상태에 대한 선언, 즉 하나님의 시선에서 의롭다고 간주되는 것이라고 주장한다. 그렇지 않다면 '의롭게 만드는 것'은 그리스도인들을 하나님과 타인에 대한 올바른 관계에 놓는다는 것을 의미하는가? (2) 두 번째 질문은 바울에게 나타난 이 개념의 중요성에 관한 것이다. 그것은 루터와 칼빈의 사상에서 그러한 것처럼 바

---

2) Joseph A. Fitzmyer, *Romans: A New Translation with Introduction and Commentary* (Anchor Bible; New York: Doubleday, 1992), p. 392(롬 5:1에 관해).

3) Tom Wright, *Justification: God's Plan and Paul's Vision* (London: SPCK, 2009).

울 사상의 핵심인가? 아니면 일부 20세기 학자들이 주장하듯이 부차적인 주제인가? 이 질문이 성행하여 때로는 격론이 벌어지기도 하였다. (3) 세 번째 질문들은 믿음의 본질에 대한 것이고, (4) 네 번째, 율법, 야고보서, 유대교와 관련한 것이다.

1. 바울에게 의롭게 하는 것(justify)의 의미

알리스터 맥그라스(Alister McGrath)와 마찬가지로 톰 라이트가 후대에 믿음으로 말미암은 칭의의 역사적 교리가 바울을 포함하여 다른 성경에도 나오는 그 용어의 넓고 풍성한 의미와 상관없는 의미를 전개시켜왔다고 주장하는 바는 옳다.[4] 따라서 칭의를 선언적이고 실제적 상태로 해석하는 것은 주의를 요한다. 이 말의 동사형은 의롭다고 **여기는 것**을 의미하는가 아니면 의롭게 **만드는 것**을 뜻하는가? 케제만의 말을 빌리면, 바울은 믿음의 의에 대해 말했는가 아니면 삶의 의에 대해 말했는가?[5] 바이스는 "그것은 사람이 그 스스로 누구인가가 아니라 하나님의 시선에서 누군가로 여겨지는 것…하나님과 올바른 관계를 말한다"고 강조한다.[6] 이것은 악인을 '의롭다'하는 것(즉 그들을 의롭다고 생각하고 그들의 악함을 간과하는 것)은 주께 미움을 받는다고 하는 잠언 17장 15절 말씀과 부합한다(참고. 출 23:7). 그에 못지않게 톰 라이트도 이를 강조한다. 일면으로 그는 히브리어 체다카(tsedaqah, 의)는 "특별히 하나님 자신에게 부합하는 굉장한 단어로서 자비와 친절, 신

---

[4] Wright, *Justification*, pp. 79-80; 참고. Alister McGrath, Iustitia *Dei: A History of the Christian Doctrine of Justification from 1500 to the Present Day* (Cambridge: Cambridge University Press, 1986).

[5] Käsemann, *New Testament Questions of Today*, p. 171.

[6] Weiss, *Earliest Christianity*, vol. 2, p. 499.

실함과 관대함으로 가득하다. 하지만 그뿐 아니라 하나님의 백성에게 적합한 태도를 가리킨다"고 쓴다. 그러나 다른 한편으로 그 단어는 **"법원이 그들의 손을 들어주었을 때의 상태를 나타낸다…그것은 그들에게 선언된 그 상태**(도덕적으로 무죄임을 법적으로 인정받는 것을 의미함-역주) **만큼 그들의 행동이 변화되리라는 것을 뜻하지 않는다."**[7]

지슬러는 지난 시절에 이것이 개신교와 가톨릭의 해석이 나뉘는 데 일조했다고 주장한다. 그는 이 단어의 동사는 주로 의롭다고 '여기는 것'을 뜻하는 반면 명사와 형용사로는 윤리적 의로움을 나타낸다는 주장으로 문제를 수습하려고 한다. 그는 "바울은 하나의 어근, 동사, 명사, 형용사로 하나님이-상관적으로, 법정적으로, 윤리적으로-사람을 전적으로 새롭게 하는 것을 표현할 수 있었다"고 주장한다.[8] 그리고 "개신교와 가톨릭의 전통적 주해 간에 화해할 수 있는 어떤 접점이 있다"고 덧붙인다.[9]

전형적인 몇 가지 구절들은 그 동사의 선언적인 뉘앙스를 확고하게 한다. 바울은 믿음으로 말미암아 의롭게 '여기는 것'을 로마서 4장에서만 여섯 번을 언급한다. 이는 4장 3, 5, 6, 9, 11, 22절이다. 그는 창세기 15장 6절을 인용하며 "아브라함이 하나님을 믿으매 그것이 그에게 의로 여겨진 바 되었느니라"고 기록한다(롬 4:3). 또 "**일**하는 자에게는 그 삯이 **은혜**로 '여겨지지' 아니하고 보수로 여겨지거니와 일을 아니할지라도 경건하지 아니한 자를 의롭다 하시는 이를 믿는 자에게는 그의 믿음을 의로 '여기시나니'"라고 서술한다(롬 4:4-5). 의로 '여기는 것'(헬라어 로기조⟨logizō⟩)은 4장 6-8절의 '사함'과 병행한다. 아브라함은 할례를 '행한' 후가 아니라 행하기 전에 의롭다고 '여겨졌다'(롬

---

7) Wright, *Justification*, pp. 90과 91 (모두 라이트의 강조).
8) John Ziesler, *The Meaning of Righteousness in Paul: A Linguistic and Theological Enquiry* (Cambridge: Cambridge University Press, 1972), p. 169.
9) Ziesler, *The Meaning of Righteousness in Paul*, p. 171.

4:10). 따라서 그는 엄밀하게 "모든 믿는 자들의" 조상이다(롬 4:11, 12).
그러므로 하나님의 언약은 율법으로써가 아니라 믿음으로 상속된다.
4장 22절은 4장 23-25절과 같이 결론을 되풀이하고 있다.[10]

로마서 4장에서는 갈라디아서 3장 1-18절을 비롯하여 좀 더 넓게는
3장 19절-5장 12절에서의 요지를 아우르며 주의깊게 다루고 있다. 거
기서 바울은 다시 한 번 하나님의 언약은 율법이 오기 전 아브라함의
믿음으로 유효해졌다고 진술한다(갈 3:1-18). 따라서 아브라함의 믿음
은 "그에게 의로 정하셨다"(갈 3:6, 7)함과 같다. 이때 바울은 창세기 12
장 3절을 인용한다(갈 3:8). 율법과 긴밀한 유대교의 논리로써 율법의
저주는 그리스도에게 없히고(갈 3:15-18), 그를 통해서 이제 '아들의' 자
유를 누린다(갈 4:1-24).

그러나 지슬러의 논점은 우리가 앞에서 '대속'과 '참여'와 '일체감'
에 대해 언급한 것과 평행을 이루고 있다. 의롭게 '여겨지는 것'은 윤
리적 **결과**를 수반한다. 하나님의 의를 은혜의 선물로 여긴 루터와 칼
빈은 그것이 논리적으로 그리스도인이 의로운 삶에 헌신하는 것으로
귀결됨을 알았다. 지슬러의 논점은 광의적으로는 적절하지만 그의 생
각 이상으로 이 문제는 까다로워서 단지 명사와 동사를 구분하는 것
으로써 다 해결할 수는 없다. 루터는 의(명사)는 하나님의 선물이며, 그
것을 얻으려고 분투하는 것이 구원의 조건이 아닌 것을 알게 되었다.
칭의는 "그리스도 안에 있는 것"을 뜻한다. 왜냐하면 그리스도의 의가
처음 부여된 것이기 때문이다. **그 다음에** 그리스도인은 "그리스도 안
에서" 현실의 삶을 살아간다. 의는 윤리를 포용하고 있다.

그러나 이보다 더 중요한 문제가 있다. 라이트가 강조하듯 칭의는
하나님과 올바른 **관계**에 있는 것을 의미한다. 이전에 프렛(F. Prat) 같

---

10) 참고. Cranfield, *The Epistle to the Romans*, vol. 1, pp. 224-52; 참고. Fitzmyer, *Romans*, pp. 369-90.

은 가톨릭 학자들은 선언적 해석을 법적 의제(legal fiction)로, 즉 거짓을 사실로 사실을 거짓으로 바꾸어 보는 것으로 규정했다. 하지만 2차 바티칸 공의회 전에 특히 한스 큉(Hans Küng)을 포함한 보다 근래의 학자들은 이미 바르트의 관점에 동의하였다. "왜 (그리스도는-역주) 그(죄인)를 용서하는가? 이는 그가 자기 스스로 영원으로부터 죄인의 죽음을 감당하기로 했기 때문이다."[11] 계속해서 큉은 "'칭의'라는 용어는 의를 선언하는 것을 의미한다…죄를 (우리에게) 전가하지 않고…(고후 5:19)…내면의 갱신이 아니라"고 서술한다.[12] 이것은 자비롭고 인격적인 하나님의 은혜의 행위에서 비롯한 것인데, 그가 죄인인 나를 돌아보시는 것이라고 큉은 주장한다. 이 행동의 하나님 중심적 속성은 그것을 매우 인격적으로 만든다는 것이다. 그것은 **하나님의** 인자하심이다. 바울은 "내게 주신 그의 은혜가 헛되지 아니하여"라고 선포한다(고전 15:10). 그리고 이것은 그리스도인의 내성을 변화시킨다. 큉은 가톨릭 신학의 많은 부분이 역사적으로 과장되었음을 인정한다. 은혜에 관한 의견은 자주 '나뉜다.' 그러나 대체로 은혜와 인격적인 관계에 대한 강조점은 가톨릭과 개신교 신학에서 공통적으로 가장 중요한 것으로 남아있다.[13]

2. 잘못을 바로잡기

불트만은 바울을 따라서 그리스도인은 "의롭게 된" 사람으로서 "하

---

11) Hans Küng, *Justification: The Doctrine of Karl Barth and a Catholic Reflection*, trans. T. Collins and others (London: Burns & Oates, 1964), p. 152.
12) Küng, *Justification*, p. 203; 다시 p. 205를 비롯한 그 외 여러 군데에서.
13) Küng, *Justification*, pp. 187-98.

나님과 화평을 누린다"(롬 5:1; 5:9)고 주장한다.[14] 그는 이 '의'가 객관적인 증오와 적개심을 폐기시켜 버리는 것을 의미한다고 말한다. 믿음 안에서 신자는 자기 자신에게서 돌아서서 하나님을 향한다. 니그렌도 "내가 가진 의는 율법에서 난 것이 아니요 오직 그리스도를 믿음으로 말미암은 것이니, 곧 믿음으로 하나님께로부터 난 의라"(빌 3:9)는 바울의 말을 인용하며, "의는 객관적인 관계이다"라고 단언한다.[15] 그것은 판결에 의한 "하나님과 올바른 관계에 있는 것"이며, 그 이후 "그리스도 안에서" 현실을 살아간다. 톰 라이트를 비롯한 다른 이들은 이렇게 잘못된 것을 바로잡는 행동이 시편, 이사야, 다니엘 9장을 비롯한 구약의 다른 곳에서 일찍이 묘사된 하나님의 **언약의 신실성**을 함축하고 있다고 본다.[16] 엄밀히 말해, 그것은 또한 심판의 날에 있을 하나님의 판결에 대한 기대이다. 그것은 바렛이 "만물들과 사람들을 바로잡기"라고 부른 것에 포함된다.[17] 엄밀하게 심판과 칭의는 모두 마지막 날에 벌어지는 것이다(롬 2:12-13; 갈 5:5). 리차드슨도 이것을 믿음으로 앞당겨진 마지막 심판의 판결로 본다.[18]

이것은 주요한 질문을 도출시킨다. 바울에게서 오직 믿음을 통해 은혜로 말미암은 칭의는 얼마나 두드러지는가? 마틴 루터와 존 칼빈은 그것을 중심 주제로 보았다. 갈라디아서 2장 16-17절에 관한 부분에서 루터는 칭의를 기독교의 법칙으로 부르는데, 그로써 죄가 용서 받으며 우리의 죄가 "그리스도에게 놓인다"(사 53:5).[19] 인간의 학식처럼 인간의 의는 바울 복음에서 "찢겨 나간다." 그와 마찬가지로 경건

---

14) Bultmann, *Theology of the New Testament*, vol. 1, pp. 286과 319.
15) Nygren, *Commentary on Romans*, p. 75.
16) Wright, *Justification*, p. 154와 다른 곳.
17) Barrett, *The Epistle to the Romans*, p. 73.
18) Richardson, *Introduction to the Theology of the New Testament*, pp. 338-44.
19) Martin Luther, *A Commentary on St. Paul's Epistle to the Galatians*(1531), trans. J. I. Packer (London: Clarke, 1953), pp. 136과 138.

주의자나 '좌익' 개혁주의자들은 오직 믿음을 말하지만, 그리스도인에게 거룩함에 대한 법정적 규약을 부과함으로써 부지중에 갈라디아의 어떤 이들처럼 '율법의 선생'이 된다.[20] 칼빈은 이 주제의 중요성을 "최우선적으로 하나님 앞에서 여러분의 위치를 깨닫고, 또한 하나님이 여러분을 과연 어떻게 판단하는지 알지 못하는 한, 여러분의 구원을 세울 기초가 없기" 때문에 언급한다.[21]

루터와 칼빈의 관점에 대한 가장 최근의 비판은 스텐달과 샌더스(E. P. Sanders)로부터 볼 수 있지만, 더 이르게는 바이스와 알버트 슈바이처에게서 비롯한다. 슈바이처는 "바울 사상계를 이해하기 위한 시발점으로 이신칭의 교리를 택하는 것은 불가능하게 되었다"고 주장하였다.[22] 그는 바울신학에서 칭의는 그저 하나의 지류라고 보았다. 스텐달의 비평은 전혀 새로운 것이 아니라는 에른스트 케제만의 지적은 타당하다.[23] 바우르(F. C. Baur)는 로마서 최고의 절정은 9장에서 11장이라고 보았다.

전통적인 견해에 대한 슈바이처의 비판은 첫째로, 바울이 공동체적인 문제를 언급하고 있는 반면에 칭의, 즉 "하나님과 바른 관계에 있다고 여겨지는 것"은 개인적인 일에 치중한다는 것이다. 둘째로, 그는 성령의 은사인 칭의와 윤리 사이에 논리적 연관성이 없다고 보았다. 게다가 이 주제는 유대적 그리스도인들에게 설파되기에는 널리 제한된다. 그것은 그리스도와 함께 죽고 살아나는 것으로부터 그리스도의 속죄적 죽음을 떼어놓는다. 그러나 라이트는 "브레데(Wrede)는 '새 관점'(밑에서 설명할)이 강조해온 바와 같은 현상을 인식하고 있었지만, 그

---

20) Luther, *Galatians*, p. 142.
21) John Calvin, *Institutes of the Christian Religion*, 2 vols, trans. J. Beveridge (London: Clarke, 1957), Book III, Chapter 11, Section 1, vol. 2, p. 37.
22) Schweitzer, *The Mysticism of Paul the Apostle*, p. 220, 참고. pp. 205-26.
23) Ernst Käsemann, *Perspectives on Paul*, trans. Margaret Kohl (London: SCM Press, 1971), p. 61.

런 현상이 '이신칭의'를 그저 논쟁적인 것으로 젖혀둔 채로 진정한 바울서신의 위력을 모을 수 있을 것이라고 하는 더 넓은 맥락에 대해서는 감지하지 못했다"고 브레데와 슈바이처의 공통된 접근법을 비평한다.[24]

우리는 9장에서 스텐달이 바울은-루터와 반대로-악한 양심으로 염려하지 않았다고 주장한 것을 살펴보았다. 따라서 스텐달은 로마서의 주제는 (아마도 갈라디아서도) 칭의가 아니라 하나님 앞에서 유대인과 이방인의 동등한 지위라고 주장한다.[25] 샌더스는 스텐달의 비판에서 더 나아가, 율법이 '무익한' 순종이 아니라 하나님의 언약에 대한 응답의 한 방법으로 보고 제2성전 유대교를 '언약적 율법주의'(covenantal nomism)로 정의한다. 그는 자기 고유의 접근법을 강조하기 위해 "바울에 대한 새 관점"(the new perspective on Paul)이라는 말을 사용한다.[26] 근래에는 제임스 던과 테렌스 도날드슨(Terence Donaldson)이 이 방법을 사수하고 있다.[27]

그러나 이 '새 관점'에 신랄한 비판들이 가해졌다. 1969년에 에른스트 케제만은 바우르, 브레데, 슈바이처를 포함하여 특히 1963년 스텐달의 논문에 대한 답변으로써 주장하길, 이러한 학자들에 따르면 실제로 바울의 중심 주제로 교회의 구성이 우선하게 되며, 나아가 그들은 "신성과 인성을 상호교환 가능한 것으로 만들고, 교회가 궁극적으

---

24) Wright, *Justification*, p. 64.
25) Stendahl, *Paul among Jews and Gentiles* (p. 75 n. 1).
26) E. P. Sanders, *Paul and Palestinian Judaism: A Comparison of Patterns of Religion* (London: SCM Press, 1977), 전체부분. 특히 pp. 419-542; 참고. E. P. Sanders, Paul, the Law and the Jewish People (Philadelphia: Fortress Press, 1983); and *Paul: A Very Short Introduction* (Oxford: Oxford University Press, 2001).
27) James D. G. Dunn, *Jesus, Paul and the Law* (Louisville: Westminster John Knox Press, 1990), 특히 pp. 89-107과 pp. 183-214; 그리고 Dunn, *The Theology of Paul the Apostle*, pp. 346-89.

로 그 주인보다 우세하도록 한다"고 지적한다.[28] 영미세계에서 율법은 실제로 '율법주의'(legalism)로 받아들여졌다. 샌더스와 던의 '새 관점'에 대한 가장 최근의 체계적 비판은 아마도 김세윤의 『바울신학과 새 관점』일 것이다.[29] 저자는 여기서 다시금 바울의 개종에서부터 유대교와 던과 도날드슨의 주장과 데살로니가전서, 갈라디아서, 고린도전·후서, 로마서에 나오는 칭의와 예수 전승에 대한 바울의 사용을 살펴본다.

여기서 마지막으로 언급할 부분은 라이트는 '새 관점'이 역사와 공동체에 대해 강조하는 점에는 공감하는 반면에, (1) 그것은 죄의 심각성과 바울에게 나타난 인간의 곤경에 대한 충분한 설명이 없으며, (2) 그것은 바울이 구약성경을 부주의하게 취사선택하였다고 보며, (3) 그것은 신적인 은혜와 언약에 대한 바울의 이해를 왜곡시키고, (4) 그것은 세상과 언약 백성(이스라엘과 교회를 모두 포함하는)들을 향한 하나님의 한결같은 관심과 그의 언약적 신실함에 수반되어 있는 것들에 충분한 주의를 기울이지 못했다고 주장한다. 라이트는 칭의는 단지 '율법주의'나 교회 안에서 유대인과 이방인 각각의 위치에 관한 것이 아니라, 하나님과 복음에 대한 모든 쟁점들을 끌어안는 것이라고 본다.[30] 라이트는 새 관점에 대한 무비판적 지지자도 아니고 절대적 비판자도 아니니다. 다만 그는 하나님, 그의 언약, 구약 안에서 그 주제에 관한 한층 더 깊은 뿌리를 찾고자 한다. 더구나 미란다가 지적했듯이, 사회적 차원은 하나님이 "만물들과 사람들을 바로잡는" 개념에 있어서 매우 중요한 것이다. 로마서 3장과 4장은 교회에 이방인을 받아들이는 문제

---

28) Käsemann, *Perspectives on Paul*, p. 63; 참고. pp. 60-78.
29) Seyoon Kim, *Paul and the New Perspective: Second Thoughts on the Origin of Paul's Gospel* (Grand Rapids: Eerdmans, 2002), pp. 1-84와 전체.
30) Wright, *Justification*, pp. 37-58, 101-14; 그리고 갈 3:1-4:11에 관한 부분은 pp. 101-18, 로마서에 관한 부분은 pp. 153-220을 볼 것. 또한 N. T. Wright, *Paul: Fresh Perspectives* (London: SPCK, 2005), pp. 10-12, 34-8.

에 대해 강력한 적용이 있지만, 이 장들 역시 인간은 하나님을 의지해야 한다고 강조하고 있다. 우리는 로마서와 갈라디아서를 오로지 교회의 구성에 대한 관심으로 해석할 수 없다. 복음의 본질은 결코 부차적인 것이 아니다.

3. 율법과 믿음

제임스 던과 김세윤의 논쟁은 그리스도인들이 더 이상 믿지 않는 '율법의 행위들'에 부분적인 관련이 있다. 던은 유대인의 정체성을 규정짓는 독특한 율법, 즉 다른 민족들과 달리 하나님께 '구별된' 백성으로서 이스라엘을 특징짓는 한에서 '새 관점'을 따른다. 김세윤은 바울이 보다 넓은 의미에서 그러한 인간의 순종을 언급했다고 주장한다. 그것은 주로 (옛) 언약에만 머물러 있는 문제가 아니다. 던과 김세윤은 모두 상세한 주해를 바탕으로 각자의 견해를 뒷받침한다. 그리고 던은 광범위한 법적 규약이 때로는 참고를 목적으로 있었을 것임을 인식한다. 하지만 김세윤은 던의 해석을 노골적으로 비판한다. 김세윤은 "바울이 말하는 '율법의 행위들'이라는 것이 일반 율법을 지키는 선한 (공로적인) 행위라는 것을 이해할 때에만, 우리는 또한 그가 갈라디아서 3-4장과 로마서 7-8장에서 율법 문제를…논쟁적으로 다루는 것을 설명할 수 있다."[31] '율법의 행위들'은 안식일, 할례, 예식, 음식법 등을 지키는 것과 같이 언약적 독특성만을 의미하는 것이 아니다. 김세윤은 그의 주장을 뒷받침하기 위해 데살로니가전서, 갈라디아서 1, 2장과 3장 10-14절, 고린도후서 5장, 로마서 11장과 바울이 사용한 예수 전승을 검토한다. 라이트는 "왜 '율법의 행위로는 의롭게 될 수 없

---

31) Kim, *Paul and the New Perspective*, p. 70; 참고. pp. 60-75와 전체.

는가'에 대해 두 가지 이유가 맞물려 있다고 결론을 맺는다. 첫째로, 하나님은 메시아의 신실함을 통해 그의 백성을 단련시켜왔으며…둘째로, '율법의 행위들'로는 결코 의롭게 될 수 없는데, 이것은 율법이 죄를 드러내는 일을 하기 때문이다."[32]

이 맥락에서 바울이 말하는 믿음은 모든 그리스도인에게 주어진 구원의 믿음이다. 이것은 바울이 '성령의 은사들'(고전 12:8-10)을 언급할 때와 같은 특별한 은사가 아니다. 성령의 은사들은 어떤 이들에게 주어지지만, 모두에게 필수적으로 주어지는 것은 아니기 때문이다. 야고보서에서 "사람이 행함으로 의롭다 하심을 받고 믿음으로만은 아니니라"(약 2:24)는 구절은 바울과 모순되는 것이 아니라, 바울에 대한 오해를 바로잡아 주는 것이다. 바울의 이 강렬한 어조를 근거로 순종과 행위, 길잡이로서의 율법을 폄하시키는 이들이 있었기 때문이다. 단지 지적으로만 동의하는 믿음은 신뢰를 떨어뜨리고 전용할 수 없기 때문에, 야고보와 마태는 여전히 그러한 것들이 실제로 그리스도인에게 중요한 것임을 보여준다. 만일 하나님의 칭의의 판결이 바로 미래의 일이라면, 그것을 신적 약속 안에서 오늘날에 전용하는 것은 정확하게 바울이 '믿음'으로 의미한 바이다. "이는 우리가 믿음으로 행하고, 보는 것으로 행하지 아니하기" 때문이다(고후 5:7).

---

32) Wright, *Justification*, p. 97.

제12장
왜 교회인가?

개인주의가 단지 18세기 계몽시대 이후에 나타난 것이라는 사실은 쉽게 잊히기 쉽다. 자급 자율적 개인에 대한 개념은 그때 생겨났다. 철학자 임마누엘 칸트(Immanuel Kant, 1724-1804)는 계몽을 간접적 권위로부터 벗어나 스스로 사유하는 인간의 자유로 정의했다. 프랑스의 볼테르(Voltaire, 1694-1788), 독일의 사무엘 라이마루스(Samuel Reimarus, 1694-1768)와 같은 사상가들도 그런 생각을 지지하였다. 개인의 권리는 프랑스혁명과 미국독립선언의 주된 관심이 되었다.

1. 공동체로서 교회

성경은 개인에게 지대한 관심을 보인다. 그러나 특별히 신명기를 예로 들자면 한 개인의 관점이기보다는 국가, 가족, 민족, 혹은 광범위한 공동체라는 틀 안에서 만물을 바라본다. 사회는 단순히 개인들의 모임 이상을 의미한다. 부모와 교사들이 우리를 양육하여 세계 속에서 우리 국가가 자리 잡고 있으며, 보편교회와 지역교회가 그리스도인을 세운다. 이 모든 측면들이 전체 성경의 사고에 들어있다. '포스트모더니즘'은 오늘날 공동체를 대신하여 어느 정도 균형을 회복시키는 것 같다(17장에서 논의할 것이다). 인간은 결코 외로운 한 사람으로 살아가도록 지어지지 않았다(창 2:18, 참고. 1:28; 2:1-24).

선한 유대인으로서 바울은 구약성경에서 공동체와 공동체 안에서의 유대관계, 그리고 하나님의 백성으로서 이스라엘의 지위를 중요하게 여기는 자세를 물려받았다. 여호수아 7장 1-26절의 아간의 이야기는 공동체의 연대 책임을 보여주는 전형적인 예이다. 그 장은 "이스라엘 자손들이…범죄하였으니"(수 7:1)라고 시작하지만 결국 그것은 공동체 속의 한 개인, 즉 아간이 하나님의 명령을 어긴 것으로 드러난다. 그 죄가 아간이 저지른 것으로 드러나고 그가 벌 받기까지 온 백성이 위험에 처했다. 현대의 독자들에게 이 사건은 불공평해 보일 수도 있지만, 운동 경기에서 한 선수의 득점이나 승리 또는 '자책골'이나 반칙으로 인한 페널티가 팀 전체에 적용되는 것이 '불공평'하지 않다는 점을 상기한다면 그렇지 않을 것이다. 바울은 그 원칙을 신학적 언어로, "곧 한 사람의 범죄를 인하여 많은 사람이 죽었은즉, 더욱 하나님의 은혜와 또한 한 사람 예수 그리스도의 은혜로 말미암은 선물이 많은 사람에게 넘쳤느니라"고 기록한다(롬 5:15, 참고. 5:16-21). 우리 모두는 부모, 가족, 친구들, 교사들로부터 어떤 유익을 얻거나 해를 당하곤 한다. 그러나 또한 자신의 환경을 형성할 수 있고, 대개 다른 이들의 도움을 얻어 자신의 성장 환경을 초월할 수도 있다.

바울은 모든 개별적 그리스도인들을 하나님 백성의 일환으로 본다. 교회는 이스라엘을 **대체**하는 것이 아니라, 유대인과 이방인을 모두 끌어안는다. 그러나 "그리스도 안에" 있는 것으로 기독교 공동체는 진정한 이스라엘이 된다. 그들은 "은혜로 택하심"을 입은 이스라엘의 '남은 자'이다(롬 11:5). 이는 '약속의 자녀'로 아브라함과 이삭의 영적 후손들이다(롬 9:8-13). 이스라엘은 '처음 익은 곡식'이었다. 그러나 이제 이방 그리스도인은 이스라엘이란 '참감람나무'에 '접붙여졌다'(롬 11:13-24). 로마서에서 '교회'라는 말은 거의 나오지 않지만(16장에 나오는 인사를 제외하고는), 계속해서 전제되어 있다. 그 예로 로마서 8장 28-39절에서 바울은 계속해서 다음과 같이 복수형 인칭을 사용한다. "만일 하나님이 우리를 위하시면 누가 우리를 대적하리요?"(롬 8:31) "누가 우리를 그리스도의 사랑에서 끊으리요?"(롬 8:35). 로마서는 처음부터 각 개인에게 돌려 읽힌 것이 아니라 온 회중들 가운데서 크게 읽혀졌던 것이다.

진정한 하나님의 백성이라는 주제와 아브라함의 자손이 되는 것은 갈라디아서에도 나온다. 바울은 "믿음으로 말미암은 자들은 아브라함의 자손인 줄 알지어다"(갈 3:7), "이 약속들은 아브라함과 그 자손에게 말씀하신 것인데"(갈 3:16), "너희가 다 믿음으로 말미암아 그리스도 예수 안에서 하나님의 아들이 되었으니"(갈 3:26)라고 기록한다. 갈라디아서 3장 6절-4장 7절의 전체 요지는 그리스도 안에서 아브라함의 자손으로서 하나님의 백성이라는 주제에 관한 것이다.

특별히 "하나님의 백성"이라는 말은 특별한 방법으로 하나님께 속한 사람들의 모임을 뜻한다. 고린도전·후서와 빌립보서를 포함한 많은 서신들에서 바울은 '교회'(헬라어 에클레시아⟨ekklēsia⟩)라는 단어를 사용한다. 이것은 세상에서 "부름 받은 사람"(헬라어 에크 칼레오⟨ek-kaleō⟩)을 지칭하는 것이 아니라 '모임'을 뜻하는 평범한 헬라어 단어이다. 실제로 만나지 않는 모임이라는 것은 존재할 수 없다. 역점은 함께 만나는 것에 있다. 바울 당시에 "부재중인 교인들"(병중에 있는 사람을 제외하고)이라는 말은 실제로 그 말 자체가 모순이 되어 듣는 이들을 황당하게 했을 것이다. '교회'라는 말은 그 서신들이 기록되기 이전부터, 즉 초기 기독교인들이 사용하기 시작했으며 머지않아 이는 '형제들'(또 '자매들', 행 1:15), '제자'(행 6:1), '교제'(행 2:42), 그 '도'(행 9:2), 심지어

'그리스도인'(행 11:26)과 같은 원시적 단어들을 대체하였다.[1] 70인역은 규칙적으로 히브리어 카할(qāhāl)을 '교회'로 옮겼는데, 그 또한 '모임'이나 이따금 쉬나고게(synagōgē)를 뜻한다. '여호와의 총회'(Church of God)를 뜻하는 칼 야훼(qhal Yahweh)는 히브리 성경(민 16:3; 대상 28:8)과 쿰란의 사해사본에 나타난다(1QM 4.10; CD 7.17; 11.22).

2. 그리스도의 몸

또한 바울은 교회를 **그리스도의 몸**이라고 부른다. '교회'라는 말과 마찬가지로 몸이라는 표상도 그리스 로마 문학에 나타난다. 그러나 바울에게 있어서 그 용어는 다메섹 도상에서의 체험에서 비롯되었을 가능성이 높다. 오래 전에 로빈슨(J. A. T. Robinson)이 지적했듯이, 유대교에 해를 끼칠 이단을 색출하려는 목적을 가진 바울에게 깜짝 놀랄 충격이 되었을 것이다. 그것은 주님이 "네가 왜 **나를** 박해하느냐"는 말로 다시 설명된다(행 9:4; 22:7; 26:15). 바울은 고린도전서 12장 14-26절, 로마서 12장 4-5절을 포함해 여러 곳에서 "그리스도의 몸"이라는 용어를 사용한다. 바울이 "그리스도의 지체"(고전 12:12, 14, 20, 22, 27)가 되는 것을 "골프 클럽의 회원'이나 '자동차 협회의 회원'이 되는 것처럼 완전히 비유적인 표현으로" **지체**라는 말을 사용한 것이 아니라는 로빈슨의 주장은 옳다. 이는 **그리스도의** 일부가 되는 것을 나타낸다. 여기서 우리는 그리스도의 부분이 되는 것이 교회의 구성원으로서 그의 정체성에 필수적인 것인지 물을 수 있을 것이다. "J. A. T. 로빈슨은 이 주제를 복잡하게 만들었으며 또 명확하게 했다"는 휘틀리의 평

---

[1] Fitzmyer, *First Corinthians*, pp. 551-2.

가는 적절하다.[2] 그 용어는 그리스도인 서로 간의 유대와 그리스도와 그리스도인의 유대관계를 모두 나타내는 것이다.

이 비유가 함축하는 바는 그보다 훨씬 더 크다. 그 비유는 통일성과 다양성, 그리고 다양한 가운데 조화로움을 함축하고 있다. 어네스트 베스트, 데일 마틴, 마가렛 미첼(Margaret Mitchell)은 이 쌍방향 원리들을 자세히 다룬다.[3] '연약하고' 다치기 쉬운 사람들로 하여금 그 자신들이 말마따나 강하지 않기 때문에 완전히 몸의 일부가 아니라고 느끼게 해서는 절대 안 된다. 바울은 "만일 발이 이르되 '나는 손이 아니니 몸에 붙지 아니하였다' 할지라도 이로써 몸에 붙지 아니한 것이 아니요"라고 기록한다(고전 12:15). 누구도 그리스도의 지체에서 떨어져 나갈 수 없다. 이와 마찬가지로 어떤 지체도 "완전한 그리스도"를 대표한다고 주장할 수 없다. 몰트만은 '연약한 사람'뿐만 아니라 장애인들도 필요하다고 말한다. 바울은 모든 그리스도인들이 서로를 필요로 한다고 서술한다. 성령의 은사는 한 사람에게 모두 부어지는 것이 아니라 모두의 유익을 위해 공동체 안에서 각자에게 나누어진다(고전 12:7, 27-30).

공동체를 표현하기 위한 '몸'의 비유는 그리스 로마 시대의 플라톤, 리비우스, 키케로, 에픽테토스, 플루타르크의 기록에서 공통적으로 나타난다. 로마의 역사가 리비우스는 메네니우스 아그리파(Menenius Agrippa)가 고용주들을 대항하여 맞서려는 노동자들에게 한 연설에서 사용한 우화를 들려준다.[4] 바울은 이 우화를 완전히 거꾸로 사용하여

---

2) J. A. T. Robinson, *The Body: A Study in Pauline Theology* (London: SCM Press, 1952), pp. 55-8; Whiteley, *The Theology of St. Paul*, p. 192.
3) 이것은 다음 책들에서 자세히 다루어진다. Ernest Best, *One Body in Christ* (London: SPCK, 1955), 특히 pp. 74-114; Dale B. Martin, *The Corinthian Body* (New Haven: Yale University Press, 1995), pp. 3-61 과 94-103; Margret Mitchell, *Paul and the Rhetoric of Reconciliation* (Louisville: Westminster John Knox Press, 1991), pp. 158-60.
4) Livy, *Ab Urbe Condita* 2.32; 참고. Cicero, *De Officiis* 1.35.

자칭 엘리트, 혹은 '강한 사람'들에게 '연약한 사람'이 필요하며 또 그들과 결속해야 한다고 설득한다. 따라서 그는 "눈이 손더러 '내가 너를 쓸 데가 없다' 하거나"(고전 12:21), "우리가 몸의 덜 귀히 여기는 그것(또는 지체)들을 더욱 귀한 것들로 입혀 주며…만일 한 지체가 고통을 받으면 모든 지체가 함께 고통을 받고"(고전 12:23, 26), "만일 온 몸이 눈이면 듣는 곳은 어디며"(고전 12:17), "만일 다 한 지체(또는 구성원)뿐이면 몸은 어디냐?"(고전 12:19)고 기록한다. 당시 그리스 로마 세계에 이런 유사한 우화들이 있었다는 사실 자체가 바울이 그런 고전 작가들에게서 직접 차용했다는 것을 뜻하지 않는다. 다만 이 우화가 바울과 당시의 많은 수신자들에게 친숙했을 것이라는 사실을 보여준다. 다른 가능한 출처는 현재까지도 고린도에 있는 박물관에 보존되어 있는 신체 부분들의 테라코타 형상들인데, 이는 '치료'를 담당하는 그리스의 신, 곧 의술의 신 아스클레피오스와 관련이 있다.

3. 성령의 은사와 성전의 성별

바울은 세 번째로 성령의 은사를 갖춘 공동체의 이미지를 사용한다. 이 은사들은 "성령이 행하사 그의 뜻대로" 또는 "하나님이 행하사 그의 뜻대로" 몸 전체에 분배되는 것이다(고전 12:11). **다양한** 은사들은 한 하나님과 한 성령으로부터 나온다(고전 12:4). 그것들은 각자에게 주어진다(고전 12:8-10). 바울은 "다 사도이겠느냐? 다 선지자이겠느냐? 다 교사이겠느냐?…다 방언을 말하는 자이겠느냐?"고 반문한다. 바울은 이러한 은사들이 경쟁적이거나 자기미화적일 수 없다는 것을 보여주는 사랑에 대한 교훈적인 시를 삽입한다. 한 사람의 은사들을 과시하는 것은 무감각함을 보여주는 것이다. 그 은사들은 전체를 섬기기 위한 것이기 때문이다.

네 번째 부분의 이미지는 **하나님의 성전**으로서 교회를 생각하는 것이다(고전 3:16-17). 현대의 독자들에게 이것은 건물이나 예배의 장소로 교회를 동일시하는 것과 같은 소리로 들릴 것이다. 바울에게 '교회'(에클레시아〈ekklēsia〉)는 건물을 뜻하는 것이 아니라, "그리스도 안에서" 모인 회중이 있는 아무 장소를 의미한다. 성전의 이미지는 하나님이나 그리스도의 임재와 거룩한 것들이 모여서 머물러있는 예배를 위한 모임을 나타낸다. 이 맥락에서 **거룩**은 하나님을 위해 따로 성별된 것이다. 철저한 연구 끝에, "성전의 이미지는…공동체의 연합과 거룩함을 입증하고, 경계를 짓는 역할을 한다"는 한 학자의 주장은 타당하다.[5] 고린도전서 3장 16절에서 바울은 "너희가 하나님의 성전인 것과 하나님의 성령이 너희 안에 계시는 것을"이라고 쓴다. 그는 우리로 하여금 그리스도인의 모임에 주목하게 한다. 그러나 고린도전서 6장 19절에 나오는 "너희 몸은…성령의 전"이라는 말은 한층 개인적이다. 고린도후서 6장 16절에서는 보다 전형적으로 하나님이 그의 백성들 가운데 거하심을 말하며, "우리는 살아 계신 하나님의 성전이라"고 단언한다. 바울은 그가 "너희 믿음의 제물과 섬김 위에" 부어진 제주(祭酒)라고 서술한다(빌 2:17).

바울은 이러한 생각의 많은 부분을 구약과 당시의 유대 사상에서 물려받았다. 희년서는 성전 건설을 창조(희년서 1:27-28)와 종말에 있을 새 창조의 환상과 비교한다. 쿰란공동체의 '성전문서'(Temple Scroll)는 성전 안에서 하나님의 임재에 관한 것이다(11QTa 29.7; 45.12-24; 46.3, 4). 이는 이단적이거나 불경한 것이 아님이 분명하다. 쿰란이나 사해사본 공동체는 예루살렘 성전의 재건으로 말세에 하나님의 거룩한 백성들이 모여드는 포로기 이후의 희망을 세웠다(1QS 8.6-7; 4Q 174). 성전은 하나님

---

5) Hogeterp, *Paul and God's Temple*, p. 358, 참고. 271-386.

백성의 공동체를 위한 은유가 되었다(1QS 8.5-6; 9.6).[6] 그리스 사상에서 신전 안에 있는 이방신상이나 형상은 그 인격을 나타내는 그 신의 실재로 여겨졌다. 그러나 바울은 "여호와께서는 그의 성전에 계시고"(시 11:4), "주의 성전을 더럽히고"(시 79:1), "내가 본즉 주께서 높이 들린…그의 옷자락은 성전에 가득하였고"(사 6:1), "목소리가 성전에서부터 들리니"(사 66:6)와 같이 구약으로부터 훨씬 강한 영향을 받았다.

4. 지역적이고 보편적인 교회

많은 사람들은 바울이 '보편적인' 교회에 대한 생각을 가지고 있었을 것임에 동의하지 않는다. 바울은 확실히 지역적인 집회로서 '교회들'을 언급했다. 그는 "이방인의 모든 교회"(롬 16:4), "그리스도의 모든 교회가 다 너희에게 문안하느니라"(롬 16:16), "각처 각 교회에서"(고전 4:17), "교회들"(고전 11:16; 16:19), "여러 교회의 사자들"(고후 8:23), "다른 교회"(고후 12:13), "갈라디아 여러 교회들에게"(갈 1:2), "데살로니가인의 교회"(살전 1:1)에 관하여 말하고 있다. 던은 바울서신에 나오는 다수의 지역 교회들을 강조한다.[7] 그러나 이런 던조차도 "나중에서야 바울 서신에서 에클레시아(ekklēsia)가 한결 보편적인 의미로 사용되었다"고 인식한다.[8] 바울이 그의 초기 서신들(데살로니가서, 갈라디아서, 고린도전·후서, 로마서)에서 '교회들'을 주로 언급하였지만, 골로새서와 특히 에베소서 그리고 (만일 그것들이 바울 서신이라면) 디모데전·후서와 디도서와 같은 그의 후기 서신들에서는 자주 '교회'(the Church)를 언급하고 있는 점은

---

6) 더 상세한 설명은, Hogeterp, *Paul and God's Temple*, pp. 93-114.
7) Dunn, *The Theology of Paul the Apostle*, pp. 537-43.
8) Dunn, *The Theology of Paul the Apostle*, p. 541.

몹시 두드러진다(엡 1:22; 3:10, 21; 5:23-29, 32; 골 1:18, 24, 참고. 딤전 3:15).

판넨베르크(Pannenberg)는 지역교회라는 개념은 바울에게 그러했듯이 종교개혁의 바탕이기도 하였지만, 여러 장소에서 일어난 순수한 복음 전파는 "시대를 초월한 보편적 교회의 연합"을 함축하고 있다고 보았다.[9] 그는 그리스도의 몸과 성찬식 가운데 한 덩어리 빵으로서 교회의 개념은 한층 더 보편적인 교회의 개념을 필요로 한다고 말한다. 두 가지 양상이 모두 바울에게 나타난다. 그러나 로마 가톨릭 전통에서는(베네딕 교황을 포함하여) **오직** 하나의 보편적인 교회만이 그리스도를 충족시킬 수 있다고 주장한다. 판넨베르크는 '지역교회'라는 용어가 지역적 집회나 교구 또는 지방을 가리키든 어떻든 간에 오늘날 그 의미가 애매모호하다는 사실을 인정한다.[10] 여기에는 후대 바울 서신일 것으로 여겨지는 골로새서, 에베소서, 목회 서신들(디모데전·후서와 디도서를 아우르는 명칭)과 같은 다른 요소들도 있지만, 바울이 좀처럼 '교회'에 관해 언급하지 않는 개념은 끝없는 논쟁이 되었다. 바울이 자신들의 교리와 성만찬 혹은 성찬식 그리고 예배 안에서 '교회들'이 보편적인 교회를 함축하고 있다는 사실을 알게 되었을 수도 있지 않았을까? 바울이 후기에 발전시킨 생각은 합리적으로 보이는 듯하다.

이런 근거에서 골로새서와 에베소서를 살펴보는 것은 적절하다. 이 서신들이 바울의 저작으로 받아들여지지 않는다고 하더라도 이는 바울의 생각을 반영하고 있는 것으로 여겨진다.[11] 골로새서에서 바울은 천사들과 땅 위의 권세들을 포함한 모든 우주적 세력 위에 군림하는 그리스도의 궁극적인 권세에 대해 말한다(골 1:15-17). 그는 몸인 교회의 머리이다(골 1:18). 교회는 이미 그리스도와 함께 살리심을 받았다

---

9) Pannenberg, *Systematic Theology*, vol. 3, p. 101.
10) Pannenberg, *Systematic Theology*, vol. 3, p. 109.
11) E. Schweizer, *Church Order in the New Testament*, trans. F. Clarke (London: SCM Press, 1961), pp. 105-10.

(골 2:12; 3:1). 그러나 교회는 계속해서 자라고 있는데(골 1:10), "하나님이 자라게 하시므로 자라"고 있다(골 2:19). 골로새서의 대부분은 보편적이고 우주적이며 세계적이다.

에베소서 1장 3-23절에서 하나님의 계획에 따라서(엡 1:11) 만물 위에 교회의 머리된 그리스도의 기업으로서 교회의 개념에 대해 자세히 서술한다(엡 1:11, 22). 2장은 교회의 구성이라고 부를 수 있을 법한데, 이는 죽음에서 생명으로 회복된 것과 같은 맥락에서 그러하다(엡 2:1-6). 하나님은 그리스도 안에서 '한 새 사람'을 짓기 위해 유대인과 이방인을 가로막던 담을 허물었다(엡 2:13-17). 교회는 참 이스라엘이 되었으며 따라서 "이제부터…외인도 아니요 나그네도 아니요 오직 성도들과 동일한 시민이요 하나님의 권속이라…사도들과 선지자들의 터 위에 세우심을 입은 자라. 그리스도 예수께서 친히 모퉁잇돌이 되셨"다(엡 2:19-20). 하지만 초기 서신들과 마찬가지로 교회는 "성전(이며)…하나님이 거하실 처소"이다(엡 2:21-22). 3장에서는 이 주제, 즉 교회의 본질에 대해 계속해서 다루어 나간다. 교회는 "이방인을 위하여"(엡 3:1) 또는 이방인을 받아들이기 위해 존재하지만(엡 3:6), 한 하나님의 백성으로 "함께 상속자"된 이들(즉 유대인과 이방인)이 연합된 것이다. 하나님은 "교회로 말미암아" 하나님의 지혜와 목적이 알려지도록 드러내신다(엡 3:10). 4장에서는 고린도전서 12장 4-31절과 유사하게 각양각색의 은사들에 대해 다룬다. 그러나 4장 8절은 이러한 은사들이 성령으로 말미암은 것이라기보다는 그리스도에게서 받은 것으로 그려진다. 에베소서에는 바울이 (다른 데서는 거의 언급이 없는-역주) 승천에 대해 언급한 매우 희귀한 구절이 들어있다(엡 4:8). 에베소서 4장 17절-6장 20절에서는 주로 교회의 행동양식에 대해 다루고 있다. 에베소서 5장 25-27절에서는 교회는 **그리스도의 신부**로 깨끗하고 거룩하게 된 것이라고 묘사한다. 이는 보편적인 교회의 또 다른 이미지를 보여준다(참고. 계 21:9; 22:13).

디모데전·후서와 디도서에서는 특별히 교회의 조직과 목회적인 안정과 규정에 대해 다룬다. 슈나켄부르크(Schnackenburg)는 만일 바울이 이 서신들을 쓴 것이라면, 그것들은 그의 사상의 다른 면을 보여주는 것일 수 있겠지만, 사도행전의 서술과 일치하는 것이다(바울이 미리 자기 사후를 염두에 두고 썼을 가능성을 말한다-역주).[12] 바울이 투옥생활을 마친 후에 교회의 조직과 규정을 세우기 위한 다음 단계를 생각하며 썼을 것이라고 볼 수 있다. 다수의 사회학자들은 처음 단계로 창조적인 비전을 가지고 그 이후에 자연스럽게 기반을 다지는 것에 대한 구상으로 이어질 수 있다고 주장한다. 에베소서를 포함하여 목회서신들에서 조직을 뒷받침하기 위한 구상이 점차 증가함을 볼 수 있다. 오직 디모데전서 3장 5, 15절, 5장 16절에서만 정확히 교회가 언급되는데, 여기서 교회는 "하나님의 집"이고 "진리의 기둥과 터"이다. 하나님의 집은 하나님의 성전이다(쿰란공동체 규례(1QS) 5:5; 8:5-9; 고전 3:16, 17; 6:19; 고후 6:26; 엡 2:21). 그러나 목회서신들에서 교회는 직분 문제를 비롯하여 한층 복잡한 구조를 띄는데 이는 다음 13장에서 논의할 것이다. 하나님의 백성은 맡은 바 책임을 다할 직분자들을 필요로 하는데, 이는 한 집이나 가정에서도 관리나 규율이 필요한 것과 마찬가지이다(딤전 3:5). 바울은 감독과 집사의 직분에 대해 진술한다(딤전 3:4, 12). 교회 공동체는 올바른 믿음을 공유한다(딤전 1:19; 2:7; 4:1, 6; 딛 1:13-14; 딤후 2:10, 15).

바울은 결코 구약과 통합적인 시각을 잃지 않았다. 손튼은 이를 "이스라엘의 소망은 무덤에 묻혔다…메시아가 무덤에 있었을 때, 이스라엘도 무덤에 있었다…또한 마침내…그리스도가 살아났을 때, 교회도 죽음에서 살아났다"고 표현한다.[13] 교회는 "그리스도 안에" 있는 것이

---

12) 참고. Rudolf Schnackenburg, *The Church in the New Testament*, trans. W. J. O'Hare (Freiburg: Herder, 1965), pp. 94-102.
13) Thornton, *The Common Life in the Body of Christ*, p. 282.

어떤 것인가에 대해 함께 나누고, 같이 성령을 교제하며 하나님의 사랑과 그리스도의 승리를 공유하며 그의 부활과 삶에 참여하는 일상생활을 이어간다. 교회는 하나이며 거룩하고 보편적이고 사도적이라는 후대 바울서신의 신조형태(post-Pauline creedal formula)는 바울의 초기 서신들에도 암시되어 있으며 후기 서신들에서 명확해진다.[14] 교회는 "메시아적 생활양식"을 나타내야 하며 "성령의 능력 안에서" 살아야 한다.[15] 그것은 하나님과 복음과 세상을 위해 존재하는 '섬기는' 교회이지 그 기관 자체를 위한 것이 아니다. 하나님은 창세 전에 "거룩하고 흠이 없게…그의 은혜의 영광을 찬송하게 하려"고 교회를 선택하셨다(엡 1:4, 6).

---

14) Anthony C. Thiselton, *The Hermeneutics of Doctrine* (Grand Rapids and Cambridge: Eerdmans, 2007), pp. 479-508.
15) Jürgen Moltmann, *The Church in the Power of the Spirit: A Contribution to Messianic Ecclesiology*, trans. Margaret Kohl (London: SCM Press, 1977), p. 317.

제13장
말씀 사역

1. 협동하는 섬김

　디모데전서와 디도서에서는 사역을 할 때 필요한 자격에 관해 서술하며 그 본질에 대해 논하고 있다. 그러나 앤토니 핸슨(Anthony Hanson)은 실제로 그 당시에 사역이 어떻게 이루어졌는지를 살펴봄으로써 사역에 대한 바울의 관점을 가장 잘 이해할 수 있을 것이라고 본다. 아쉽게도 체계적으로 사역에 대해 기록된 책은 존재하지 않는다(아마도 디모데전서와 디도서를 제외한다면).[1] 핸슨은 하나님의 영광을 위해 참 이스라엘인 교회와 이스라엘 남은 자들의 세상을 향한 임무에 사역의 기반을 둔다(사 8:16-20; 42:1-6, 19; 43:8, 10, 12, 20-21; 참고. 에녹1서 38:5; 91:12; 95:3; 98:12). 이것은 각각 종과 자유인이었던 하갈과 사라에 대한 언급과(갈 4:22-24, 28) 로마서 9장 6-9절에서 이스라엘이 모두 다 참 이스라엘, 즉 '아브라함의 자녀'가 아니라는 바울의 말에서 나타난다(참고. 롬 9:24). 곧 살펴볼 바와 같이 고린도후서에서 이는 그리스도의 죽음과 부활을 진정으로 공유하는 사역의 중심이 된다.

---

1) Anthony T. Hanson, *The Pioneer Ministry* (London: SCM Press, 1961), p. 46.

바울에게 있어 사역은 원칙적으로 협동적, 즉 공동체적 기획이었다. 우리가 이미 바울의 선교여행과 지속적인 목회적 관심에서 보았듯이, 그는 바나바, 실루아노(실라), 아볼로, 디모데, 디도, 에바브라, 아굴라, 브리스길라, 유니아, 뵈뵈를 비롯한 다른 여러 동료들, 다시 말해 '동역자들'과 함께 일했다. 그의 서신에 쓰인 '우리'라는 말은 대개 바울과 그의 동역자들을 가리킨다(고전 4:10; 고후 4:7-18; 5:11-6:10; 갈 1:18, 19; 살전 1:2-9). 하지만 때로는 "우리가 쓴다"는 표현에서처럼 "서간체로 쓰인 **우리**"라는 말은 실은 "내가 쓴다"는 말과 같은 뜻이다(살전 2:17-3:2).

바울은 고린도전서 3장 5-15절에서 사역을 동일한 목적을 위해 일하지만 종종 그 목적을 달성하기 위해 각자 다른 일을 맡아서 하는 것으로 설명한다. 어떤 의미에서 고린도인들은 사역자들을 지나칠 정도로 중요하게 생각했는데, 이는 그들이 세력 다툼의 수단으로 특정한 개인이나 지역 유지들을 지지했기 때문이었다(헬라어 스키스마타 〈schismata〉). "나는 베드로에게 속한 자"라든지 "나는 아볼로에게 속한 자"라는 슬로건들은 신학적인 '분파'가 아니라 개인숭배 탓이었다(고전 1:10-12).[2] 따라서 바울은 "아볼로는 무엇이며, 바울은 무엇이냐? 그들은 주께서 각각 주신 대로 너희로 하여금 믿게 한 사역자들이니라"(고전 3:5)고 반문하며, 중성을 사용한다(헬라어 문법에 따라 바울과 아볼로가 남성 고유명사이므로 의문대명사 역시 남성/여성과 일치하는 tis를 사용해야 하지만 바울은 의도적으로 중성 의문사 티〈ti〉를 사용한다-역주).

또 다른 관점에서 고린도인들은 사역을 가볍게 치부했다. 바울은 "나는 심었고, 아볼로는 물을 주었으되 오직 하나님께서 자라나게 하셨나니"라고 고백한다(고전 3:6). 그들은 자신들이 선호하는 사람들을 '골라내

---

2) L. L. Welborn, 'Discord in Corinth', in *Politics and Rhetoric in the Corinthian Epistles* (Macon, GA: Mercer University Press, 1987), pp. 1-42. 참고. Thiselton, *The First Epistle to the Corinthians*, pp. 111-33; Fitzmyer, First Corinthians, pp. 136-45.

어' 하나님께서 주신 것으로 "그들 자신을 속였다"(고전 3:18-23). 바울은 "**만물**이 다 너희 것임이라. 바울이나 아볼로나 게바나…"라고 언급한다(고전 3:21-22). 바울이 말했듯이 만일 그들이 하나님의 밭이라면(고전 3:9), 그들에게는 '심고' '물을 뿌릴' 다양한 사역자들이 있어야 한다. 마음에 들지 않는 사역자라고 거부하는 것은 그들에게 필요한 어떤 것을 결핍시키는 것이다. 이와 유사하게 하나님의 건축에 대한 예에서도, 그들은 터를 닦을 사람뿐만 아니라 그 터 위에 건물을 세울 다른 사람도 필요하다. 바울은 건설자, 즉 "지혜로운 건축가"와 같고, 다른 이들은 이 일에 여러 가지 부차적인 역할들을 맡는다(고전 3:10-12). 4장 1-5절에서 사역자들은 "그리스도의 일꾼이요 하나님의 비밀을 맡은 자"(고전 4:1)로 기록되고 있다. 여기서 핵심적인 요건은 신실함인데, 다만 마지막 심판의 날에 그들 공적의 질이 드러날 것이다. 그러므로 바울은 "때가 이르기 전 곧 주께서 오시기까지 아무 것도 판단하지 말라"고 권한다(고전 4:5).

고린도전서 4장 8-13절에서는 모든 참된 그리스도인들이 그러하듯이 사역자들과 사도들이 그리스도의 죽음과 살아나심에 함께 하는 것을 볼 수 있다. 그리하여 바울은 "우리는 약하나 너희는 강하고, 너희는 존귀하나 우리는 비천하여"라고 기록한다(고전 4:10). 우리는 "사람들이 신발을 긁어 떨어낸 찌꺼기이다"(고전 4:13).[3] 하지만 고린도전서 12장 28-30절에서는 다양한 사역의 은사들을 행하는 사람으로서 사도, 선지자, 교사, 기적을 행하는 자, 병 고치는 자, 방언을 말하는 자에 대해서 언급한다. 다른 한편으로 아직까지 잠재적 '직분자들'과 사역의 은사들을 가진 이들 사이의 또렷한 구분은 없다. 이미 앞서 살펴보았듯이(제7장), 여기서 '예언자'는 가르치는 교사들과 반대로 목회적인 적용을 복음과 함께 전하는 사람들을 지칭하는 듯하다. 바울이 단순하게 '성령의 은사들'을 나열하는 것 같지만 처음 세 가지는 서열을

---

3) Welborn, *Paul the Fool of Christ*, pp. 165-8, 248-53.

가지는 것처럼 보인다. 첫째는(헬라어 프로톤〈prōton〉) 사도이고, 둘째는 (헬라어 듀테론〈deuteron〉) 선지자이며, 셋째는(헬라어 트리톤〈triton〉) 교사이고 그 다음으로(헬라어 에페이타〈epeita〉) 나머지이다.[4] 바렛은 "바울에게 있어 이 세 가지 말씀 사역은 우선적 사역이다. 이로써 교회가 생기고 차츰 성장하며…다른 활동들은…단지 부차적인 것"이라고 보았다.[5] 교회는 사도들을 '세우는' 것이 아니라 사도적 증언에 응답한다. 고린도전서 12-14장의 전반에 걸쳐 교회를 '교화하는 것'이나 세우는 것에 대한 전체적인 조망과 하나님과 교회를 위한 섬김이 주요하게 다뤄진다. 일부 학자들은 이 구절들을 보다 평등한 방식으로 해석하지만, 피츠마이어(Fitzmyer)는 그 숫자들은 '중요도 순서'를 나타낸다고 주장한다.[6]

로마서 12장 4-8절에서는 다시 한 번 몸의 비유를 사용하며 은사에 따른 다양한 사역들을 강조하고 있다. 이것들은 '각각 다른 은사들'이며 예언하는 것, 섬기는 일, 가르치는 일, 위로하는 일, 베푸는 일, 다스리는 일들을 포함한다. 섬김이나 사역은 헬라어 디아코니아(diakonia)를 옮긴 것이다. 만일 이것이 집사의 일과 연관된다고 본다면, 최근의 연구에 따르면 집사가 재정을 관리하거나 가난한 자들에게 음식을 주는 일보다는 주된 업무인 전도와 함께 사도의 보조인이나 대리인 역할을 했음을 보여준다. 콜린스(Collins)는 디아코니아(diakonia)와 디아코노스(diakonos)의 '중재적' 역할에 대해 다룬다.[7] 고린도전서 12장에서 "다 사도이겠느냐?"는 바울의 수사적 질문은 대부분이 사도가 아니었다는 것을 알려준다.

---

4) 다음을 보라. Thiselton, *The First Epistle to the Corinthians*, pp. 1013-24.
5) C. K. Barrett, *A Commentary on the First Epistle to the Corinthians*, 2nd edn (London: A. & C. Black, 1971), p. 295.
6) Fitzmyer, *First Corinthians*, p. 482.
7) J. N. Collins, *Diakonia: Re-interpreting the Ancient Sources* (Oxford and New York: Oxford University Press, 1990), 특히, pp. 227-44.

2. 고린도후서에 나타나는 사역

고린도후서 1장 3-9절에서 바울은 "우리의 한계에 이른"(고전 1:9, 필립스 역) 경험이 모든 참된 그리스도인들이 그리스도의 죽음과 살아나심에 참여하는 것일 뿐만 아니라 고난에 동참하는 것과 위로를 가져다주는 것에 대해 설명한다(고전 1:7). 바울은 "우리가 너희 믿음을 주관하려는 것이 아니요, 오직 너희 기쁨을 돕는 자가 되려 함이니 이는 너희가 믿음에 섰음이라"고 더 자세히 설명한다(고후 1:24). 그는 실루아노와 디모데가 그렇게 했던 것과 더불어 애매모호하지 않은 온전한 그리스도를 칭송한다(고후 1:18-20). 만일 바울이 자신의 여정을 변경했다면 그것은 그들에게 근심을 안기지 않기 위해서였을 것이다(고후 2:1-4). 그는 "우리는 구원 받는 자들에게…그리스도의 향기니…수많은 사람들처럼 하나님의 말씀을 혼잡하게 하지 아니하고"라고 기록한다(고후 2:15, 17). 그러나 바울은 스스로를 추천할 필요가 없었는데, 이는 고린도에 있었던 그리스도인들 자체가 디모데와 실루아노와 함께 한 그의 효과적 사역에 대한 증거였기 때문이었다(고후 3:1-3). 그들의 사역은 (수건을 씀으로써-역주) 지속성을 유지했던 모세의 사역과 달리, 영을 통하여 생명과 영광을 가져온다. 즉 '주의 영광'은 듣는 이들을 "영광에서 영광에" 이르도록 변화시킨다(고후 3:7-18, 특히 18절). 교회의 교화와 변화는 바울의 참된 사도직의 증거이다. 이러한 사역자는 예수 그리스도 안에서 충만하게 드러난 하나님의 영광을 선포한다.

고린도후서 4장 2절에서 사역은 '진리를 나타냄'이다. 그것은 이 세상의 신이 눈멀게 만든 자들에게는 베일에 둘러싸인 것이며 불분명한 것이다(고후 4:4). 오늘날에도 종종 우리는 설교 시간에 설교자와 그의 경험에 관련된 일화를 듣는다. 그러나 바울은 "우리는 우리를 전파하는 것이 아니라, 오직 그리스도 예수의 주 되신 것과 또 예수를 위하여 우리가 너희의 종 된 것을 전파함이라"고 선포한다(고후 4:5). 바울이 예수 그리스도의 얼굴에 있는 하나님이 비췬 '빛'에 대해 말할 때, 그는 자신이 부름 받았을 때의 계시를 회상한다. 사도들과 다른 사역자들은 복음의 '보배'를 질그릇에 가지고 있다. 많은 이들은 이것을 안전하게 잘 보관하기 위한 그릇으로 이해한다. 하지만 질흙으로 구운 도자기는 더 다양한 의미를 가진 듯이 보인다. 그것은 연약하여 깨지기 쉬운 소모품이다. 바울은 값을 따질 수 없을 정도로 귀한 복음의 본질과 부서지기 쉬운 인간의 본성을 이를 선언한 분을 통해 비교한다.[8] 그러므로 삶을 변화시키는 복음의 능력은 연약한 사역자가 아니라 하나님께로부터 나오는 것이다. 어떤 사역자들은 질그릇처럼 매력 없고 취약하지만 이러한 이유가 바울을 낙심시키지는 않는다. 왜냐하면 변화시키는 복음의 능력은 하나님으로 말미암는 것이기 때문이다.

핸슨은 고린도후서 4장 15절의 마지막 절(節)은 "교회의 구원조차도 최종적인 목적이 아니라는 것을 상기시켜준다. 이 모든 것보다 더 중요한 것은 하나님의 영광이다"라고 기술한다.[9] 이 구절은 "모든 것이 너희를 위함이니…은혜가 더하여 넘쳐서, 하나님께 영광을 돌리게 하려 함이라"이다(고후 4:15). 계속해서 바울은 "그러므로 우리가 낙심하지 아니하노니"라고 말한다(고후 4:16). 그는 고통의 경험도 감내하는 시편 116편 10절(70인역)을 인용한다. 하지만 그 사역이 영원한 하나님을 선포하는 것임을 알고 있다(고후 4:18). 비록 그러한 난관에도 불구하고 모든 그리스도인들처럼 그들은 "믿음으로 행하고 보는 것으로 행하지 아니하였으며"(고후 5:7), 또한 그리스도의 사랑은 사역자들을 강권하였다(고후 5:14).

따라서 바울은 이 부분을 "그러므로 우리가 그리스도를 대신하여 사신이 되어 하나님이 우리를 통하여 너희를 권면하시는 것 같이 그

---

8) Harris, *The Second Epistle to the Corinthians*, pp. 339-41.
9) Hanson, *The Pioneer Ministry*, p. 76.

리스도를 대신하여 간청하노니 너희는 하나님과 화목하라"는 말씀으로 마무리한다(고후 5:20). 비록 "환난과 궁핍과 고난과 매 맞음과 갇힘과 난동과 수고로움과 자지 못함과 먹지 못하는"(고후 6:4-5) 어려움이 있다고 해도, 그리스도와 함께 죽고 살아나는 것은 이런 고난들을 비롯하여 "성령의 감화와 거짓이 없는 사랑과 진리의 말씀과 하나님의 능력"(고후 6:6, 7) 모두를 포함하는 것이다. 사역자와 사도는 "근심하는 자 같으나 항상 기뻐하고, 가난한 자 같으나 많은 사람을 부요하게" 한다(고후 6:10). 그들은 숨김없이 말해야만 한다(고후 6:11). 이것은 정확히 그리스도의 사역을 실천하는 것이다(마 21:42; 막 12:10-11; 눅 20:17). 이 때문에 핸슨은 바울의 관점에서 사역자를 교회의 핵심으로 또는 "솔선적인 교회"(pioneer church)로 묘사하고 있는 것이다.[10]

3. 에베소서, 여성 사역, 디모데전서와 디도서

에베소서는 여러모로 교회에 관련된 내용들을 담고 있지만, 사역에 대해서는 그렇게까지 많은 내용을 담고 있지는 않다. 에베소서 4장 11-12절에서는 사역의 다양한 형태에 대해 반복해서 기술하고 있다. 또한 사역자들은 승천한 그리스도께 받은 은사들에 대해 반응한다. 바울(또는 그의 제자)은 "그가…선물을 주셨다…어떤 사람은 사도로, 어떤 사람은 선지자(또는 설교자)로, 어떤 사람은 복음 전하는 자로, 어떤 사람은 목사와 교사로 삼으셨으니 이는 성도를 온전하게 하여 봉사의 일을 하게 하며, 그리스도의 몸을 세우려 하심이라"고 기록한다. 다시 한 번 저자는 교회의 행동 준칙을 세우며(엡 5:8-6:9), "사랑 안에서 참된 것을" 말하라고 명한다(엡 4:15).

---
10) Hanson, *The Pioneer Ministry*, p. 87.

바울은 여성 사역에 중요한 위치를 부여한다.[11] 엡의 주장을 상기해 볼 때, 유니아는 여자 사도였다(롬 16:7). 뵈뵈는 집사였으며 겐그레아 교회의 일꾼이었다. 브리스길라와 아굴라는 로마, 고린도, 에베소 세 군데의 교회(또는 최소 두 군데)에서 지도적 역할을 감당하였다(롬 16:3; 고전 16:19; 딤후 4:19; 행 18:2). 특히 브리스길라는 성경에 능통했던 아볼로를 가르쳤다. 바울은 마리아, 드루배나, 드루보사, 버시의 지도력을 언급한다(롬 16:6, 12). 그는 여자가 공적 예배에서 기도를 인도하며 '예언'이나 설교를 하고, 복음을 전할 수 있는 그 전통을 따르라고 고린도교회에 권한다(고전 11:5). 여자 측에서 침묵을 지키라는 명령은 이미 앞서 언급했듯이 예언을 평가하려는 특별한 경우에 해당된다(고전 14:33-36). 만일 디모데전서 2장 12-24절을 바울이 기록했다고 한다면 그것이 난제로 남아 있을 점은 인정하는 바이다. 2장 12절이 고대 에베소로 시간과 공간이 한정된 것이라고 주장하는 사람도 있는 반면에 그것은 단지 '당분간'이나 '지금으로서는'이라는 의미를 가진다고 주장하는 이들도 있다.[12] 이미 언급한 여러 가지 다른 것들에 대한 (아마도 바울이나 그의 제자일-역주) 저자의 인식 자체가 저자 스스로도 여기에 보편적인 원리가 녹아있다고 여기기에는 조심스러웠을 것임을 보여준다.

사역을 위한 공식적인 자격조건은 디모데전서 3장에서 볼 수 있다. 바울(혹은 저자)은 관리자나 감독(딤전 3:1-7)과 집사(딤전 3:8-13)에 대해 검토한다. 디도에게 쓴 서신에도 관련된 구절이 있다(딛 1:5-9). 관리관이나 감독(헬라어 episkopē)은 배나 존경을 받아 마땅하다(딤전 5:17). 그러나 이들은 반드시 "책망할 것이 없으며 한 아내의 남편이 되며 절제하

---

11) Dunn, *The Theology of Paul the Apostle*, pp. 586-93; Ben Witherington, *Women in the Earliest Churches* (Cambridge: Cambridge University Press, 1988); and Epp, Junia.

12) William D. Mounce, *Pastoral Epistles* (Nashville: Nelson, 2000), pp. 117-49; 참고. Witherington, *Women in the Ealiest Churches*, p. 122.

며 신중하며 단정하며 나그네를 대접하며 가르치기를 잘하며…구타하지 아니하며…돈을 사랑하지 아니하며 자기 집을 잘 다스려…새로 입교한 자도 말지니…또한 외인에게서도 선한 증거를 얻은 자라야"만 한다(딤전 3:2-7). 적대자들은 모든 혼인을 금지했는데(딤전 4:3) 저자도 이를 긍정하지만 다만 난잡함을 금지하는 의미에서이다. 3장 2절의 헬라어 네팔리오스(nēphalios)는 '맑은 정신'을 뜻한다. 교부들도 교사로서 감독의 역할을 역설하며 이 서신들과 같은 이해를 가진다. 헬라어 디다크티코스(didaktikos)는 '숙련된 가르침'을 의미한다. 잘못된 가르침은 에베소의 문제였다. 에피에이케스(epieikēs)는 '관용'을 뜻한다. 만일 교회가 하나님의 가정이라면 '가정'을 잘 다스리는 것은(이는 아마도 자녀들과 시종들을 모두 포함해서 일 것이다) 관리하는 능력을 증명해주는 것이었다.

집사들에게는 대개 중첩되는 역할들이 요구되었다(딤전 3:8-13). 이미 살펴보았듯이, 콜린스는 신약 성경에 나타나는 집사는 사회복지사나 가난한 자들을 위한 재정 관리인이 아니라 주로 공동체의 선교 사역에서 총책임사역자나 감독의 대리인이나 보조자였다고 주장한다. 클레멘트와 폴리캅도 이 주장을 뒷받침한다(클레멘트1서 42장; 폴리캅의 빌립보서 5장). 마운스(Mounce)는 '관리관'이나 감독, '장로'와 집사에게 각각 요구되는 자질들을 디모데전서 3장 1-13절, 5장 17-23절과 디도서 1장 5-9절을 바탕으로 비교하여 도표로 정리하였다.[13] 이 세 가지 모든 직책들은 책망할 것이 없어야 한다(헬라어 아넹클레토스〈anegklētos〉, 흠이 없음, 즉 그들은 어떤 것에도 비난받지 않아야 한다). 세 직책 모두 오직 한 여성에게만 헌신해야 한다. 세 직책 모두 돈이나 이득에 욕심내지 않아야 한다. 모두 자신의 가정을 잘 다스려야 한다.

이에 더해서 집사는 위엄이 있어야 하며(요즘 말로 **경건**이라고 부를 수 있을 것이다), 시험해 보아서 깨끗한 양심을 갖추며, 수군수군하지 않고,

---

13) Mounce, *Pastoral Epistles*, pp. 155-66, 특히. 156-8.

믿음에 뿌리가 견실해야 한다. 장로도 마찬가지로 절제해야 하며(헬라어 엔크라테스〈egkratēs〉) 잘 가르쳐 권할 수 있어야 하며 교만하지 않고 하나님의 청지기로서 정의롭고 거룩하며 확실한 믿음의 말씀을 가져야 한다. 관리관이나 감독(헬라어 에피스코포이〈episkopoi〉)이 어느 정도까지 장로(헬라어 프레스비테로스〈presbyteros〉)와 역할이 중첩되는지에 관해서는 오래도록 논쟁이 되어왔다. 이 논쟁의 많은 부분은 관리관이나 감독이 지역을 횡단하는 독특한 사도적 업무를 지속했느냐 그렇지 않느냐에 달려있다.

4. 다시 한 번 사도에 대하여

'사도'에 관한 바울의 개념을 살피기 위해서는 다시 '주요' 서신들, 즉 로마서, 고린도전·후서, 갈라디아서로 돌아가야만 한다. 한편에서 사도가 되는 것은 특별한 직책인데, 이는 사도가 그리스도의 부활을 목격한 자이기 때문이다(고전 9:1; 15:8, 9). (부활의 목격자라는 면에서는 특이하게 막달라 마리아가 첫 번째 목격자로 지목된다〈요 20:1-18, 참고. 마 28:5-10; 눅 24:10〉) 에베소서 2장 20절에서 사도는 교회의 터로 묘사된다. 그러나 다른 한편에서 바울은 사도들을 열두 명으로 한정하지 않는다. 크래프톤(Crafton)은 마치 투명한 유리창처럼 십자가와 부활의 증인인 그들을 통해서 우리가 그리스도의 위격과 사역을 본다고 강력히 피력한다.[14] 크리소스톰 이후로 많은 사람들은 바울이 사도라는 용어를 지배권이나 권력을 얻기 위해서가 아니라 매우 겸손하게 자기 자신이 아닌 그리스도를 가리키기 위해 사용했다고 주장한다. 세 번째로 사도와 감독은 그리스도의 목격자일 뿐만 아니라 믿음의 보호자이다. 사

---

14) Crafton, *The Agency of the Apostle*, pp. 53-103.

도의 직무는 그리스도의 죽음과 부활을 실천하는 것이며 그리하여 말씀과 삶 속에서 그리스도의 증인이 되는 것이다(고후 1:5-11).

The Living PAUL

An Introduction to the Apostle's Life and Thought

제14장
세례와 주의 만찬 또는 성찬식

바울서신은 두 가지 주의 성례전, 곧 세례와 주의 만찬 또는 성찬식에 대한 중요한 가르침을 포함하고 있다. 신약에서 '성례전'이라는 단어는 나오지 않지만 세례와 주의 만찬에 대한 바울의 언어는 비가시적 은혜의 외적 표현을 함의하고 있다. 공동기도서(the Book of Common Prayer) 교리(1662년)에서는 성례전을 "그리스도 자신이 정한 내적이고 영적인 은혜의 가시적이고 외적인 표현으로…그로써 우리는 동일한 것을 받으며 우리를 확신케 하는 징표를 얻는다"고 정의한다. 이와 유사하게 (종교에 대한-역주) 25번째 정관에서는 성례전을 "우리의 믿음을 확인하는 증거이며 은혜의 유효한 표지"라고 기록한다. 바울은 **주의 만찬**(고전 11:20, 25), **성만찬** 또는 함께 참여함(고전 10:16), **성찬식** 또는 축사(고전 11:24)라는 용어를 사용한다. '성례전'이라는 용어는 영적인 실재를 표현하기 위한 어떠한 '외부적 형태'를 나타내기 위해 오늘날에도 보다 광범위하게 사용된다. 바울은 이토록 광범위한 의미로 사용되는 용어를 부정하진 않지만 그렇다고 해서 그런 식으로 사용하지도 않는다. 가톨릭 성당에서는 트렌트공의회 이후 성사를 일곱 가지로 지킨다.

1. 그리스도에 대한 충성으로서 세례

세례에 관한 가장 중요한 바울서신의 구절들은 갈라디아서 3장 27절, 로마서 6장 3-4절, 고린도전서 1장 13절, 12장 13절, 골로새서 2장 12절이다. 많은 사람들이 고린도전서 6장 11절도 포함시키지만 이는 여전히 논란거리이다. 많은 사람들이 바울의 저작임을 의심하는 에베소서 5장 26절과 디도서 3장 5절도 주목해야 한다. 루돌프 슈나켄부르크(Rudolph Schnackenburg)는 걸작으로 꼽히는 『성 바울 사상에 나타난 세례』(Baptism in the Thought of St. Paul)라는 책에서 바울의 텍스트를 (1) "그리스도에 대한 임무와 그리스도와 연합"으로서 세례를 언급하는 사람들, (2) "그리스도와 함께 발생한 구원 사건"(헬라어 순 크리스토〈sun Christō〉)으로서 세례를 이해하는 사람들, (3) 목욕, 즉 씻는 것으로 세례를 이해하는 아주 드문 집단으로 분류한다.[1] 이 책은 로마 가톨릭 학자의 저서를 저명한 침례교도가 번역한 것으로 초교파적인 매력이 있다.

슈나켄부르크는 그리스도에 대한 임무와 그리스도와 연합은 고린도전서 1장 13절, 로마서 6장 3절, 갈라디아서 3장 27절에서 비롯되었다고 생각한다. 바울이 고린도에 누구도 그의 이름으로 세례를 받은 사람이 없다고 부인하는 것은 사람들이 그리스도의 이름으로 세례를 받았다는 것을 암시한다(고전 1:13, 15). 고린도교회는 베드로, 아볼로, '그리스도,' 바울 같은 '유명인,' 다른 말로 저명인사에게 충성을 다하였다(일부에서 주장하듯이 만일 이 이름들이 고린도의 지도자들을 보호하기 위한 가명이 아니라면). 이것은 '분쟁'(헬라어 스키스마타〈schismata〉)이지 신학적 분파가 아니었다. 따라서 바울은 다른 누구 못지않게 '바울' 분파를 비판한다. '그리스도' 분파는 어떠한 인간 지도자라도 거부했을 것이다. 바울은 마치 그리스도가 어떤 집단의 독점자인 것처럼 찢어지거

---

1) Rudolph Schnackenburg, *Baptism in the Thought of St. Paul*, trans. G. R. Beasley-Murray (Oxford: Blackwell, 1964), pp. 3, 18, 30.

나 나눠질 수 없다고 주장한다. 바울은 권력을 잡으려 노력하는 사람들의 정치적 언어를 차용한다.[2] 그러나 '바울'은 그들을 위해 못 박히지 않았다. 그들은 오직 그리스도에게만 속해 있으며, 그의 이름으로 세례를 받았다. 슈나켄부르크는 "그 문구는 그리스도에게 속박됨을 나타낸다"고 설명한다.[3]

갈라디아서 3장 27절과 로마서 6장 3절은 모두 "그리스도와 합하여(혹은 안에서) 세례를 받은"(헬라어 밥티제인 에이스 크리스톤⟨baptizein eis Christon⟩)이라는 말을 사용한다. 그러나 전치사 '안에'는 두 구절에서 각각 다른 뉘앙스를 풍긴다. 갈라디아서 3장 27절의 후반부는 그리스도 자체, 즉 일체감을 설명하기 위해 쓰였다. 슈나켄부르크는 이를 그리스도 안으로 '신비적인' 침잠이라고 불렀다. 하지만 그는 그 전치사가 이 구절의 전반부에서도 그런 뜻을 가지는지에 대해서는 의문을 가진다. 헬라어 eis는 '안으로'뿐만 아니라 '…을 할 생각으로'(분사와 함께) 또는 '…의 방향으로' 또는 그냥 단순히 '안에'라는 뜻을 나타낸다. 그것은 세례라는 맥락에서 '충성의 표시'를 나타내는데, 특히 "지도자인 그에게 충성을 하는" 의미로 "모세에게 속하여 세례를 받은"이라는 평행구절에서 그러하다. 그것은 '믿음의 방향'을 나타내는 것이지 어떤 '신비적 동향'을 의미하는 것이 아니다.[4] 갈라디아서에서 바울은 옷처럼 그리스도를 '입는 것'을 언급한다. 같은 비유가 로마서 6장 3절에 사용된다. 외프케(A. Oepke)를 포함하여 일부에서는 그 견해에 반대한다. 그러나 옷을 '입는 것'은 슈나켄부르크의 해석을 뒷받침하는 듯이 보인다. 세례를 받는 것은 그리스도로 옷 입는 것이다. 이 구절에서 그리스도는 우리가 빠져드는 어떤 '영역'이 아니라 그냥 한 사람이다.

---

2) Welborn, *Politics and Rhetoric in the Corinthian Epistles*, pp. 1-42.
3) Schnackenburg, *Baptism in the Thought of St. Paul*, p. 20.
4) Schnackenburg, *Baptism in the Thought of St. Paul*, pp. 22-3.

던도 역시 슈나켄부르크를 따르지만, 고린도전서 12장 13절(한 성령으로 세례를 받아)의 잘못된 해석을 신중하게 바로 잡는다. 그는 여기서 세례는 그리스도인이 되고 난 이후의 어떤 경험이 아니라 그리스도와 연합한 몸으로 그리스도인이 되는 단회적인 사건을 가리킨다고 주장한다. 그것은 아마도 오늘날 많은 그리스도인들, 특별히 오순절 교회의 교인들이 주로 '성령세례'(baptism in the Holy Spirit)라고 부르는 진정한 체험을 일컬을 수도 있다. 이것은 오순절 운동의 창시자인 찰스 파함(Charles Parham)과 윌리엄 시모어(William Seymour)에게 있어 오순절 제자훈련의 필수적인 표시였다. 그 체험의 진정성은 문제될 바 없지만 그 구절이 고린도전서 12장 13절에서 바울이 말한 의도에 부합하는지에 관하여는 분명히 의문의 여지가 있다. 던은 "성령으로 세례를 받는다고 명백히 진술하는 고린도전서 12장 13절의 말씀은 오순절 교파의 뼈대이다"라고 기록하지만 곧 이어 "일단 그 비유의 시작과 결합적인 중요성을 붙잡기만 하면, 오순절 교파의 주장은 설득력을 잃는다…성령을 받아들이는 것은 그리스도인의 삶의 시작이다"(고전 3:3-5)라고 비평한다.[5] 슈나켄부르크는 "프뉴마(Pneuma〈성령〉)의 운행은 퀴리오스(Kyrios〈주님〉)의 운행의 일부이다…성령을 통해서 모두는 한 몸으로 연합된다"고 말한다.[6]

2. 그리스도의 죽음과 부활 안에 있는 세례

두 번째 단락은 그리스도와 함께 발생한 '구원사건'으로 세례를 살펴보는 것이다(슈나켄부르크의 말을 따르면). 전형적인 참고 구절은 로마

---

5) Dunn, *Baptism in the Holy Spirit*, pp. 107-17 과 127-31, 특히. 108.
6) Schnackenburg, *Baptism in the Thought of St. Paul*, pp. 27과 28.

서 6장 1-11절이다. 로마서 1장 18절에서 5장 21절까지 바울은 그리스도 안에 있는 구원을 서술해간다. 그리스도는 마지막, 곧 새로운 아담이다. 그런데 만일 모든 것이 은혜로 말미암는다면, 그리스도인은 계속해서 죄 안에 머무를 것인가? 바울은 6장 2절에서 그리스도인은 죄에 대하여 죽었다고 단언한다. 로마서 6장 4절의 전반부는 "우리가 그의 죽으심과 합하여(헬라어 eis)…그와 함께 장사되었나니"라고 되어있다. 그리스도인이 벗어나게 되는 그 세력의 영역은 바로 죄이다. 그러나 "그리스도 예수와 합하여 세례를 받은 우리는 그의 **죽으심**과 합하여 세례를 받았다"(롬 6:3). 6장 3-4절의 배후에는 초창기 케리그마(kērygma), 즉 선포가 있다(참고. 고전 15:3, 4). "함께 장사되었다"는 구절은 바울의 케리그마 확장을 전제한다. 10장에서 살펴보았듯이 "그리스도 안에 있는 것"은 그리스도닮음과 윤리적인 귀결을 담고 있다. 이 죽음 후에는 삶이 뒤따른다. 바울은 "만일 우리가 그의 죽으심과 같은 모양으로 연합한 자가 되었으면, 또한 그의 부활과 같은 모양으로 연합한 자도 되리라"(롬 6:5), "죽은 자가 죄에서 벗어나"(롬 6:7), "너희도 너희 자신을 죄에 대하여는 죽은 자요, 그리스도 예수 안에서 하나님께 대하여는 살아 있는 자로 여길지어다"(롬 6:11)라고 기록한다. 5장 19절에 관해서 크랜필드(Cranfield)는 "그리스도 안에서 하나님은 자신을 죄인들과 동일시한다"고 언급하며, 6장 3절에 대해서는 "세례와 연관된 그리스도와의 관계는 특별히 그의 죽음과의 관계를 내포하고 있다"고 결론을 내린다.[7] 골로새서 2장 12절도 역시 "세례로 그리스도와 함께 장사"되는 것에 대해 언급하며 그리하여 그리스도와 함께 부활에 참여한다고 서술한다.

크랜필드, 슈나켄부르크, 귄터 바그너(Günter Wagner)는 신이 죽었다가 다시 살아난다는 개념을 가진 신비적인 이방 종교가 바울에게 영향

---

7) Cranfield, *The Epistle to the Romans*, vol. 1, pp. 291과 301.

을 끼쳤다는 이론을 거부한다.[8] 이런 신비적인 종교는 입교를 위한 제전이나 의식을 죽었다가 살아난 신과의 합일로 본다. 그러나 바울에게 세례는 역사적인 예수 그리스도와 그의 죽음과 부활의 역사적인 사건과 관련되어 있다. 이것은 신화가 아니다. 이에 더하여 바그너는 바울보다 앞선 신비적인 종교들의 연대를 추정하기 어렵다는 사실을 진술한다. 그는 로마에 있던 교회가 이미 알고 있던 사실에 호소한다. 바울은 구약성경과 그 속에 담긴 언약에 대한 비유적 묘사, 그리고 그리스도 사역의 대표적이고 종말론적 특성에 의거한다. 보다 근래에 이르러 톰 홀랜드(Tom Holland)는 새 출애굽(new Exodus)이라는 주제와 약속의 땅을 향한 여정을 포함하는 구약의 역할과 로마서 6장 1-11절, 갈라디아서 3장 26-29절, 에베소서 5장 27절의 통합적이며 공동체적인 특징을 강조한다.[9] 신비적 종교 이론은 허황되고 진부하게 되었다.

이 관점은 로마서 6장 5절에서 사용된 헬라어 단어 숨푸토이(sumphutoi 〈함께 심기다, 함께 자라나다, 접붙여지다〉)의 특이한 용례로 인해 확인된다. **접붙임**은 일반적인 삶을 나누는 것뿐만 아니라 심지어 시간이 지날수록 더욱 떼어낼 수 없게 얽히고 설키게 되는 것이다. 따라서 세례는 본디 처음 단계의 일이지만 또한 기나긴 과정의 시작을 알리는 것이다.

세 번째 단락은 세례를 씻음, 즉 청결하게 하는 것으로 보는 관점에 대해 알아보는 것이다. 아마도 이것은 오늘날 가장 일반적으로 널리 퍼져 있는 세례에 대한 관점일 것이나, 바울에게서는 찾아보기 힘든 관점이다. 다수의 학자들은 고린도전서 6장 11절이 당연히 세례를,

---

8) Cranfield, *The Epistle to the Romans*, vol. 1, p. 302; Schnackenburg, *Baptism in the Thought of St. Paul*, pp. 12-15, 44-7, 50-5, 139-49; Günter Wagner, *Pauline Baptism and the Pagan Mysteries*, trans. J. P. Smith (Edinburgh: Oliver & Boyd, 1967), 전체. 특히, pp. 276-94.
9) Holland, *Contours of Pauline Theology*, pp. 141-54.

즉 "세례식 중의 씻는 것"을 가리킨다고 여기며 대다수가 이를 별다른 이의 없이 받아들인다. 그러나 논란은 끝이 없다. 그것은 세례를 그리스도인이 되는 외적인 표지라고 하기보다는 그리스도인이 된다는 것은 문자 그대로 늘 세례를 받는 것이라고 간주한다. 꼭 그렇지는 않지만 보통은 두 가지가 일치한다. 제임스 던은 여기서도 세심하게 도움을 준다. 그는 믿음에 이르도록 하는 회심 초반의 경험은 시간상으로는 세례식과 차이가 있을 수 있지만, 신학적이고 원칙적으로 그것들은 하나가 된다고 일관되게 설명한다. 따라서 바울은 새로운 삶에 대해, 너희는 "주 예수 그리스도의 이름…안에서 씻음과 거룩함과 의롭다 하심을 받았다"고 언급한다(고전 6:11). 이것은 실제 세례를 받는 순간을 암시할 수도 있고, 그렇지 않을 수도 있다. 다수의 학자들이 이를 '세례적 부정 과거'라고 지칭하지만, 이것은 억측일 뿐 바람직한 토대가 없다. '씻음'은 그리스도인이 되는 것과 밀접한 관련이 있는 용서와 청결을 가리키는 듯하다.[10]

만일 고린도전서 6장 11절에 대해 확신할 수 없다면 신약의 다른 부분들이 세례를 씻음으로 간주하는 그 생각을 받쳐주든지 않든지 간에, 이는 기껏해야 우리를 '제2바울서신'이나 매우 동떨어진 후기 바울서신에 의존하도록 버려둔다. 비록 에베소서 5장 26절에서 "물로 씻어…깨끗하게 하사"라는 언급이 있지만, 그 사이에 "말씀으로"라는 말이 있을 뿐 세례가 분명히 언급되지 않았다. 디도서 3장 5절 역시 직전의 구절에 비해 세례와 연관성이 강하기는 하지만 같은 평가를 내릴 수 있다. 거기서 세례는 분명히 언급되지 않고 다만 "중생의 씻음과 성령의 새롭게 하심"에 대해 말한다. 다른 참고구절들에서 바울은 중생보다는 부활에 대해 말하기를 원한다.

도대체 왜 세례가 궁극적으로 이전 삶의 '죽음'과 그리스도의 죽고

---

10) Dunn, *Baptism in the Holy Spirit*, pp. 120-3.

살아나심에 참여하는 것에 연관되어 있는지에 대해서는 보다 더 깊은 이유가 있다. 그것은 마지막 심판 이전에 미리 유죄를 인정하는 것과 같다고 하는 물(C. F. D. Moule)과 앨런 리차드슨의 주장은 일리가 있다. 그들의 적절한 언급처럼 그것은 역사에 단 한 번 일어났던 일, 곧 그리스도 죽음의 단 한 번(헬라어 에파팍스〈ephapax〉)의 수용이다.[11]

바울이 오직 유아세례나 신자의 세례, 둘 중 하나만을 가르쳤다고 여길 때에는 반드시 주의해야만 한다. 특히 예레미아스와 알란트(K. Aland) 사이의 논쟁을 비롯하여, 양측의 주장은 많은 학자들에 의해 어김없이 되풀이되었다.[12] 오스카 쿨만은 바울에게 세례의 주된 의미는 공중 앞에서 신앙고백의 상징이 아니라 첫 은혜의 서약에 있다고 주장한다. 이 주장은 유아세례의 타당성을 강화시켜준다.[13] 또 많은 사람들은 세례를 구약의 할례에 평행하는 것으로서 확신의 언약적 서약이라고 주장한다. 그러나 우리는 반드시 역사적인 시대착오에 주의해야 한다. 1세대 교회 안에서 노예뿐만 아니라 유아가 '한 식구'에 포함되는지 또는 그렇지 않은지에 대한 추측과 마찬가지로 그리스도인 가정의 유아가 언약에서 배제될 것이라고 믿는 것은 하나의 추측이었다(고전 1:16).

---

11) C. F. D. Moule, 'The Judgement Theme in the Sacraments', in W. D. Davies and D. Daube(eds), *The Background of the New Testament and its Eschatology: Studies in Honour of C. H. Dodd* (Cambridge: Cambridge University Press, 1956), pp. 464-81; 참고. Richardson, *Introduction to the Theology of the New Testament*, pp. 341-4.

12) J. Jeremias, *Infant Baptism in the First Four Centuries*, trans. David Cairns (London: SCM Press, 1960); 그리고 *The Origins of Infant Baptism: A Reply to Kurt Aland*, trans. D. M. Burton (London: SCM Press, 1963); 그리고 Kurt Aland, *Did the Early Church Baptize Infants*, trans. G. R. Beasley-Murray (London: SCM Press, 1962). 참고. Pierre Marcel, *The Biblical Doctrine of Infant Baptism: Sacrament of the Covenant of Grace*, trans. Philip Hughes (London: Clarke, 1953).

13) Oscar Cullmann, *Baptism in the New Testament*, trans. J. K. S. Reid (London: SCM Press, 1950).

3. 주의 만찬 또는 성찬식

주의 만찬이나 성만찬, 또는 성찬식은 똑같이 그리스도의 죽음과 부활 안에서 교회와 그리스도인의 경험에 확실한 기반을 두고 있다. 고린도전서 11장 17-34절은 주의 만찬식과 주의 만찬에 관한 신학과 교훈에 대한 가장 초기에 기록된 설명일 것이다. 그리스도의 죽음에 대한 '기념'(앞으로 논의될 의미인)이 그 의식의 근본적인 의미이다. "너희가 이 떡을 먹으며 이 잔을 마실 때마다 주의 죽으심을 그가 오실 때까지 전하는 것이니라"(고전 11:26). 말씀예전(the liturgy of the word)에서는 대표로 말하는 사람이 복음을 전하지만, 성찬예전에서는 이를테면 **모든** 교인이 복음을 전할 기회를 가지며, **공적으로** 자신들이 복음을 받아들였다는 사실을 알리는 기회가 된다.

처음에 고려해 볼 논쟁은 한스 리츠만(Hans Lietzmann)의 그럴 법하지 않은 가설이다. 1926년에서 1979년까지 연이어 출간된 『미사와 주의 만찬』(Mass and Lord's Supper)이라는 그의 책에서 볼 수 있다. 리츠만은 주의 만찬에는 두 가지 다른 '원형'이 있다는 영향력 있는 이론을 내세웠다. 로마의 예전은 엄숙한 분위기에서 '주의 죽음을 선포하는 것'을 강조하는 '바울 유형'에서 비롯된 것으로 추정되었는데, 이는 애찬을 나누며 부활한 그리스도의 임재를 축하하는 한결 즐거운 분위기를 반영하는 '예루살렘 유형'과는 다른 것이었다(행 2:46).[14] 이것은 초기 이집트나 알렉산드리아의 전례에 영향을 받은 것이었다. 후자의 유형은 함께 애찬을 나누는 것, 즉 차부라(Chaburah)에 기원을 둔 것으로 추정된다. 영어권의 히긴스(A. J. B. Higgins)와 돔 그레고리 딕스(Dom Gregory Dix)는 그리스도의 '실제적 임재'를 비롯하여 그 외 많은 것들을

---

14) Hans Lietzmann, *Mass and Lord's Supper: A Study in the History of the Liturgy*, with Introductions and Notes by R. D. Richardson (Leiden: Brill, 1979), 특히, pp. 172-86.

주장하며 이 이론을 수정하여 발전시켰다. 에른스트 로마이어(Ernst Lohmeyer)는 예루살렘 유형과 갈릴리 유형을 동일시했다.

그러나 요아킴 예레미아스를 비롯한 많은 이들의 보다 엄밀한 연구는 리츠만의 가설에 치명타를 날렸다. 예레미아스는 리츠만이 주장한 바와는 달리 차부라(Chaburah), 즉 애찬을 비롯한 1세기 유대교 당시 모든 종교적인 식사에는 '종교적 엄숙함'이 있었다고 주장한다. 리츠만은 "아무런 증거도 없는 임기응변적 억측을" 제시했다.[15] 하워드 마샬(I. Howard Marshall)과 C. F. D. 물은 이런 비판을 확증하는 동시에, 예레미아스, 린하르트(F. J. Leenhardt), 하워드 마샬은 바울의 이해와 전체 교회와 주의 만찬에 대한 **유월절의 틀**을 강조한다.

4. 유월절 그리고 "나를 기념하라"

유월절은 "이것은 너희를 위하는 내 몸이니 이것을 행하여 나를 기념(헬라어 아남네이시스⟨anamnēsis⟩)하라"(고전 11:24)와 "이 잔은 내 피로 세운 새 언약이니 이것을 행하여 마실 때마다 나를 기념하라"(고전 11:25)는 말씀을 해석하는 데 있어서 단서를 제공한다. 바울은 예수에게서 비롯된 사도적 전승을 인용한다. 우리가 유월절의 시기를 산정한다고 해도(비록 연대적인 차이점들에 대한 '해결책'이 많다고 하더라도, 처음 세 복음서와 요한복음이 다른 시기를 나타내는 것은 사실이다), 예수와 제자들은 최후의 만찬에서 '그들만의' 유월절을 시행하였다(마찬가지로 12월 25일과 일치하지 않는 '그들만의' 성탄절을 지키는 사람들도 있다(참고. 마 26:17-19; 막 14:12-16; 눅 22:1-13)). 유월절에 대한 내러티브(출 12:1-51)는 유대교 하가다(Haggadah)

---

15) Joachim Jeremias, *The Eucharistic Words of Jesus*, trans. Norman Perrin (London: SCM Press, 1966), p. 30; 참고, pp. 16-36과 108-25.

와 유월절(헬라어 쎄데⟨Sēder⟩ 또는 체데⟨tsēder⟩) 예전에서 극적 내러티브의 형식을 취하고 있다. 그들은 축복하며 감사의 기도를 한 후에(마 26:26; 막 14:22), 세실 로스(Cecil Roth)의 기록에 따르면 "이것은 우리 조상들이 애굽 땅에서 먹었던 고난의 떡이다"라고 하였다.[16] 제자들이 깜짝 놀라도록 예수는 '고난의 떡'을 '내 몸'으로 바꾸어 말한다.

유월절 음식을 나누는 참여자는 애굽에서 나온 세대와 함께 '거기' 있었으며, 그리스도인 참여자는 '거기', 즉 마치 현재 일인 것처럼 과거의 사건을 회상하며 십자가에 있었다. 따라서 '기념'은 극적으로 현재를 구성해낸다. 이는 그 사건에 대한 정신적인 단순 회상보다는 훨씬 '객관적'이지만 사건을 반복 재연하는 것은 아니다. 그것은 흑인 영가의 제목, "'거기' 너 있었는가? 그 때에 주가 그 십자가에 달릴 때"(찬송가 136장. '현재'에 살고 있는 우리에게 '과거'의 십자가 사건 때에 있었는가라고 물음으로써 현재를 재구성한다-역주)에 정확히 반영되어 있다. 누리고 먹는 것은 구경꾼이 아닌, 참여자의 활동이다. 그것은 "그리스도가 죽었네. 나를 위해 죽었네", 그리고 "나는 그 일부이네"라고 말하는 것이다. 하지만 극적으로 기억되는 그 사건은 여전히 단 한 번의 사건으로 남아 있다(헬라어 에파팍스⟨ephapax⟩). 그것은 그리스도의 죽음과 부활 안에서 그리스도께 속한 사람들과의 유대와 그리스도와의 유대에 대한 확신을 가지게 한다.

고린도전서 11장 17-34절의 다른 주제들은 주로 고린도의 지역적 상황에서 발생한 것인데, 그렇다고 해도 그것들은 오늘날에도 여전히

---

16) Cecil Roth, *The Haggadah: New Edition with Notes* (London: Soncino, 1934와 1959), p. 8; 참고, Jeremias, *The Eucharistic Words of Jesus*, pp. 49-54; Ottfried Hofius, 'The Lord's Supper and the Lord's Supper Tradition', in Ben Meyer (ed.), *One Loaf, One Cup: Ecumenical Studies of 1 Cor. 11: 17-34* (Macon, GA: Mercer University Press, 1993), pp. 75-115; and F. J. Leenhardt, 'This is my body', in O. Cullmann and F. J. Leenhardt, *Essays on the Lord's Supper*, trans. J. G. Davies (London: Lutterworth Press, 1958), pp. 39-40.

적용될 수 있다. 일각에서는 반대도 있지만, 타키투스(Tacitus)를 위시한 다른 여러 증거들로 보았을 때 고린도의 가장들은 로마의 식사 관습에 집착했던 것 같다. 그들이 선호하는 손님에게는 트리클리니움(triclinium), 즉 최고의 접견실로 초대해 기다란 의자에 기대어 먹는 특별한 자리를 제공하는 것이 관습이었다. 거기에 초대받는 손님들은 주인의 친구들이거나 부유한 지도층이었을 것이다. 그저 그런 손님들은 아트리움(atrium), 즉 안마당에서 선 채로 붐비는 가운데 있었을 것이다. 트리클리니움에는 최상급의 음식과 와인이 제공되는 반면에 아트리움에는 상대적으로 저급한 음식과 와인이 제공되었다. 따라서 모든 식사는 계급 지배적이었으며 분열적이었다. 과식하고 취하는 사람들이 있는 반면 시장한 채로 있었던 사람도 있었다(고전 11:21).

바울은 주의 만찬을 그런 방식으로 마련하는 것은 유익하기보다 해롭다고 말한다(고전 11:17). 거기에 하나의 공동체의 나눔과 친교가 있어야 하지만 그것은 오히려 분열을 조장하였다(고전 11:18). 이러한 고린도인들에게 그는 엄숙히 주의 죽으심을 '기념'하는 식사 자리를 위해 각각 다른 시간대에 사람들을 초청하는 것이 더 나을 것이라고 말한다(고전 11:20-22, 23-24). 주의 만찬에 참여하는 것은 신중한 행동으로 자기 성찰을 요구한다(고전 11:27-32). "몸을 분별하지" 못한다고 할 때의 몸은 교회의 몸, 곧 떡으로 상징되는 그리스도의 몸을 의미할 것이다. 주의 만찬에 정성껏 참여하지 않는 사람은 "자기에게 내릴 심판을"(새번역) 초래하는 것인데(고전 11:29), 이는 사실상 거짓 증인들이 위증죄를 범하는 것에 해당하므로 죽음에 이르기도 하였다.[17]

그러나 바울의 주안점은 지역적인 상황과 별개로 존재한다. 세례와 마찬가지로 주의 만찬은 모든 그리스도인의 경험이 십자가, 즉 예수 그리스도의 죽음과 부활에 닻을 내리고 있다는 사실을 확고히 해준

---

17) 참고. Theselton, *The First Epistle to the Corinthians*, pp. 848-99 전체부분.

다. 그것은 교회로 하여금 연합적이면서도 개인적으로 십자가 사건을 '되새기도록' 하며 거기에 밀접하게 연관되도록 한다. 바울의 말을 이해하기 위해서는 유월절의 틀에 주목해야 할 필요가 있다. 그렇게 하는 것은 "이것은 내 몸이니"와 "이것을 행하여 나를 기념하라"는 말씀의 의미를 파악하는 데 도움을 준다. 여기서 바울은 사도들의 전승과 의견이 일치한다. 그것의 내러티브와 의미는 후기 부활교회(post-Easter Church)의 초창기 전승과 예수의 유산이다. 보고, 만지고, 나누고, 먹고, 마시는 의심의 순간은 확신과 서약과 약속과 언약적 은혜의 '유효한 표지'가 된다.

The Living PAUL
An Introduction to the Apostle's Life and Thought

제15장
바울의 윤리 그리고 그리스도인의 생활 방식에 대한 관점

바울은 복음을 기독교 신앙으로 단순히 사람들을 불러 모으는 의미로서 전하지 않았다. 그는 그리스도인을 **형성**시키는 것과 그리스도인 공동체에 동일하게 관심을 쏟았다. 그는 "내가 처음에…복음을 전한 것을…너희 속에 그리스도의 형상을 이루기까지 다시 너희를 위하여 해산하는 수고를 하노니"라고 기록한다(갈 4:12, 13, 19). 8장에서 몸에 대한 케제만의 올바른 개념을 살펴보았듯이, 선물인 "몸은 우리가 있는 세상의 단편으로" 공적인 세상에서 그리스도의 제자도를 **가시적이며, 전할 수 있고, 믿을 만한 것**으로 만든다. 몸과 세상은 상영 중인 구원의 극장을 형성한다. 누가는 사람들이 각자의 돈으로 하는 행동이 그들이 가진 제자도의 진정성을 보여준다고 말하는 반면에, 바울은 사람들이 어떻게 "몸 안에서" 행동하는지가 그들이 그리스도를 주라고 고백할 때의 진정성을 보여준다고 말한다. 그는 "너희 몸을…거룩한 산 제물로 드리라"(롬 12:1), "몸은…주를 위하여 있으며 주는 몸을 위하여 계시느니라"(고전 6:13)고 쓴다.

1. 몸, 묵시, 그리스도

바울은 자신이 전한 다양한 일상의 문제와 질문에 직면했다. 여기에는 유대 그리스도인과 이방 그리스도인의 관계, 남성과 여성의 관계, 성과 결혼에 관한 문제들, 이방 신들에게 바쳐진 고기를 먹는 문제, 욕심과 집착을 비롯한 가식적인 행위들과 같은 부도덕한 행실의 다른 종류들, 부자와 가난한 자에 대한 태도, 교회 생활의 안정과 질서를 포함한 여러 다른 질문들이 속해있다. 하지만 그는 스토아학파와 달리 독립적이고 자족적인 윤리 규범의 체계를 만들지는 않았다. 브라이언 로스너(Brian Rosner)는 "바울서신에서 교리와 윤리는 밀접하게 연관되어 있다"고 보았다.[1] 리처드 헤이스(Richard Hays)는 "그의 윤리적 가르침은 그의 신학 사상에 뿌리내려 있다"고 말한다.[2]

헤이스는 바울의 도덕적 통찰이 그의 묵시적, 즉 종말론적인 배경에 뿌리박고 있다는 점을 지적한다. 이것은 새로운 피조물(고후 5:14-18)에 주안점을 두고, 새 시대와 새 창조의 급습과 나란하게 이 세계질서의 지속성에 중요한 자리를 내어준다. 이것은 때로는 삶 속에서 어떤 애매함의 여지를 남겨둔다. 이사야 65장 17-19절의 약속에 따라, 바울은 전체 피조세계를 포괄하는 새 창조를 고대한다(롬 8:18-25). 그러나 옛 세상의 상태는 지속되며 현재의 그리스도인은 고통과 죽음에 부딪히는데, 이는 "보이는 소망이 소망이 아니니, 보는 것을 누가 바라리요?"(롬 8:24-25)라는 물음에서 그 이유를 찾을 수 있다. 우리는 2장에서 새 창조에 대한 이중적 관점을 포착하려고 하였다.

---

1) Brian S. Rosner, 'Paul's Ethics', in James D. G. Dunn (ed), *The Cambridge Companion to Paul* (Cambridge: Cambridge University Press, 2003), p. 212; 참고. pp. 212-23. 참고. Brian S. Rosner, *Paul, Scripture and Ethics: A Study of 1 Corinthians* (Leiden: Brill, 1994). pp. 5-7.
2) Richard B. Hays, *The Moral Vision of the New Testament: A Contemporary Introduction to New Testament Ethics* (New York: Harper One, 1996), p. 18.

묵시적인 관점이 윤리적 가르침을 어렵게 만든다고 주장하는 이들도 있다. 그러나 바울의 가장 중요한 윤리적 진술이나 권고는 어김없이 묵시적인 맥락에서 등장하는 것을 알 수 있다. 고린도후서 5장 14-18절의 "다시는 그들 자신을 위하여 살지 않"는 것에 대한 논의는 새 창조의 맥락에서 나온다. 동일하게 바울이 "또한 말세를 만난 우리를…위하여"라고 말하는 부분이 고린도전서 10장 11절에 나온다. 고린도전·후서뿐만 아니라 로마서 8장 18-25절에도 윤리와 묵시의 상호연관성이 나타난다. 바울이 데살로니가전서 4장 13-18절에서 종말론적 기대에 대해 다루는 것도 확실히 이 경우이다. 그는 행실에 대해 강력히 서술한다. 아마도 '기대'라는 말이 의미하는 문법이 대개 특이한 정신적 상태를 함축하는 것이라고 그릇되게 여겨지는 것을 보게 되면 놀랄 것이다. 비트겐슈타인은 기대란 어떤 사람의 행동이 적절한 방식으로 실행되는 것을 의미한다고 주장한다. 이것에 대하여는 종말론에 관한 다음 장에서 보다 상세히 살펴볼 것이다.

십자가의 도는 또한 바울의 윤리에 신학적 근거를 제공한다. 예수 그리스도의 죽음과 부활은 새 시대와 새 창조를 제시함에 있어서 핵심이 된다. 바울은 "너희가 짐을 서로 지라. 그리하여 **그리스도의 법을 성취하라**"고 청한다(갈 6:2). 또 그는 "믿음이 강한 우리는 마땅히 믿음이 약한 자의 약점을 담당하고 자기를 기쁘게 하지 아니할 것이라. 우리 각 사람이 이웃을 기쁘게 하되…그리스도께서도 자기를 기쁘게 하지 아니하셨나니…그러므로 그리스도께서 우리를 받아…너희도 서로 받으라"고 선포한다(롬 15:1-3, 7). 아마도 이 점을 설명하는 데 가장 잘 알려진 구절은 빌립보서 2장 3-11절일 것이다. "무슨 일을 하든지, 경쟁심이나 허영으로 하지 말고, 겸손한 마음으로 하고, 자기보다 서로 남을 낮게 여기십시오. 또한 여러분은 자기 일만 돌보지 말고, 서로 다른 사람들의 일도 돌보아 주십시오. 여러분 안에 이 마음을 품으

십시오. 그것은 곧 **그리스도 예수**의 마음이기도 합니다. 그는 하나님의 모습을 지니셨으나, 하나님과 동등함을 당연하게 생각하지 않으시고, 오히려 자기를 비워서 종의 모습을 취하시고…죽기까지 순종하셨으니, 곧 십자가에 죽기까지 하셨습니다. 그러므로 하나님께서는 그를 지극히 높이시고…"(새번역). 간혹 이 주제는 "거꾸로 된 아담"(Adam in reverse)이라 불리기도 하는데, 이는 '아담'은 반대편 길을 갔기 때문이다. 스티븐 파울(Stephen Fowl)은 "죽음까지 이르는 그리스도의 순종은 섬기는 종으로써 그의 외양에 대한 최종적 증거이다. 십자가 위에서 일어난 그 죽음은 그가 당한 모욕의 정도를 역설한다"고 보았다.[3]

다드와 물은 바울 윤리의 **내용**이 종종 헬레니즘 세계의 지상(至上) 윤리와 중첩된다는 것을 인정한다. 그러나 세네카를 비롯한 다른 스토아학자들이 자주적이고 자족적인 윤리 체계를 장려한 반면에 바울은 독특하게도 윤리적 행실에 대한 새로운 **동기**를 자극한다. 데살로니가전서 4장 1-9절과 5장 14-18절에 실린 소재는 베드로전서 1장 13-22절과 히브리서 13장 1-3절의 두 구절 모두에 공유되는 듯하고 일부 헬레니즘과 유대인 저자들에 의해서도 공유된다. 그러나 바울에게 그러한 육신적인 행실은 그리스도 안에서 하나님의 관대한 은혜에 대한 응답이다.[4] 이 윤리적 소재는 새로운 그리스도인에게 기대되는 길을 지시하면서 이따금 초기 기독교 교리문답의 형태로 추상화될 수도 있다. 이 점은 특히 베드로전서에 관하여는 셀윈(E. G. Selwyn)에 의해 부각되고 좀더 넓게는 필립 캐링턴(Philip Carrington)이 정립했다. 그러나 야브로(O. L. Yarbrough)의 언급처럼, 미덕과 악덕에 대한 '목록'은 유

---

3) Fowl, *The Story of Christ in the Ethics of Paul*, pp. 63-4.
4) Charles H. Dodd, *Gospel and Law* (Cambridge: Cambridge University Press, 1951), pp. 10-21; 그리고 Charles F. D. Moule, 'Obligation in the Ethics of Paul', in W. R. Farmer, C. F. D. Moule, and R. R. Niebuhr (eds), *Christian History and Interpretation: Essays in Honour of John Knox* (Cambridge: Cambridge University Press, 1967), pp. 389-406.

대교에서도 두드러지는 특징이 된다.[5]

그것들이 공통적인 교리문답적 자료에서 비롯되었다고 하더라도, 바울은 견실한 교리적 기반에서 그 소재를 해석한다. 로마서 12-15장의 윤리적 강권은 로마서 1-11장의 신학적 가르침을 뒤이어 나온다. 갈라디아서 4장 12절-6장 18절의 윤리는 갈라디아서 1장 1절-4장 11절에 뒤이어 나온다. 고린도전·후서, 빌립보서, 데살로니가전·후서에서 교리적인 것과 윤리적인 것은 뒤섞여있다. 골로새서 3장과 4장(윤리에 관한)은 골로새서 1장과 2장 뒤에 나온다. 에베소서 4-6장(주로 행실에 관한)은 에베소서 1-3장(주로 신학에 관한) 다음에 나온다. 심지어 미덕과 악덕에 대한 목록, 즉 '카탈로그'가 나오는 곳(롬 1:29-31; 고전 6:9-11)에서조차도 바울이 헬레니즘 윤리를 도매금으로 차용했다고 여기는 것은 오판이다. 그것들은 가장 먼저 유대 자료에서 발견된다(에녹1서 10:20; 91:6-7; 희년서 7:20-21; 쿰란공동체 규례(1QS) 4:9-11, 사해사본 중에서). 하지만 그것들의 궁극적 기원이 무엇이든지 간에, 바울은 자신의 논지 가운데서 그것들을 확실하게 신학적 **용례**에 부가한다. 이 모든 미덕들은 "너희가 마땅히 어떻게 행하며 하나님을 기쁘시게 할 수 있는지"이다(살전 4:1). 바울은 주로 그리스도인의 '행동'에 대한 실천적 은유를 사용한다(헬라어 페리파토〈peripatō〉: 롬 6:4; 8:4; 13:13; 14:15; 고전 7:17; 고후 4:2; 10:2, 3; 갈 5:16; 빌 3:17; 골 4:5; 살전 4:1, 12; 살후 3:11; 참고. 엡 2:2; 4:1, 17; 5:2, 3). 고린도전서 13장에 있는 사랑에 대한 담론은 그 내용에서 로마서 12

---

5) Philip Carrington, *The Primitive Christian Catechism*(Cambridge: Cambridge University Press, 1940); 그리고 E. G. Selwyn, *The First Epistle of St. Paul*, 2nd edn (London: Macmillan, 1947); 참고. O. L. Yarbrough, *Not Like the Gentiles: Marriage Rules in the Letters of Paul* (SBLDS 80; Atlanta: Scholars Press, 1985), pp. 8-26; Siegfried Wibbing, *Die Tugend und Lasterkataloge im Neuen Testament und ihre Traditions geschichte unter besonderer Berücksichtigung der Qumran-Texte* (Berlin: Töpelmann, 1959), 특히. pp. 14-76; and Victor P. Furnish, *Theology and Ethics in Paul* (Nashville and New York: Abingdon, 1968), pp. 81-91.

장 9-20절, 13장 8-10절, 15장 1-7절과 평행한다.

2. 사랑의 역할

바울은 모든 사람을 "그리스도 안에서 완전한 자로"(골 1:28) 세우고, 사람들이 "복음에 합당하게 생활"(빌 1:27)하도록 격려한다. 사랑에 대한 바울의 가르침은 믿음으로 말미암은 칭의에 대한 그의 언급과 "절대적으로 연관되어" 있다는 빅터 퍼니쉬(Victor Furnish)의 언급은 타당하다. "이로써 한 사람의 전 생애는 근본적으로 죄에서 의로 재설정되며 예속상태에서 풀려나 자기 자신을 찾게 된다."[6] 스픽(Spicq)은 바울의 펜 끝에서 고린도전서가 나온 것을 추호도 의심치 않고 은혜에 대한 응답을 제시한다. 그는 또한 사랑이 성령의 은사들을 제각기 적재적소에 배치시키는 것과 긴밀하게 결부됨을 알아챈다.[7] 그를 비롯하여 다른 이들도 고린도전서 13장의 문체에도 불구하고, 그것이 사랑에 관해 추상적인 명상을 하는 것이 아니라 그 구체적인 주제는 고린도교회의 생활을 반영하고 있음을 보았다. 사랑은 "자랑하지"(헬라어 우 푸시우타이⟨ou phusioutai⟩, 고전 13:4) 않는다는 말은 "지식(그노시스⟨gnōsis⟩)의 교만"(고전 8:1, 같은 헬라어 푸시오이⟨phusioi⟩)을 반영하고 있다. "천사의 말"(고전 13:1)은 14장 1-25절에 나오는 '방언'을 반영한다. 사랑은 "시기하지 아니하며 사랑은 자랑하지 아니하며 교만하지 아니하며"(고전 13:4)라는 말은 "너희 가운데 시기와 분쟁이 있으니 어찌 육신에 속하여…행함이 아니리요?"(고전 3:3; 참고. 5:2)를 반영하고 있다. 사

---

6) Victor P. Furnish, *The Love Command in the New Testament* (London: SCM Press, 1973), p. 92.
7) C. Spicq, *Agapē in the New Testament*, trans. Sr Marie Aquinas McNamara, 3 vols (London: Herder, 1963-6), vol. 2, pp. 139-41; 참고. 139-81.

랑은 "무례히 행하지 아니하며 자기의 유익을 구하지 아니하며"(고전 13:5)라는 말은 "각각 자기의 만찬을 먼저 갖다 먹으므로"(고전 11:21-22)와 "두 사람이나 많아야 세 사람이 차례를 따라"(고전 14:27-33)라는 말을 반영하고 있다. "사랑은 언제까지나 떨어지지 아니하되"(고전 13:8)라는 말은 "죽은 자들이 썩지 아니할 것으로 다시 살아나고"(고전 15:52; 참고. 15:34-49, 58)라는 말을 반영하고 있다.

헬라어 용법에 있어서 바울은 역동적인 동사들을 사용한다. 앞서(1장) 일부 살펴보았듯이, 이를 더 잘 살린 번역은 다음과 같다. "사랑은 오래도록 기다리며 사랑은 온유함을 나타내고, 사랑은 불 같이 시기하기 않고, 자랑하지 않으며 그 자체가 중요하다고 해서 교만하지 않다. 사랑은 무례하게 행동하지 않으며 오로지 자기의 유익에만 매달리지 않고, 악화되어 악감정으로 치닫게 되지 않으며, 악한 생각을 품고 있지 않는다. 사랑은 불의를 기뻐하지 않으며 진리를 즐거이 기뻐한다. 사랑은 견디면서 결코 지치지 않고, 결코 믿음을 잃지 않으며, 결코 희망을 버리지 않고, 결코 포기하지 않는다."[8]

또 바울은 로마서 12장 9-21절에서도 사랑을 주제로 다루었다. 크랜필드의 말대로, 로마에 있는 그리스도인들에게 사랑은 "진품, 즉 거짓이 아닌 진정한 것이어야 했다. 바울은 그 자신이 자기기만의 위험성에 대해 인지하고 있음을 암시하며, 이 단어(헬라어 아누포크리토스〈anupokritos〉)를 아가페(agapē〈이 구절과 고후 6:6에서〉)와 관련해 두 번 사용하였다."[9] 바울은 또한 가족 간의 친밀한 애정과 호의를 뜻하는 필라델피아(philadelphia)를 강조한다(롬 12:10). 그리스도인들은 마치 그리스도께 하듯이 서로 존경하기를 남보다 앞서 행해야만 한다. 이 모든 것은 활기 없이 틀에 박힌 미덕을 실행하는 것이 아니라 성령의 열심

---

8) Thiselton, *The First Epistle to the Corinthians*, p. 1026; 상세한 해설은 pp. 1026-60; 참고. Thiselton, First Corinthians, pp. 217-21.
9) Cranfield, *The Epistle to the Romans*, vol. 2, pp. 630-1.

을 품고 수행되는 것이다(롬 12:11). 로마서 13장 8-10절에서 빚으로서 사랑의 개념을 다시 다룬다. "피차 사랑의 빚 외에는 아무에게든지 아무 빚도 지지 말라. 남을 사랑하는 자는 율법을 다 이루었느니라"(롬 13:8). 로마서 15장 1-7절에서는 '강한 자'들이 '약한 자'들의 약점을 품어줘야 함을 그리스도의 성품과 본보기에 호소한다(롬 15:1, 3). 아마도 '약한 자'들에는 기독교 신앙으로 개종한 유대인을 비롯해서, 여전히 유대교의 음식법 일부를 지키는 그리스도인이 포함될 것이다. 그러나 고린도전서에서 바울은 그 용어를 불안해하고 상처받기 쉬운 사람들을 가리키기 위해 사용한다. 여하튼 유대 그리스도인과 이방 그리스도인은 "그리스도께서 우리를 받은 것처럼…서로 받아야" 한다.

3. 유대인과 헬레니스트의 공통적 사상

매우 다양한 상황 속에서 사랑에 대한 구체적인 고찰은 유대교와 헬레니즘 자료로부터 차용했다고 추정되는 공통적인 자료들에 독특한 특성을 부여한다. 이것들은 단지 '개인적인' 문제일 뿐만 아니라 공동체, 곧 사람과 사람 간의 문제이다. 나아가 그것은 은혜(고전 4:7)와 그리스도의 성품과 이제 그리스도의 일부인 그리스도인들을 향한 응답이다(롬 15:1-7; 빌 2:3-11). 이런 동기의 차이가 부여된다고 하더라도, 기존의 예상대로 나타나는 어떤 공통적인 자료가 있다. 이것은 (1) 겸손과 인내, (2) 가족 관계 또는 '가정 규범'(household codes), (3) 국가와 건강한 시민의식, (4) 사회의 전반적 안정과 번영에 관한 것이다. 추가로 두 가지 '미덕'이 유대 회당의 자료와 중첩된다. 이는 (5) 장로에 대한 존경을 비롯한 모임 내부에서의 관계와 (6) '소외된 자들'과 세상을 향한 관심이다.

심지어 이러한 '미덕'들 중에서도 바울에게 나타나는 독특성이 있다. 이미 살펴보았듯이 혼인관계 속에서 성적인 친밀감에 대한 그의 교훈은 예상을 빗나가는 창의적인 적용이다. 실제로 바울 당시의 모든 작가들은 성행위가 자녀출생과 오직 남성의 즐거움을 위한 것이라고 여겼다. 바울은 장기간 동안의 금욕이 남녀쌍방의 즐거움을 함의하는 이 육체관계의 합당한 권리를 남자와 여자 모두에게서 박탈하는 것이라고 여긴다(고전 7:3-4). 이것은 다른 나머지 고대 세계를 훨씬 앞지르는 사고의 진보이다. 또 그는 분명이 고린도에 널리 퍼져 있었을 "남자가 여자를 가까이 아니함이 좋다"(고전 7:1)는 슬로건의 영향력을 거스른다. 헬라어에는 인용 부호가 없기에 이것을 확신할 수는 없지만 만일 그렇지 않다면 바울 그 자신이 모순적으로 보이게 될 것이다. 이에 더하여 노예제도에 미적지근한 용납(고전 7:21-14; 몬 1:11-16)은 당시의 시대상황이나 계급적 가부장제 때문만은 아니며, 우리가 5장에서 살펴보았듯이 좋은 조건 아래 있는 노예는 안위와 명성과 경력을 증진시킬 수 있었기 때문이다. 좋은 '주인'은 노예의 평판과 경력을 자유인으로서 획득할 수 있는 것보다 더 풍성하게 해 줄 수 있었다.

4. 율법

바울의 윤리는 무법적이거나 '반율법주의'가 아니다. 그리스도인은 칭의의 수단인 율법에서 자유롭게 된다. 율법에 순종하는 것으로 하나님의 총애를 얻지 못한다. 이것은 은혜를 무의미하게 만들기 때문이다. 그러나 토라, 즉 율법도 역시 인류의 안녕과 복을 바라는 하나님의 뜻을 표현하고 있다. 이러한 의미에서 율법은 그리스도가 올 때까지 초등교사(헬라어 파이다고고스(paidogōgos))와 같은 역할을 한다(갈

3:24). 하지만 그리스도가 없이는 그것 역시도 지켜지지 못해 여러 가지로 의도하지 않았던 결과들을 양산하였다(롬 5:20). 구원을 위해 율법에 의지하는 사람들은 저주 아래에 있는 것이다(갈 3:10). 그러나 바울은 율법이 그 자체로는 "거룩하고 의로우며 선하도다"(롬 7:12-13)라고 주장한다. 바울은 그리스도인의 행실을 그러한 율법에 순종하는 것이 아니라 '성령의 법'을 보여줌으로 응답하는 것이라고 설명한다. 따라서 휘틀리는 바울에게 나타나는 '율법'의 세 가지 다른 의미를 올바르게 구분한다. (1) 율법, 즉 토라는 특히 성경 안에 선포된 하나님의 뜻이다. (2) 율법은 그리스도인에게 칭의의 수단으로 오용될 수 있다. (3) 그것은 또한 인과율의 '법칙'이나 절차를 의미할 수도 있다.[10] 첫 번째 의미에서 바울의 윤리는 율법과 모순되거나 율법을 무시하거나 하지 않을 것이다. 바울은 "사랑하는 자는 율법을 다 이루었느니라"(롬 13:8; 참고. 13:10)고 기록한다.

또한 바울은 그리스도인에게 긴박감을 가져다준다. 하지만 그는 간혹 새 창조의 도래가 옛 세계의 지속성과 겹치는 데서 발생하는 애매모호함도 알고 있었다. 폴 샘프라이(J. Paul Sampley)는 퍼니쉬, 던을 비롯한 다른 이들과 마찬가지로 그의 책 『시간 사이를 걸어가기』(Walking between the Times)에서 "바울 사상계의 두 지평"에 주의를 집중시킨다.[11] 그리스도인은 죽음에서 생명으로 인도되었는데(롬 6:13), 이는 "다시는 해선 안 될" 윤리를 함의하고 있다. 하지만 그리스도인은 여전히 소망을 가지고 부활을 기다리는 중이며(롬 6:4-5), 따라서 '두 세대'는 공존한다. "이제 우리의 구원이 처음 믿을 때보다 가까웠음이라. 밤이 깊고 낮이 가까웠으니"(롬 13:11, 12)라는 구절에는 도래할 새 세상에 대한

---

10) Whiteley, *The Theology of St. Paul*, pp. 76-86.
11) J. Paul Sampley, *Walking between the Times: Paul's Moral Reasoning* (Minneapolis: Fortress Press, 1991), pp. 7-24와 전체부분. 참고. Furnish, *Theology and Ethics in Paul*, p. 115-34; and Dunn, *The Theology of Paul the Apostle*, pp. 680-706.

긴박함이 있다. 인과율의 법칙은 인류를 부분적으로 죄에 종속시켰지만, 생명의 영은 미래를 향한 새로운 '법'을 가져다준다. 바울에 따르면 그리스도인은 하나님이 그들을 정하신 대로 나아가야 하고 또 거기에 적합해야 한다. 이러는 와중에 과도기적 상황의 애매모호함에서 비롯한 윤리의 '회색 지대'가 생긴다. 예를 들면, 우상에게 바쳐진 고기도 먹기를 원하는 믿음이 '강한 자'들은 다른 이들과 업무상 접촉이 용이했을 것이다. 그들은 "우상은 세상에 아무 것도 아니라"고 주장했다(고전 8:1-6). 그러나 약하고 상처받기 쉬운 양심을 가진 자들 때문에 바울은 "만일 음식이 내 형제를 실족하게 한다면, 나는 영원히 고기를 먹지 아니할 것"(고전 8:13)이라고 언급한다. 그러나 만일 믿음이 약한 자들이 함께 하지 않는 경우에는, 믿음이 강한 자에게는 비록 존재하지도 않는 신들에게 그 음식들이 바쳐졌다고 해도 신전 내부의 식사가 유용한 접촉 장소가 되었을 것이다.

5. 그리스도인 교회의 정체성

적합한 행실에 대한 바울의 관심의 많은 부분은 교회의 정체성, 유대감, 안정, 통일성에 있다. 헤이스는 공동체, 십자가, 새 창조는 신약에서 바울이 다른 저자들과 공유하는 매우 핵심적인 이미지를 제시한다고 지적한다. 헤이스는 "도덕적 관심의 최우선적 영역은 개인의 성품이 아니라 교회의 공동체적 순종이다"(롬 12:1-2)라고 서술한다.[12] 이것은 후기 바울서신, 특히 에베소서의 특별한 문제에 당도하게 한다. 이것들은 아마 바울이 기록하였거나 헤이스가 "바울 전승의 진전"이라고 부르는 것인 듯하다. 로마에서 가택연금 또는 반 감금 상태에 있

---
12) Hays, *The Moral Vision of the New Testament*, p. 196.

던 시간은 바울에게 교회의 질서와 안정에 관해 생각할 수 있는 여유를 주었을 것이다. 어쨌든 이런 서신들을 통해 우리는 하나님이 "(유대인과 이방 그리스도인 사이에) 원수 된 것 곧 중간에 막힌 담을…허시고" "십자가로 말미암아" 나눠지지 않은 한 몸을 만든 것을 안다(엡 2:14-16). 에베소서는 교회를 향한 하나님의 영광스러운 목적을 제시한다. 바울은 에베소서 1-3장을 통해 교회의 개념과 구성에 대해 다룬 뒤, 에베소서 4-6장을 통해 적합한 행실에 대해 진술한다.

소위 '가정(집안) 규례'라고 불리는 것은 골로새서 3장 18절-4장 1절과 디도서 2장 1-10절에 나타난다. '가족'(household)이라는 용어는 디모데전서 3장 14-15절에서 교회에 적용된다. 13장에서 이미 살펴보았듯이, 디모데전서 3장 2, 3절과 디도서 1장 3-9절은 감독의 잘 가르치는 능력과 사도적 전승을 지키는 것을 비롯한 자격조건에 대해 설명하고 있다. 윤리적 자격은 여전히 중요하지만 역점은 새 창조에서 교회의 사회적 유대로 옮겨간다.[13] 그럼에도 초기 서신들과 '제2바울서신'들에는 건강한 시민의식과 세상의 평화에 대한 관심이 여전히 남아있다(롬 13:1-7; 딤전 2:1-6). 목회 서신들 역시 미래의 소망이나 종말론을 역설한다(딤전 4:1-5:2; 딤후 3:1-5; 딛 2:12-14). 이런 틀 안에서 그리스도인은 "선한 일을 열심히"(딛 2:14) 해야만 하며, 다투지 않고 참아야 하고(딤후 2:24), 돈을 사랑하고 탐내지 않아야 한다(딤전 6:10). 후기 서신들은 전기 서신들의 비전을 완전히 단념한 것이 아니다. 많은 사회학자들이 초기 비전은 적당한 때가 되면 알맞은 체계와 관리를 통해 그 비전의 토대를 세우고 수행하는 것에 대한 관심으로 진전되는 것 같다는 데 동의한다.

---

13) Hays, *The Moral Vision of the New Testament*, p. 71.

제16장
우주와 인간의 운명과 현재: 부활, 심판, 파루시아(Parousia)

1. 일반적인 오해들

'마지막 일'에 대한 바울의 가르침은 대체로 흔히 알려진 바와는 차이가 있다. 첫째로, 바울은 큰 세 가지 주제, 곧 부활의 통합적이고 우주적인 사건, 마지막 심판, 그리스도의 파루시아(Parousia, 재림)에 비해 개인의 운명 또는 죽음에서 살아나는 것과 '천국'에 대한 관심이 적었다. 둘째로, 이것은 멀리 동떨어진 미래의 사건이 아니라 현재의 태도를 철저히 정립하는 미래의 사건이다. 이 사건은 중간 정차역에서 '당신의 현 위치'를 알려주며 아직 얼마나 많은 역이 남았는지 세어보게 하는 지하철 노선도의 종착역과 같은 것이 아니다. 그것은 연대기적 시간표의 일부가 아니다(몰트만이 오스카 쿨만의 직선적 구속사관을 비판한 The Kingdom of God을 참고할 것-역주).

일부 학자들은 바울이 고린도후서 이후로 그 이전의 서신들과 달리 마지막 일, 즉 종말론에 대한 관심에서 벗어난 다른 그림을 보여준다고 생각하기도 했다. 우리는 이런 케케묵은 관점에 문제를 제기할 것이다.

더 나아가 바울은 세속적 진보주의와 아무런 관련이 없는데, 이 말인 즉 그는 인간 진보의 본연적 힘만으로 내일에 대한 희망을 창출할 것이라는 사실을 믿지 않았다는 뜻이다. 여기서 그는 다시 묵시론자와 같다. 그의 서신들은 하나님 안에서 미래를 향한 희망으로 가득하다.

바울의 주안점이 개인의 생존에 놓여있다고 추측하는 것은 종말에 대한 그의 비전을 제한하는 것이다. 물론 실제로 그 문제도 포함되지만 늘 더 큰 그림의 일부로서 그러했다. 위르겐 몰트만은 미래의 우주적 종말은 시간 속으로 들어오는 것도 아니요, 시간 외부에 동떨어진 것도 아니라 오직 시간의 **상태**를 바꾸는 것이라는 점을 지목했다.[1] 우리는 이사야서에서 "너희는 이전 일을 기억하지 말며 옛날 일을 생각하지 말라. 보라 내가 새 일을 행하리니"(사 43:18-19)라는 구절을 볼 수 있다. 바울은 이를 적합하게 차용한다. '새로운' 것은 창조행위와 마찬가지로 근본적으로 다르게 임한다. 그것은 존재의 기적만큼이나 근본적이다(롬 4:17). 하나님은 피조물에게 신실하고, 이전에는 한 번도 없었던 새로운 상태를 불러일으킨다. 그것은 하나님이 "만유의 주로서 만유 안에"(고전 15:28) 있게 될 때의 만물의 회복(아포카타스타시스⟨apokatastasis⟩)이다. 세상, 곧 온 우주는 변화될 것이다.

이러한 미래의 사건들은 현재에 중대한 암시를 던진다(고전 15:58; 빌 3:20-4:1; 살전 5:2-11). 수년 전, 루돌프 불트만은 종말에 대한 많은 언어들이 본질적으로는 현재에 관한 의미를 가지는 '신화'라는 '바로 그 점'을 깨닫게 하려고 했다. 예를 들면 마지막 심판에 관한 언어는 머나먼 미래에 무슨 일이 일어날 것인가에 대한 안목을 조성하는 것이 아

---

1) Jürgen Moltmann, *The Coming of God: Christian Eschatology*, trans. Margaret Kohl (London: SCM Press, 1996), p. 26; 참고. J. A. T. Robinson, *In the End, God ...* (London: Clarke, 1950), 특히. p. 11.

니라, 현재의 책무 앞으로 우리를 부른다는 것이다. 그의 말에 따르면 신자들은 실제로 "공중에서 주를 영접하게" 되거나 나팔 소리와 함께 하늘로부터 강림할 주를 보지는 않을 것이다(살전 4:16, 17; 참고. 4:15-5:11). 이 '신화'는 곧 묵시이다. 그것은 실제적인 방식, 즉 '실존적으로' 해석되어야 한다.[2] 이 언어가 늘 현재의 삶에 실제적인 중요성을 담고 있다는 점에서 불트만의 말은 절반은 맞을 수도 있다. 그러나 왜 이 언어가 **꼭 현재의 태도를 조성하는 것 아니면 미래에 벌어질 사건에 관한 것 이 둘 중에 하나여야만 하는가?** 불트만의 주장대로 만일 마지막 심판이 없다면 책무에 대한 소명도 실제로는 허상이 되어버릴 것이다. 나는 다른 책에서 불트만의 '비신화화'(demythologizing) 작업이 어느 정도 진리를 내포한다고 하더라도, 그것은 모순적이고 자멸적인 것임을 보여주었다.[3] 존 맥쿼리(John Macquarrie)의 비평처럼, 만일 그리스도가 실제로 부활하지 않았다면 어떻게 그리스도와 함께 살아나는 것에 대해 말하는 것이 이치에 맞을 수 있겠는가?[4]

바울이 미래에 대한 기대를 강조하는 것이 그의 초기 서신들에서는 명확하지만 고린도후서에서부터 그 이후로 기록된 서신들에서는 사라진다고 주장하는 이들이 있다. 그들 중 특히 20세기 초에 활동하던 세 명의 학자들은 이 불확실한 견해를 주창하는 것으로 잘 알려져 있다. 1913년에 찰스(R. H. Charles)는 바울에게서 보이는 희망을 다음과 같이 네 단계로 구분하려고 했다. (1) 데살로니가전·후서에 있

---

2) Rudolf Bultmann, 'Jesus Christ and Mythology', in Hans-Werner Bartsch (ed.), *Kerygma and Myth*, 2 vols, trans. R. H. Fuller, vol. 1 (London: SCM Press, 1964), pp. 1-44; 또한 Rudolf Bultmann, *New Testament Mythology and Other Basic Writings Selected and Edited by Schabert Ogden* (Philadelphia: Fortress Press, 1984), pp. 1-44.
3) Anthony C. Thiselton, *The Two Horizons: New Testament Hermeneutics and Philosophical Description* (Grand Rapids: Eerdmans and Exeter: Paternoster Press, 1980), pp. 205-92.
4) John Macquarrie, 'Philosophy and Theology in Bultmann's Thought', in Charles W. Kegley (ed.), *The Theology of Rudolf Bultmann* (London: SCM Press, 1966), p. 141.

는 묵시적인 자료, (2) 고린도전서에서 미래 조망(고전 4:5; 11:26; 15:51; 16:22), (3) 로마서와 고린도후서 모두에서 중점이 되는 '속사람의 변화' (4) 만유의 그리스도에 대해 널리 살펴보는 빌립보서, 골로새서, 에베소서이다.

C. H. 다드와 낙스(W. L. Knox)는 대체적으로 찰스를 뒤따른다. 다드는 미래에 한 번에 일어날 일들이 그리스도에게서 현재 실행되었다는 '실현된 종말론'(realized eschatology)을 말한다. W. L. 낙스는 사도행전 17장 32-33절에 따르면 부활에 관한 바울의 연설은 '실패'하게 되었는데 이로써 바울은 그의 메시지를 종말에 대한 것으로부터 헬레니즘 세계의 기대에 맞게 진보적으로 부합시켰다고 보았다.[5] 오늘날 많은 학자들은 이 관점을 받아들이지 않는다.

그 이후 존 로우(John Lowe)는 이 세 학자 모두에게 간략하게 대답한다. 그는 바울의 가장 초창기 서신들이 최소한 그의 회심 12년 후에 기록되었는데 그 때는 이미 그가 성숙한 사상가가 되었을 때였으며 따라서 바울이 사역 초기에 '헬레니즘'을 마주쳤다는 사실을 엄밀한 논문을 통해 보여주었다. 더군다나 특이한 점은 모든 초기 서신들이 미래지향적이지는 않다는 것인데 그 중에서도 갈라디아서가 더욱 그러하다. 역설적으로 후기 서신들 중에서도 특히 로마서와 빌립보서는 미래에 대해 언급하고 있다(롬 8:18-25; 13:11-14; 빌 3:11-16, 20-21). 로우는 바울에게 '직선적' 진보가 있다는 주장을 거부한다.[6] 요즘의 많은 학자들은 바울에게 나타나는 현재와 미래 모두에 대한 이중적 강조, 곧 '양극성'을 이야기한다.[7] 이에 더하여 몰트만은 "처음부터 끝까

---

5) Wilfred L. Knox, *St. Paul and the Church of the Gentiles* (Cambridge: Cambridge University Press, 1939), p. 1과 전체부분.
6) John Lowe, 'An Examination of Attempts to Detect Developments in St. Paul's Theology', *Journal of Theological Studies* 42 (1941), pp. 127-42.
7) 참고. 그 예로, Oscar Cullmann, *Christ and Time*, 2nd edn, trans. F. V. Filson (London: SCM Press, 1962).

지…기독교는 종말론이고 희망이다…교만은 우리가 하나님께 바라는 희망의 실현에 대한 조급하고 오만한 예상이다. 절망은 우리가 하나님께 바라는 희망이 실현되지 않을 것이라는 조급하고 자의적인 예상이다"라고 단언한다.[8] 두 가지 모두는 희망 없음의 비바울적 형태를 보여준다.

한 가지 극심한 오해는 희망에 대한 바울의 근거를 세속적 진보주의와 혼동하는 것이다. 이에 대해 우리는 다음 장에서 리처드 로티(Richard Rorty)의 포스트모더니즘과 관련하여 더 살펴볼 것이다. 희망은 인간의 역량에 놓인 것이 아닐 뿐더러 종교적인 구도나 공적에도 있지 않다. 묵시론자들이 믿었던 바와 같이 희망은 오직 하나님께만 그리고 그 분의 변화시키고 창조적인 행위에 초점을 두게 된다. 몰트만은 성령은 생명의 원천이라고 역설한다.

부활, 마지막 심판, 그리스도의 파루시아(Parousia, 재림)에 대한 살아 있는 바울의 정확한 평가는 심각한 오해들로 인해 왜곡되어 왔다. 첫째로, **기대는 정신적인 상태가 아니다**. 그것은 연대기적 측정 또는 미래에 관한 우리의 생각을 투영시키는 것이 아니다. 철학자 루드비히 비트겐슈타인의 후기 사상은 이를 명증한다. 그는 기대는 **적절한 행동이나 주어진 상황 속에서의 행위**로 구성된다는 점을 강조했다. 그는 만일 내가 누군가 네 시에 차를 마시러 오는 것을 '기대한다면' 그 '기대'는 케이크를 사고 방을 정리하며 찻잔과 받침, 접시를 내놓고 주전자에 물을 올리는 것이라고 주장한다.[9] 그것은 손님의 방문을 머리로 그려보는 것이 아니다. 바울이 "**우리** 살아 남아 있는 자도"(살전 4:15)라고 말하는 것이 '착오'가 아닌 이유는 그것이 기대하고 있는 사람들과

---

8) Jürgen Moltmann, *Theology of Hope*, trans. J. W. Leitch (London: SCM Press, 1967), pp. 16과 23.
9) Ludwig Wittgenstein, *Philosophical Investigations*, IIx, pp. 191-2; I §§572-86 그리고 *Zettel* (German and English, Oxford, Blackwell, 1967), §§67과 71-7.

의 결속력을 표현하기 때문이다.¹⁰⁾ 케어드(Caird)의 적절한 주장처럼, 예수와 바울 누구도 '착오'를 범하지 않았다. 그릇을 꺼내는 것은 방문객이 일찍 올지 혹은 늦게 올지에 대해 아무것도 시사하지 않으며 다만 '기대하는 것'이 어떤 의미로 통용되는지 보여줄 뿐이다.¹¹⁾ 데살로니가 그리스도인의 경우에는 거룩함을 추구하고 수고로이 일해야만 한다. 고린도후서 5장 8절에서 바울은 단순히 파루시아(재림)가 그의 생전에 일어날 것인지 아닌지 모른다는 사실을 보여주지만 데살로니가전서 5장 10절에서는 우리가 "깨어 있든지 자든지"에 대해 개의치 않는 의구심을 표현하고 있다. 어느 경우에서든지 바울은 "우리는 그와 함께 살리라"고 말한다.

두 번째 오해는 시간의 본질에 관한 것이다. 부활, 심판, 파루시아(재림)는 시간을 계속 지속시킬 것인가 아니면 무시간의 상태나 다른 어떤 상태의 도래를 알릴 것인가? 이 일들은 우리가 알고 있는 개념의 그 시간을 **하나님의** 시간으로 변화시킬 것이다. 신적인 시간은 살아계신 하나님과 사후에 부활한 존재의 합당한 변화를 감안하며, 세상의 변혁이 결정적일 것이라는 사실을 부정하지 않는다. 다시 한 번 몰트만은 그 상황을 잘 이해하도록 도와준다. 미래는 **새** 창조로 단순히 과거의 연장이 아니다. 미래는 그 속에 창조를 포함하고 있을 뿐만 아니라 이를 변화시킨다. 세상의 변혁은 시간의 폐지가 아니라 시간의 **변혁**을 수반한다.¹²⁾

---

10) Thiselton, *The Hermeneutics of Doctrine*, pp. 546-52. 참고. Arthur L. Moore, *The Parousia in the New Testament* (NovTSup 13; Leiden: Brill, 1966), pp. 108-10; and A. L. Moore, *1 and 2 Thessalonians* (New Century Bible; London: Nelson, 1969), pp. 70-1; Earl J. Richard, *First and Second Thessalonians* (Collegeville, MN: Liturgical Press, 2007), pp. 241-2.
11) George B. Caird, *The Language and Imagery of the Bible* (London: Duckworth, 1980), pp. 243-71.
12) Moltmann, *The Coming of God*, pp. 22-9.

2. 참가자 시점과 관찰자 시점

소위 '잠든 영혼'이라고 불리는 개념은 죽음의 때와 죽은 자들이 다시 살아나는 때 사이에 생기는 간격에서 생겨났다(고전 15:51-54). 이는 사후에 즉각적으로 그리스도를 대면하는 것과 어긋나는 듯이 보인다(빌 1:23, 24). 이것을 모순으로 보는 낙스와 같은 사람들도 있다. 그러나 철학자 길버트 라일(Gilbert Ryle)을 비롯한 다른 이들은 **관찰자**(또는 존재론적) 시점(고전 15장)과 **참가자**(또는 실존적) 시점(빌 1:23, 24)의 대립으로 인해 (모순이 아닌) 역설이 생겨남을 보여준다.[13] 우리는 부모님이 "네가 잠들자마자 크리스마스가 와 있을 거란다"고 말하는 것과 비교할 수 있을 것이다. 이것은 경험에 근거한 실존적, 곧 참가자의 관점이다. 그러나 밤에 한 아름의 선물을 가지고 위층을 살금살금 걷는 것은 관찰자, 즉 존재론적 관점이다. 서로 다른 관점에서 비롯한 두 가지 모두 사실이며 거기에 실제적인 모순은 없다. 경험으로 그리스도인은 그리스도를 즉시 대면하고, 그들은 눈치 채지 못하겠지만 실제로는 우리 모두 함께 나타날 때까지 기다리는 것이다.

3. 부활의 신빙성

바울은 주로 고린도전서 15장에서 부활에 대해 논한다. 한스 콘첼만은 이를 독립된 짧은 글로 보았다.[14] '일단의 사람들'이 중심 사건으로

---

13) Gilbert Ryle, 'Achilles and the Tortoise' (1954), in *Dilemmas* (Cambridge: Cambridge University Press, 1966), pp. 36-53. 또한 다음을 볼 것. Moltmann, *The Coming of God*, pp. 101-10.
14) Hans Conzelmann, *1 Corinthians: A Commentary*, trans. J. W. Leitch (Philadelphia: Fortress Press, 1975), p. 249.

부활을 거부하고 심지어 그 신빙성조차 의심하는 데는 몇 가지 이유가 있는 것 같다. '몸의' 부활을 생각하는 데 있어 전형적인 헬라어에 의혹을 가진 사람들이 있었다. 최소한 플라톤 시대로부터 비롯된 전통에서는 몸은 무덤이며 불완전하고 일시적인 물리적 물체의 영역에 속한다고 믿었다. 이에 반해 영이나 영혼은 완벽하고 불멸하며 영원하다고 믿었다. 부활은 내적이고 영적이며 이미 벌어진 일이라고 믿는 다른 이들도 있었다. 그들은 부활을 겪으신 "그리스도와 함께 다시 살리심"을 이미 받았다(참고. 고전 4:8-13; 딤후 2:18). 세 번째 부류도 있는데 이는 단지 사후의 삶은 불가능하다는 유물론적 관점에 매혹된 자들이었다. 루터, 미첼, 에릭슨(Eriksson)은 의심하는 자들 가운데서 이 각각의 부류들이 일단의 역할을 맡고 있다고 합당하게 주장한다.[15] 누구보다도 먼저 루터와 바르트는 고린도에는 부활을 믿는 것이 하나님을 믿는 것과 하나님을 아는 것에 관한 문제임을 몰랐던 자들이 있었음을 주장한다(고전 15:34). 부활은 인간의 힘과 능력 너머에 있는 것이다. 플라톤을 비롯한 다수의 그리스인들에게 불멸은 인간 영혼의 본유적 능력이었다. 그러나 가스통 들뢰즈(Gaston Deluz)의 간결한 표현처럼, "그들은 불멸에 대한 이 이방 교리와 부활에 대한 기독교적 가르침을 혼동했다."[16]

바울은 그리스 로마 수사 양식을 사용하며 고린도전서 15장 1-11절에서 나라치오(narratio), 즉 '서술부'로 이 장을 시작한다. 여기서 그는 굳게 세워진 사도적 전승으로서 그리스도의 부활을 상술하고 이어질 논증을 위한 토대를 마련한다. 나라치오의 첫 부분(고전 15:1-7)은 증인들에 의해 전하여 내려온 그리스도의 몸의 부활을 입증한다. 두 번째

---

15) Martin Luther, *Luther's Works*, vol. 28: *Commentaries on 1 Corinthians 7 and 15* (St Louis: Concordia, 1973), pp. 63-75; 참고. Barth, *The Resurrection of the Dead*, p. 18.
16) Gaston Deluz, *A Companion to 1 Corinthians*, trans. Grace Watt (London: Darton, Longman & Todd, 1963), p. 225.

부분(고전 15:8-11)에서는 하나님의 창조적이고 주권적인 은혜의 현실성과 나란히 그리스도의 부활의 현실성을 기술한다.

이후의 논쟁을 위해 중요한 몇 가지 요소들이 있다. 첫째로, 이 세워진 전승은 바울이 창안한 것이 아니라 다만 '기정 사실'로서 일반적인 사도적 증언에 의해 그에게 전해진 것이다. 둘째로, 그것은 성경적 원리를 구현한다. 초기의 가르침은 늘 "성경에 따라서" 그 사건을 보았다(참고. 눅 24:25-27, 44-46). 바울은 특별한 구절(예로, 호 6:2)에 편협하게 집중하지 않고 하나님이 그의 종에 대한 변호를 하는 보다 넓은 개념을 주시한다(사 53:11-12; 참고. 신 18:15-18; 시 22:8-28; 애 3:19-33).[17] 셋째로, 그리스도의 장사(고전 15:4)는 이것이 부활과 마찬가지로 진짜 죽음이었다는 것을 보여준다. '기절'했다가 회복했다는 이론은 이틀 혹은 사흘 동안의 매장을 설명할 수 없다. 넷째로, 그리스도는 하나님에 의해 (수동태) 살아났다. 이것은 바울이 "그리스도 예수를 죽은 자 가운데서 살리신 이가…너희 죽을 몸도 살리시리라"고 말할 수 있게 한다.[18] 달(Dahl)이 바울서신을 비롯한 다른 여러 곳에 나오는 그리스도의 부활에 관한 언어에 있어서 실제로 하나님이 늘 주체임을 언급한 것은 마땅하다(행 3:15; 4:10; 5:30; 10:40; 롬 6:4; 8:11; 10:9; 고전 6:14; 15:15; 고후 4:14; 갈 1:1; 골 2:12; 살전 1:10 그 외 다른 구절들).

끝으로 그리스도의 부활은 어떤 의미에서 '**육체적**'(bodily)인가? 우리는 고린도전서 15장 42-44절을 살펴볼 때 부활의 육체적임에 관하여 검토해 볼 것이다. 그러나 확실히 말해두자면 다수의 학자들은 "그가 보이셨다"(헬라어 오프데이⟨ōphthē⟩)는 말에 대해 구체적으로 '육체적'인지 아닌지에 관한 언급 없이, 그저 신의 현현(顯現)이 일어났다는 것을

---

17) 참고. Barrett, *The First Epistle to the Corinthians*, pp. 338-9; 그리고 C. H. Dodd, *According to the Scriptures* (London: Nisbet, 1952), 예를 들면 p. 127.
18) 다음을 보라. M. E. Dahl, *The Resurrection of the Body* (London: SCM Press, 1962), pp. 96-100.

뜻한다고만 주장한다. 윌리 막센(Willi Marxsen)은 이 관점의 주도적인 주창자이다.[19] 그러나 고린도전서 15장의 논리는 그리스도의 부활과 죽은 자들의 부활 사이의 연속성을 요구하는 듯이 보이며, 후자는 어떤 의미에서 '육체적'이다. 여하간 퀸네트(W. Künneth), 볼프하르트 판넨베르크, N. T. 라이트(그리고 티슬톤)는 '육체적' 관점을 설득력 있게 변호하며, 우리의 견해는 막센보다 훨씬 더 납득할 만하다.[20]

바울은 고린도전서 15장 1-11절에서 '서술부', 즉 나라치오로부터 그리스 로마 수사법이 반론부(refutatio)를 구성하는 것을 보여주기 위해 넘어간다. 이것은 원칙적으로 부활을 부인한 결과에 관한 부정적 논증이다(고전 15:12-19). 그렇다면 미래의 삶은 없을 것이다(고전 15:12-14). 게다가 이것은 그리스도가 행한 모든 일을 무의미하게 만들 것이며 사도들은 거짓 증인으로 폭로될 것이다(고전 15:15-16). 나아가서는 죄로부터 해방도 없으며(고전 15:17), 죽은 신자들은 망하게 된다(고전 15:18, 19). 그런 후에 반론부(refutatio)를 보완하기 위해 바울은 15장 20-34절에서 확증부(confirmatio)를 서술한다. 이 첫 번째 확증부(confirmatio)는 "그러나 이제 그리스도께서…다시 살아나사"로 시작한다. 이제 그의 부활은 '첫 열매'(헬라어 아파르케〈aparchē〉)로 나타나며, 이는 "그리스도 안에서" 그리스도인의 부활과 같은 종류이다. 또한 첫 열매는 풍작에 대한 징표와 확신이 된다. 하나님이 약속을 하셨지만 그 성취는 하나님의 때에 하나님의 정하신 방법대로 일어날 것이다. 그리스도는 마지막 아담으로 보인다(고전 15:22). 메시아적 통치 기간 중에 그리스도가 왕이며 이후 그는 만유 안에서 만유의 주가 되실 하나님

---

19) Willi Marxsen, *The Resurrection of Jesus of Nazareth*, trans. Margaret Kohl (Philadelphia: Fortress Press, 1970).
20) W. Künneth, *The Theology of the Resurrection*, trans. J. W. Leitch (London: SCM Press, 1965); 그리고 Pannenberg, *Systematic Theology*, vol. 2, pp. 343-72; 그리고 vol. 3, pp. 375-80과 555-646. 참고. Thiselton, *The First Epistle to the Corinthians*, pp. 1169-1213과 1257-1313; Wright, *The Resurrection of the Son of God*, pp. 5-10과 317-25.

께 그 나라를 바친다(고전 15:24-28).

이 '묵시적 드라마'는 하나님의 의도에 맞는 적당한 시기와 정연한 규칙들을 강조하는 역할을 한다. 먼저 그리스도가 살아나고, 다음에 그리스도에 속한 자들이 살아난다(15:23). 사망은 멸망 받을 '마지막 원수'이다(15:26). 바울은 이 장엄한 생각을 맺으며 15장 29-34절에서 다시 이전 논의의 연장선상에서 부활을 부인한 결과에 대해 다룬다. 다른 점이 있다면, 그가 왜 "죽은 자들을 위하여 세례를 받느냐"고 묻는 것이다. 이 구절에 수많은 해석들이 있다는 것은 주지의 사실이다. 내가 쓴 헬라어 원문에 관한 방대한 주석에서 나는 이를 13가지 부류 또는 그 이상으로 언급했다. 그러나 나는 15장 29절이 믿음을 가지게 된 자들이, 바울이 서신을 쓰기 전에 이미 죽어버린 그리스도인들의 신앙고백을 위하여(헬라어 후페르⟨huper⟩) 세례를 받았던 자들을 암시하고 있다고 주장했다.[21] 죽음 앞에서도 빛나는 그들의 확신은 일리 있는 요소였을 것이다. 소위 말하는 대리세례는 바울서신의 다른 곳에는 나오지 않을 뿐더러 이는 비바울적이고 후대의 지나친 '성례 중심주의'를 시사한다. 또한 바울은 만일 부활을 부인하는 그러한 주장이 타당하다면 자신의 사역과 고난이 무의미함을 넌지시 언급한다(고전 15:30-33).

그리고 바울은 고린도전서 15장 35-58절에서 두 번째 반론부(refutatio)와 두 번째 확증부(confirmatio)로 나아간다. 바울은 의심하는 자들을 대신해서 묻는다. 어떻게 부활이 있을 수 있고, 신빙성을 가질 수 있는가? 두 번째 반론부(refutatio)는 탄성(exclamatio)으로 시작한다. 부활을 실제적으로 묘사하는 것은 바울이나 그의 독자들의 일이 아니다. **모든 것은 그들이 어떤 하나님을 믿느냐에 달려 있다.** "하나님을 알지 못하는 자가 있기로"라는 말은 변환적인 구절이다(15:34). "하나님이 그 뜻대로 그에게 형체를 주신다"(15:38). 이것은 루터가 이 논쟁의

---

[21] Thiselton, *The First Epistle to the Corinthians*, pp. 1240-9.

핵심을 "간단히 말해서, 하나님은 **하나님**이시다"고 말한 이유이다.[22] 이와 마찬가지로 칼 바르트는 부활 신앙의 핵심 요소로 "하나님을 아는 것"을 꼽는다.[23] 신앙은 우리가 부활을 이해할 수 있느냐에 달린 것이 아니라 만유의 창조자 하나님이 새 피조물과 '몸'의 부활을 창조하시고 변화시키느냐에 달려있다. 이어서 바울은 창조로부터 하나님이 죽음과 새 생명과 존재의 지속성을 운행하시는 것을 보여주는 유비를 나열한다. 하나님은 이미 '몸'의 여러 형체들을 만드셨다. 우리가 땅에 있는 동물들이나 바다에 있는 물고기나 공중의 새나 우주의 별들을 생각할 때, 이 각각의 '육체'는 각자의 환경에 적합하다는 것을 알 수 있다(15:38-41).

4. "신령한 몸"

바울은 죽은 자의 부활에 관하여, "썩을 것으로 심고 썩지 아니할 것으로 다시 살아나며, 욕된 것으로 심고 영광스러운 것으로 다시 살아나며, 약한 것으로 심고 강한 것으로 다시 살아나며, 육의 몸으로 심고 신령한(spiritual) 몸으로 다시 살아나나니"라고 선언한다(고전 15:42-44). 이를 분명하게 할 필요가 있다. (1) 여기에는 대조 혹은 단절이 있다. "네가 뿌리는 것은 장래의 형체를 뿌리는 것이 아니요"(37절). (2) 여기에는 변화와 창조성이 있다. "영광스러운 것으로 다시 살아나며"(43절). (3) 여기에는 지속적인 정체성이 있다. "…것으로 심고…것으로 다시 살아나며." 케제만에게서 보았듯이(8장), '몸'은 다른 사람을 알아볼 수 있게 하며 그들과 소통이 가능하도록 해준다. '영적'(spiritual)이라는 말

---

[22] Luther, *Luther's Works*, vol. 28, pp. 94-5.
[23] Barth, *The Resurrection of the Dead*, pp. 18과 139, 그리고 189-91.

은 '육체성'의 부정이 아니다. 그것은 피츠마이어의 주장처럼(비록 그가 결말에 이르러 성령의 사역을 강조하긴 했지만) 모순형용인 것도 아니다.[24] 바울에게 '영적'(헬라어 프뉴마티코스〈pneumatikos〉)이라는 형용사는 규칙적으로 그리고 고린도전서에서는 분명하게 "성령에 따라 세워지는" 것을 의미한다. 이것은 성령이 그것에 생명을 불어넣을 것이고 다스릴 것임을 뜻한다. 나는 이를 오랫동안 주장해왔으며 최근에는 N. T. 라이트가 뒷받침해주었다. 그는 "그들은 신령한 몸(헬라어 소마 프뉴마티콘〈sōma pneumatikon〉)을 가질 것인데, 이는 참 하나님의 영으로 생기를 받아 활기를 띠게 된 몸으로 바울이 몇몇의 다른 구절들에서 언급한 바와 정확히 같은 것이다"라고 기술한다(롬 8:9-11; 참고. 겔 36:27; 37:9-10).[25]

더 나아가 '썩을 것'과 '썩지 아니할 것'의 대조는 죽을 운명과 불사신처럼 고정적인 대조가 아니다. 이는 오히려 죽기까지 썩어가는 삶과 증가하는 '힘'으로 활기를 띠어가는 삶 사이의 대조를 보여주는 것이다. 이를테면, 이 삶은 점점 증가하는 크레센도 형식을 취하며 영광에서 영광으로 이르고 살아계신 하나님의 역동적인 본성에 들어맞게 된다. '썩지 아니할 것'(헬라어 엔 아프다르시아〈en aphtharsia〉)는 덧없고, 무익하고, 쇠약하다는 뜻의 히브리어 헤벨(hebel)의 전도이다.[26] 그것은 **활기찬 삶**이고 질적으로 더 나아지는 삶이다.

이것은 마지막 부분에 있는 바울의 글로써 더욱 강화된다(고전 15:45-58). 마지막 아담은 살려주는 영이 되었다(45절). 그리스도인은 하늘에 속한 이의 '형상'을 입을 것이다(49절). 그리스도 홀로 참 하나님의 형상을 입는다. 따라서 그리스도인은 형체와 성품이 그리스도처럼 될 것이며 하나님이 뜻하신 바, 그 형상을 온전히 입을 것이다. 그러므로

---

24) Fitzmyer, *First Corinthians*, p. 596.
25) Wright, *The Resurrection of the Son of God*, p. 354. 참고. Thiselton, *The First Epistle to the Corinthians*, pp. 1271-81.
26) 참고. Brown, *Hebrew and English Lexicon*, pp. 210-11.

혈과 육이 이제는 거룩하신 하나님의 현존에 즉시 다다를 수 **있게 된다**(50-51절). 바울은 죄지은 인류가 거룩하신 하나님께 다가갈 수 있는지에 대하여 관심을 가졌을 뿐, 어떤 유사-물리적 '몸'이 공간을 초월한 천국에 들어갈 수 있는가에 관심을 가지지 않았다. 모든 면에서 바울은 우리가 "홀연히 다 변화되리니"라고 쓴다(51절). 이것은 승리를 고하는 소리가 울릴 때에 눈 깜짝할 사이에 벌어질 것이다. 이 비유는 나팔소리가 잠들어 있는 군대를 깨울 때로 묘사된다(52절). 그리고 바울은 "사망을 삼키고 이기리라…[하나님께서] 우리 주 예수 그리스도로 말미암아 우리에게 승리를 주"신다(53-57절)고 맺는다.

다른 구절들에서 바울의 논증은 점강법에 가깝지만 그것들도 역시 고린도전서 15장에서 바울이 하는 말을 지지한다. 로마서 4장 25절은 그리스도의 부활을 증언하며 아마도 바울서신 보다 더 이른 전승에서 비롯되었을 6장 4, 9절과 7장 4절도 그리스도의 부활을 진술한다. 8장 11절에서는 그리스도를 죽음에서 살린 성령이 그리스도인도 죽음에서 살릴 것임을 확언한다. 고린도후서 1장 9절에서 바울은 하나님의 행위 원칙으로 부활을 말하지만 4:14에서는 그리스도와 그리스도인을 모두 암시하고 있다. 또한 그리스도의 부활은 갈라디아서 1장 1절, 에베소서 1장 20절, 골로새서 2장 12절, 데살로니가전서 1장 10절에서 나타난다. 그리스도의 부활(헬라어 아나스타시스⟨anastasis⟩)은 로마서 1장 4절에서 언급될 뿐만 아니라 로마서 6장 5, 8절과 아마도 빌립보서 3장 10절에서는 그리스도의 부활이 또한 미래에 일어날 신자들의 부활과 연결되어 언급된다.

5. 마지막 심판

바울 서신 중 여섯에서 열두 구절 정도가 미래의 심판을 다루고 있다. 바울은 "하나님이…사람들의 은밀한 것을 심판하시는"(롬 2:16), "하나님께서…세상을 심판하"(롬 3:6)실 것이라 기록한다. 그는 독자들에게 그들이 "하나님의 공의로운 심판의 표"(살후 1:5)를 주시는 "하나님의 심판을 피할" 수 없음을(롬 2:2, 3) 경고한다. 그는 "우리가 다 하나님의 심판대 앞에 서리라"(롬 14:10)고 하며, 가장 잘 알려진 구절 "우리가 다 반드시 그리스도의 심판대 앞에 나타나게 되어"(고후 5:10)라고 기록한다. 하지만 그는 이 교리를 구약과 유대사상으로부터 물려받았는데 직접적인 참고구절은 예상보다 적다(신 32:35; 시 94:1-2; 사 2:4; 3:13-14; 10:20-23; 렘 11:20; 에녹1서 47:3; 91:12-17; 에스드라2서 12:32, 34; 희년서 1:29; 23:27-31). 데살로니가후서 2장 1-12절에서 볼 수 있듯이 중세 미술에서 그리스도는 대개 심판관으로 묘사된다.

우리가 주로 압제 또는 폭력의 희생자들이 마지막 심판에 대한 소망을 품고 있는 것을 살펴볼 때, 아마도 우리는 심판에 대해 약간의 이해를 보탤 수 있을 것이다. 그들은 자신들의 신실함과 곤경에 대한 공적인 변호를 갈망해왔다. 따라서 바울서신을 비롯하여 신약의 다른 곳에서 심판은 때때로 "잘못을 바로 잡는 것"으로 보여진다(헬라어 아포카타스타시스 판톤〈apokatastasis pantōn〉, 만물의 회복, 참고. 행 3:21). 하나님은 결국에 "다 그리스도 안에서 통일되게 하려 하실 것이다"(엡 1:10; 골 1:20). 변호로서의 심판은 한 가지 논제를 불러온다. 또 다른 논제는 망상, 기만, 그럴듯한 위선, 거짓에 종지부를 찍는 것이다. 확정적인 판결은 자기기만과 불확실성을 끝장낼 것이다. 이에 더해 하나님의 최종 판결은 거부되거나 뒤집힐 수 없는 것이다. 믿음은 시야에 가려질 것이고 실재가 마침내 드러날 것이다. 세 번째 논제는 악의 '문법'의 공적 증명이다.

이것은 천상의 교장 선생님이 맞고 틀린 채점표를 불러주는 것과 같지 않다. 악한 목적과 행동의 결과들이 모두에게 명백해질 것이다. 선과 악이 더 이상 모호함이나 비밀스러움으로 감추어져 있지 않을 것이다.

어떤 의미에서 사람들은 스스로 심판한다. 하지만 그 결과는 공적으로 드러날 것이다. 이것은 왜 법정의 상징이 통용되는지 설명해준다. 그러나 피아노를 대충 연습한 사람과 성실히 연습한 사람이 각기 실망스러운 피아노 연주와 탁월한 연주를 해내는 것에 대한 '판단'처럼, 악의 발단이 결국 어디로 인도하는지 공적으로 알게 될 것이다. 그렇다고 해도 그리스도인은 마지막 날까지 책망할 것이 없게 남을 것이고(고전 1:8), 따라서 업적에 따라서가 아니라 그리스도가 최후 결정을 할 것이다.

그러나 이것은 마지막 심판에 대한 전통적인 관념을 완전히 배제한 것은 아니다. 그것은 하나님과 악의 무궁한 이원론을 암시하지 않으며 그 또한 '죽음'에 대한 관념을 가지고 있다(롬 2:2, 12, 16; 고전 15:22; 고후 5:10; 살전 5:3). 이것은 아주 뚜렷하지는 않은데, 바울이 그리스도인들을 대상으로 썼기 때문이다. 하지만 그리스도의 부활로 말미암아 성령의 감화로 '삶'의 질은 더욱 증진되고 활기차게 되는 것처럼-여기에는 악이 당도할 상황에 대한 힌트가 있을 법한데-생기를 불어 넣는 하나님의 영으로부터 박탈된 악은 자기파멸과 죽음으로 폐기되는 것으로 봐도 무방하다(살후 2:8). 바울은 이것을 깊이 생각하거나 구체적으로 명시하지 않았다. 다른 많은 것들과 마찬가지로 그는 이 문제를 은혜롭고 의로우며 인애하신 하나님의 손에 맡겨둔다. 일반적인 예상과 달리, 오히려 바울은 신약의 다른 일부분보다 덜 가혹한 편이다(마 5:29; 23:31; 막 9:43; 벧후 2:4). 그는 심지어 '지옥'을 언급조차 하지 않았으며 다만 이따금 '멸망'에 대해 말하였다.

6. 파루시아(Parousia)

바울은 파루시아(Parousia, 강림)의 표지와 거기에 수반되는 것들에 대해 이야기한다. 하지만 그는 대체로 이를 마지막 사건으로 단순하게 말한다. 데살로니가전서 2장 19절에서 그는 "우리의 소망이나 기쁨이나 자랑의 면류관이 무엇이냐? 그가 강림(Parousia)하실 때 우리 주 예수 앞에 너희가 아니냐?"고 묻는다. 그는 데살로니가전서 3장 13절에서 "주 예수께서 그의 모든 성도와 함께 강림하실 때에 하나님…앞에서 거룩함에 흠이 없게 하시기를"(참고. 살전 5:23) 또한 고린도전서 1장 8절에서 반복하여 "주께서 너희를 우리 주 예수 그리스도의 날에 책망할 것이 없는(또는 흠 없는) 자로 끝까지 견고하게 하시리라"고 선언한다.

데살로니가전서 4장 14-18절에서 바울은 "주께서 강림하실(파루시아) 때까지 우리 살아 남아 있는 자도 자는 자보다 결코 앞서지 못하리라"(살전 4:15; 참고. 살전 5:23; 살후 2:1, 8, 9)고 독자들이 확신하도록 촉구한다. 교회가 믿는 바대로 **파루시아**는 극적인 우주적 사건의 형태를 취하겠지만, 이미 죽은 그리스도인들도 조금도 놓치는 바가 없을(강조형태) 것이다. 그들도 역시 그리스도를 만나는 축전에 함께 하기 위해 다시 살아날 것이다. 데살로니가로 보내진 두 서신에는 그리스도가 강림하고 나타날 때에 미혹이 사라질 것이며, 그 때에 그리스도가 '불법의 사람'을 멸망시키는 것에 관한 매우 자세한 진술이 있다(살후 2:7-12). 흩어져 있던 하나님의 사람들은 함께 모일 것이다(살전 4:12-18; 살후 2:1). 마지막 나팔 소리 비유의 언급과 부활과 **파루시아**의 연관은 고린도전서 15장 51-52, 55절과 데살로니가전서 4장 16-17절에 나온다. 고린도전서 15장 23절에서 그는 "다음에는 그가 강림하실 때에 그리스도에게 속한 자요"라고 기록한다. 그 외에 신약에서 그리스도의 '오심'은 일반적으로 '묵시적'이라 불리는 구절들에서 특별히 나타난다

(마 24:37-39; 벧후 1:16; 3:4, 12).

간혹 바울은 '나타남' 혹은 '계시'를 뜻하는 헬라어 에피파네이아(epiphaneia)도 사용하곤 한다(살후 2:8; 참고. 딤전 6:14; 딤후 1:10; 딛 2:13). 주에뜨 바슬러(Jouette Bassler)는 "파루시아는 전통적 묵시 이미지로 묘사되지만, 바울에게 있어서 그 이미지의 사용은 눈에 띄게 억제된다(참고. 막 13장, 살후 1:7-10; 당연히 요한계시록도 포함된다). 그는 단지 죽은 자들을 '잠든' 자들이라고 지칭했을 때를 제외하고는 그들의 부활 이전의 상태에 관하여 언급하지 않는다(살전 4:13-15; 5:10)…이것은 죽은 자에 대한 일반적인 비유였다"고 정확히 평가한다.[27] 바슬러는 모든 기독교 신자들이 죽음의 경계선을 넘을 때 이러한 일들을 함께 겪게 될 것이라는 데 바울의 초점이 있다고 주장한다. 이러한 언어가 잘 맞물리도록 하기 위해 우리는 앞서 논의한 바대로 **관찰자**와 **참가자**의 관점의 차이를 잊지 말아야 한다. 또한 **기대에 대한 '문법'**을 상기시켜야 할 필요가 있다. 무엇보다도 중요한 것은, 마지막 일들이 주권적이고 정의로우며 자비로운 **하나님의 창조 행위**라는 사실이다.

---

27) Jouette M. Bassler, *Navigating Paul: An Introduction to Key Theological Concepts* (Louisville and London: Westminster John Knox Press, 2007), p. 90.

제17장
바울과 포스트모더니티

1. 포스트모더니즘은 우리 시대에만 한정되는가?

바울과 포스트모더니즘에 관한 글을 쓰기 위해 몇 세기를 건너뛰는 것은 놀랍게 보일 것이다. 포스트모더니즘은 단지 20세기와 21세기의 현상일 뿐, 바울과 무관한 것이 아닌가? 만일 포스트모더니즘을 특정한 시대라고 본다면, 그것은 사실일 것이다. 그러나 앞으로 살펴볼 바와 같이 많은 사람들이 포스트모더니즘을 시대가 아닌 **분위기**(mood)라고 여기는 것은 적절한 바이다.

포스트모더니즘을 정의하려는 시도는 어렵기로 잘 알려져 있다. 이에 대한 짤막한 정의들은 선택적이고 지나치게 일반적이기 마련이다. 그에 관련된 많은 유형들은 모두 근대(modernity)의 보편화하고 추상화하려는 경향에 반대한다. 그것은 비록 전부는 아니지만 많은 근대의 문화와 철학, 심지어 논리에 관한 전통적인 특징과 대안을 진리에 근거한 것이 아니라 단순히 인습에 근거한 비실재, 즉 환영이라고 여긴다. 따라서 그것은 과학이 모든 지식에 대한 보편타당한 기준을 부여한다는 견해에 반대한다. 대체로 그것이 모든 지식을 정당화하려고 시도하는 어떠한 담론에도-즉 마르크스주의, 다윈주의, 프로이트주의, 또는 그 외의 어떤 '- 주의'가 되었든지 간에-반대한다는 데는 두말할 나위가 없다. 넓게는 모든 개념적 체계나 세상을 보는 방식을 주로 인종, 계급, 성, 역사의 산물일 뿐이라고 믿는 것이 포스트모던 사고이다.

그렇다면 포스트모더니즘에 수반된 어떠한 쟁점들을 제대로 평가할 만큼 바울은 충분히 자기비판적인가? 헤겔(Hegel)과 슈트라우스(Strauss)는 비판적 개념(Begriff)을 철학에 한정하였고, 종교적인 사상가들은 기술(記述)로서 표현된 생각이라는 의미에서 단지 표상(Vorstellungen)이나 신화를 사용한다고 주장했다. 더 나아가 매우 많은 사람들이 포스트모더니즘(postmodernism)과 포스트모더니티(postmodernity)라는 용어를 별도의 구별 없이 사용하고 있는데 이제는 이를 되돌릴 수도 없음에도 불구하고 우리는 이 두 용어를 구별해 볼 수 있을 것이다. 바울과 포스트모더니즘의 관계를 논할 때, 우리는 다섯 가지 쟁점들을 고찰해볼 것이다.

(1) 포스트모더니즘이 하나의 **분위기**를 구성한다는 다수의 주장은 타당하다. 토머스 도허티(Thomas Docherty)는 그것을 한 **시기**로 보는 이들도 있지만 일종의 **분위기**로 보는 사람이 더 많다고 주장한다.[1] 리처드 로버츠(Richard Roberts)는 "전(前)근대, 근대, 후(後)근대(또는 탈(脫)근대로 번역됨-역주)는 공존한다…포스트모더니티는 한 시기로 존재하지 않는다…전근대, 근대, 후근대는 개별 공동체와 국가 안에서 공존하고 있다…"[2] 포스트모더니즘의 **다원주의**, 다양한 가치체계, 진리가 아닌

---
1) Thomas Docherty, 'Postmodernist Theory', in Richard Kearney (ed.), *Twentieth-Century Philosophy* (London: Routledge, 1994), p. 476.
2) Richard Roberts, 'A Postmodern Church?', in D. F. Ford and D. L. Stamps (eds), *Essentials of Christian Community: Essay for Daniel W. Hardy* (Edinburgh: T. & T.

수사에 대한 강조, 실재보다 **지각**에 대한 관심, 보편성에 대한 거부와 **지역성**에 대한 고려, 주어진 것에 대한 용인이 아니라 그것의 사회적 **구성**, 이러한 모든 포스트모더니즘의 특징은 바울이 고린도에서 씨름해야 했던 분위기를 상기시켜준다.[3]

(2) 만일 포스트모더니티를 근대에 대한 반동으로 본다면, 이런 관점은 바울에게서 그것을 멀리 떼어놓는 것처럼 보인다. 리처드 번스타인(Richard Bernstein)은 포스트모더니티를 "인본주의와 계몽주의 유산에 대한 분노"로 정의했다.[4] 하지만 그것이 나타내고 일으키는 많은 논란들은 끝이 없다. 그것은 근대의 **개인주의**, **이성**의 능력에 대한 신뢰, **인류의 진보**에 대한 전반적인 낙관주의를 받아들이지 않는다. 노먼 덴진(Norman Denzin)은 그것이 자아가 더 이상 자신의 운명을 통제할 수 없다는 믿음에 귀속된다고 보는데, 이에 따라 "화, 소외, 불안…인종차별주의와 성차별주의"가 그것을 특징짓게 된다.[5] 장 프랑수와 리오타르(Jean-François Lyotard)는 가장 유명하고도 간략한 정의(뒤에서 다시 살펴볼), 즉 **"거대담론에 대한 불신"**(incredulity towards metanarratives)을 말한다. 이는 세계과정(world-processes)이나 사건들에 대한 '담론'으로, 깊숙이 지니고 있는 인생관과 연관된 가치체계를 정당화하고 조장하는 영향력을 가진, 예를 들어 다윈, 프로이트, 마르크스의 담론이다.[6] 이는 『안티크리스트』(1895)를 저술한 프리드리히 니체(Friedrich Nietzsche,

---

Clark, 1996), pp. 182와 189; 참고. 179-95.
3) 참고. Thiselton, *First Corinthians*, pp. 12-17, 40-3, 50, and 74-6, 더욱 상세한 설명.
4) Richard Bernstein (ed.), *Habermas and Modernity* (Cambridge: Polity Press, 1985), pp. 1-34.
5) Norman Denzin, *Images of Postmodern Society* (London: Sage, 1991), p. vii.
6) Jean-François Lyotard, *The Postmodern Condition: A Report on Knowledge*, trans. Geoff Bennington and Brian Massumi (Manchester: Manchester University Press and Minneapolis: University of Minnesota Press, 1984), p. xxiv (저자 강조).

1844-1900)를 돌이켜보게 하는데, 그는 철학과 종교를 '허구'와 '거짓'으로 보았으며 "우리의 욕망과 열정을 제외하고는 '**주어진' 것이라곤 아무것도 없다**"고 믿었다.[7]

이와 대조적으로 근대의 분위기는 임마누엘 칸트와 '계몽주의' 사상가들에서 유래하였으며 또한 데카르트(Descartes)의 합리주의와 로크(Locke)의 경험주의에서 비롯하였을 것이다. 칸트는 인류가 중재적인 권위나 전통에 대한 의존에서 벗어나 자신을 위해 이성의 힘을 사용하는 자유로 말미암은 인간 진보에 대한 낙관적인 관점으로 계몽주의를 정의했다. 이는 특히 영국에서 이신론 사상가들에 의해 두드러졌으며, 독일에는 사무엘 라이마루스와 레싱(G. E. Lessing)같은 이들이 있었다.

바울은 구약의 전승과 바울이전의 사도적 전승이나 교훈을 의지하였다. **이것은 '주어진' 것이며** 이런 의미에서 그는 권위와 전통을 적대시하고 개인의 '자율'을 중시하는 '근대성'에 비판적이었을 것이다. 하지만 그는 포스트모더니즘의 다원성과 상대주의에 대해서도 똑같이 비판적이었을 것이다. 바울은 이성과 마음을 쓰기를 장려한다(8장에서 이미 살펴보았다). 그는 자아가 공동체와 교류하지 않고 완전히 발달할 수 있다는 관념을 받아들이지 않았다. 모든 인간은 **관계적**이다. 우리는 교회에 대한 바울의 관점에서 이를 살펴보았다. 더군다나 많은 포스트모던 작가들과 마찬가지로 최소한 그리스도인들을 위해서라도 그는 로마제국의 권세를 비롯하여 우주를 지배하는 '권세들'에 대한 '신화'를 인정하지 않았다. 이러한 '권세들'은 고대 세계에서 거대담론으로 '정당화하는' 세력들과 같은 것이다. 오늘날 우리는 그것들을 다르게 여기지만 다른 이들을 동화시키는 보편적인 세계관이나 거대담

---

7) Friedrich Nietzche, *Beyond Good and Evil*, trans. R. J. Hollingdale (London: Penguin, 1973 and 1990), sect 36 (저자 강조).

론을 제공하는 다윈, 마르크스, 프로이트, 과학이나 기술의 주장과 원리상으로는 동일하다. 바울이 교회에서 "너희는 유대인이나 헬라인이나 종이나 자유인이나 남자나 여자나 다 그리스도 예수 안에서 하나이니라"(갈 3:28)고 할 때에, 그는 더 이상 "화, 소외, 불안"이나 "인종차별주의와 성차별주의"를 느끼지 않았다.

(3) 바울의 자의식은 얼마나 비판적인가? 그는 자기기만에 대해서 잘 인식하고 있었다(고전 4:1-5). 바울은 세련된 개념들과 그리스 로마 수사법을 인상적으로 사용한다. 그는 대조법, 유비, 확증부(confirmatio), 반론부(refutatio), 환유법을 비롯해 키케로와 퀸틸리안이 사용했던 많은 형식들과 심의적이고, 법정적이며 과시적인 수사법 등을 사용한다.[8] 바울에게 얼마나 언어를 단순히 사용하는지에 대해 비판적 인식을 하는 자의식이 없었다는 견해는 지지될 수 없다. 이것은 고린도 지방의 수사법과는 매우 다른 그의 양식으로 인해 확증된다.[9] 설사 바울이 철학자가 아니었다고 해도, 그는 일반적인 철학적 사상을 인식하고 있었다. 그에 앞서 몇 세기 전, 제논(Zeno)을 비롯한 다른 이들은 여러 가지 복잡한 역설들을 고안해두었다. 아마도 바울(만일 바울이 아니라면, 디도에게 쓴 사람)은 그 역설들을 어느 정도 알고 있었으며 일부러 그것들을 이용했을 것이다.[10] 내가 단언하는 바로는 디도서 1장

---

8) Mitchell, *Paul and the Rhetoric of Reconciliation*, 특히, pp. 20-64; 그리고 Stanley E. Porter and T. H. Olbricht (eds), *Rhetoric and the New Testament* (Sheffield: Sheffield Academic Press, 1993), pp. 429-42.
9) Stephen M. Pogoloff, *Logos and Sophia: the Rhetorical Situation of 1 Corinthians* (Atlanta: Scholars Press, 1992).
10) Anthony C. Thiselton, 'The Logical Role of the Liar Paradox in Titus 1:12, 13: A Dissent from the Commentaries in the Light of Philosophical and Logical Analysis', *Biblical Interpretation* 2 (1994), pp. 207-23; reprinted in Anthony C. Thiselton, *Thiselton on Hermeneutics: The Collected Works of Anthony C. Thiselton with New Essays* (Aldershot: Ashgate and Grand Rapids: Eerdmans, 2006), pp. 217-28.

13절을 많은 사람들이 오해하는 것은 그들이 오늘날 이 철학적이고 비판적인 인식을 갖추고 있지 않기 때문이다.

(4) 미국의 포스트모더니즘은 돌이키기 힘들 정도로 매우 실용적이다. 대표적인 주창자인 리처드 로티가 믿는 바대로 만일 진리에 대한 유일한 척도가 주어진 공동체의 이해관계와 가치를 따르는 것이라면, 어떻게 성경이나 다른 어떤 자료들이 그것을 개혁하거나 교정할 수 있겠는가? 루터는 성경은 '우리의 적'으로서 우리에게 말한다고 주장하였다. 다른 책에서 내가 쓴 바대로, 본회퍼(Bonhoeffer)는 "만일 하나님이 거기에 있을 것이라고 말하는 사람이 나라면, 나는 그곳에서 어떤 면에서 나와 일치하고 내 마음에 드는 하나님을 늘 찾을 수 있을 것이다…그러나 하나님이 스스로 자신이 거기에 있을 것이라고 말한다면, 그곳은 정말 애당초 내 마음에 들지 않는 장소일 것이다…그곳이 그리스도의 십자가이다…이것은 우리의 본성과 도무지 들어맞지 않는다"고 기술하였다.[11] 이 비판적 자의식의 결여는 미국 포스트모더니즘의 가장 심각한 결점이고 바울과도 모순되는 것이다.

(5) 데이비드 리옹(David Lyon)은 포스트모더니티(postmodernity)와 포스트모더니즘(postmodernism)을 적절하게 대조한다. 그의 주장에 따르면, 포스트모더니즘은 문화적이고 **철학적**인 데에 그 강조점이 놓인다. 포스트모더니티는 **사회적**인 데에 그 역점을 둔다.[12] 포스트모더니즘은 '토대주의'(foundationalism)또는 지식에 관한 전통적 이론에 대한 반동이다. 그것은 계몽주의에 반발한다. 그에 반해서, 포스트모더니티는 미

---

11) Dietrich Bonhoeffer, *Meditating on the Word* (Cambridge, MA: Cowley, 1986), pp. 44-5; 다음 책에서 전부 인용. *Thiselton, Thiselton on Hermeneutics*, p. 73.
12) David Lyon, *Postmodernity* (Buckingham: Open University Press, 1994), pp. 6-7.

디어가 만들어 낸 것임에 틀림없는 가상적이고 **고안된** 현실을 강조한다. 소비자주의적 용어로 하자면, 젊은이들은 주로 유명인들이 미디어를 통해 선전하는 것들을 원한다. 더 이상 시장은 진짜 필요에 의해서 좌우되지 않는다. **판타지**적 요소가 사람들의 삶을 좌우하기 시작한다. 그래함 워드(Graham Ward)는 정말 미묘한 차이만이 있는 대조를 보여준다.[13]

우리는 매스미디어로부터 자유로운 바울의 시대를 그려볼 수 있을 것이다. 그러나 고린도에는 대체로 실재보다 **지각**(perceptions)을 전달하는 수사학자들이 지배적이었다. 고린도에는 지각과 '인식'을 받아들이기 선호했던 사람들이 많았지만 바울은 진리와 실재가 삶을 지배해야한다고 역설하며 거기 맞서 싸웠다. 환영은 오늘날만큼이나 고대 사회에서 두드러졌다.

포스트모더니티와 포스트모더니즘 간의 대조는 유익할 뿐만 아니라 타당성을 지닌다. 그러나 매우 많은 사람들이 이 두 용어를 구분하지 않고 사용하고 있으며, 그 두 용어 사이의 차이점을 분별해내려는 시도는 너무 늦어버렸다. 최소한 그들은 포스트모더니즘의 두 가지 다른 양상에 주의를 끈다. 그것은 무척 쉬워서 다양한 포스트모더니즘의 형식을 일반화할 수 없으며, 마땅한 **일반적** 정의도 없다. 따라서 우리는 특별히 잘 알려져 있는 몇몇 학자들을 살펴보고 이에 연관된 바울의 논제를 고찰해 볼 것이다.

---

13) Graham Ward (ed.), *Postmodern God: A Theological Reader* (Oxford: Blackwell, 1997), p. xxiv.

2. 미셸 푸코(Michel Foucault)

미셸 푸코(1926-84)는 포스트모더니즘의 대표적인 주창자 중 한 명이다. 가장 유명하고 독특한 그의 논제들 중에는 진리주장과 위장된 권력 사이의 관계가 포함되어 있다. 그는 연구의 많은 부분을 할애하여 정신과 의사의 역할과 '광기'의 현상에 더불어 병원, 임상의학, 감옥, 군대, 다양한 관료 제도에 대해서 다루고 있다. 그는 광기는 '주어진' 것이 아니라 다만 대대로 지어진 구조물과 같은 개념이며 그 '권력'은 정신과 의사가 쥐고 있다고 주장한다. 정신과 의사들에 의해 규정되고 대중에 의해 용납된 규준에서 벗어나는 것은 미친 것으로 여겨졌다. 의사 조합에는 엄청난 권력이 쥐어졌고, 그들은 대중을 위한 '진리'를 규정하였다. 우리는 외견상으로는 "흰색 가운을 입은 미소를" 보지만, 그것은 권력을 감추고 있다.

또한 푸코는 감옥 체계와 경찰의 감시를 겨냥한다. 그는 **권력** 관계의 망 바깥에서는 지식이나 **진리**가 존재하지 않는다고 주장한다(푸코는 권력을 누가 가졌는지가 아니라 어떤 관계에서 어떻게 행사되는지에 주목한다-역주). 권력 체제는 "유배지, 병영, 감옥, 병원, 구빈원"에 있다.[14] 익명의 권력은 "모든 곳에서 늘 경계하고 있으며…소리 없이 널리 행사된다."[15]

앙투아네뜨 와이어(Antoinette Wire)는 바울은 그 자신이 "실재의 구조"라고 여기는 것을 확립하기 위해 권력의 수사법을 사용했다고 비난한다.[16] 아비에 관한 구절, 즉 "그리스도 안에서 일만 스승이 있으되 아

---

14) Michel Foucault, *Discipline and Punish*, trans. A. Sheridan (New York: Pantheon and London: Allen Lane, 1977), p. 300; 참고. Michel Foucault, *Madness and Civilizations*, trans. P. Howard (New York: Pantheon, 1965); and Michel Foucault, *The Order of Things*, trans. A. Sheridan (New York: Random House, 1970).
15) Foucault, *Discipline and Punish*, pp. 176-7.
16) Antoinette Clark Wire, *The Corinthian Women Prophets: A Reconstruction through*

버지는 많지 아니하니, 그리스도 예수 안에서 내가 복음으로써 너희를 낳았음이라. 그러므로 내가 너희에게 권하노니 너희는 나를 본받는 자(imitator)가 되라"(고전 4:15-16)는 말씀이 여기에 해당된다. 엘리자베스 카스텔리(Elizabeth A. Castelli)도 보다 잠정적이긴 하지만 이 구절에 대해 유사한 비평을 한다.[17] 그녀는 바울 당시의 아버지들은 자녀들에 대해 절대적인 권한을 가졌다고 주장한다. '아버지'라는 말은 권위주의적인 함의를 지녔다. 모방(헬라어 미메시스⟨mimēsis⟩)에는 어떤 경계도 없다. 그것은 다양하고 다원적인 공동체에 획일적인 구조를 씌운다. 바울은 조작적인 수사적 전략을 사용한다. 때때로 그가 그것을 자기무화(self-effacement)로 감추려고 해도 그러하다. 그래서 바울은 데살로니가교회에 "우리가 너희 각 사람에게 아버지가 자기 자녀에게 하듯"(살전 2:11)이라고 썼다.

그러나 바울은 "우리의 권면은 간사함이나…속임수로 하는 것도 아니라"(살전 2:3)고 기록한 바처럼 권력을 추구하는 것과 무관했다. 그는 '많은 싸움'에도 불구하고 복음을 위해 '능욕'을 당할 준비가 되어 있었다(살전 2:2). 그는 아첨하는 말로써 그들의 찬동을 구하지 않았으며(살전 2:5, 6), 다만 "유순한 자가 되어 유모가 자기 자녀를 기름과 같이 하였"다(2:7). 여성명사 '유모'는 견유철학자의 직설에 대한 함축뿐만 아니라 뒤에서 살펴볼 바와 같이 보살핌도 나타낸다.

이런 분위기는 고린도전서에서 바울의 접근법을 특징짓는다. 그는 이른 바 바울 당파를 권력 기반으로 변호하지 않았으며(고전 1:12), 자신과 동맹 맺을 사람을 찾지 않았다(고전 1:14-16). 그는 사람들에게 환호를 받기 원하고 또 그렇게 되게 되어있는 연설가의 게임에 참여하

Paul's Rhetoric (Minneapolis: Fortress Press, 1990), pp. 35-6.
17) Elizabeth A. Castelli, *Imitating Paul: A Discussion of Power* (Louisville: Westminster John Knox Press, 1991), pp. 97-115.

기를 거부하였다. 만일 그렇게 하지 않았다면 그는 이 교회로부터 더욱 존경받았을 것임에도 말이다(고전 2:1-5; 9:12-23).[18] 많은 사람들이 육체노동자를 경멸했지만, 바울은 자기 일로 인해 신세를 입지 않으려고 생계비와 전문직의 권한을 포기하였다(고전 9:12-18).

바울은 몇 번이고 하나님 앞으로 나아가는 것과 하나님께 심판받는 것에 대해 말하고 있으며, 오직 유신론을 싸잡아 비꼬는 니체의 냉소만이 이 요청을 단순히 조작적인 수사로 이해하려고 하였다. 소위 종교인들 가운데는 사람들을 그들의 바람대로 행동하도록 위협하는 수단으로써 하나님 또는 성경에 대한 권면을 **사용하는** 자들이 있다는 것은 명백한 사실이다. 그들은 위장된 권력의 수단으로써 입증된 진리를 사용한다. 그러나 바울은 끊임없이 멸시받는 종의 역할을 하며, 대개는 스스로 자기 비용을 감당하였다. 오로지 지독한 냉소주의자만이 바울에게 권력을 얻기 위해 조작적인 야심이 있었다고 생각할 수 있을 것이다.

예수에게 권력을 향한 욕망이 있었다고 생각하기는 불가능하다. 그는 겸손과 이기심 없는 마음을 가르쳤을 뿐만 아니라 안전한 집도 없이 살기로 했으며(마 6:25-34; 8:20; 참고. 10:39; 눅 9:58), 십자가 위에서 고통스러운 죽음을 당하였다(막 15:25-37). 그런데도 바울은 "그리스도 안에" 있는 자로서 이 본보기를 따라 살도록 일관되게 권면하였다.

---

18) Andrew D. Clarke, *Secular and Christian Leadership in Corinth* (Leiden, New York, and Cologne: Brill, 1993), 전체부분. 그리고 Pogoloff, *Logos and Sophia*, 전체부분이지만 다음을 볼 것. pp. 188-9.

3. 롤랑 바르트(Roland Barthes)

롤랑 바르트(1915-80)는 프랑스 구조주의와 그 뒤의 후기 구조주의에 있어서 주요한 인물이 되었다. 1964년에 그는 『기호학의 원리』(Elements of Semiology, 영역판 1968년)를 출간했다.[19] 우리는 언어의 사용이 언제나 그 액면 그대로 받아들여지는 것은 아님에 동의한다. 언어학자 페르디낭 드 소쉬르(Ferdinand de Saussure)는 언어의 잠재적 저장소(랑그, la langue)와 구체적인 발화행위(빠롤, la parole)를 구분하였는데, 바르트는 이를 엄밀히 연구하여 가구-언어 또는 옷-언어가 편리함이나 날씨에 따른 '자연적' 요구보다는 계급이나 사회적 역할에 대한 사회적 열망에 따라 더 좌우된다는 것을 보여주었다. 그러나 『작품에서 텍스트로』(From Work to Text)라는 에세이에서 바르트는 저자로부터 벗어나 자율적이고 저자가 없는 '텍스트'를 말한다(1971). 그는 저자의 권위를 거부한다.

이는 최소한 두 가지 주요한 근거에서 바울의 기록과 차이가 있다. 첫 번째, 바울은 기만적으로 언어를 사용하는 것을 용납하지 않았다. 고린도전서 2장 1-5절에서 그는 십자가를 직접적으로 선포하는 것 외에는 어떠한 것도 받아들이지 않았다. 그는 성령의 사역으로부터 관심을 돌리게 할 "설득력 있는 지혜의 말"을 하기를 거부하였다(고전 2:4, 5). 고린도후서 3장 12절-4장 6절에서 그는 진솔하고 담대하게(고전 3:12), "속임으로 행하지 아니하며, 하나님의 말씀을 혼잡하게 하지 아니하고, 오직 진리를 나타냄으로 하나님 앞에서 각 사람의 양심에 대하여 스스로 추천하노라"(고전 4:2)고 말한다. 바울이 아니라 "이 세상의 신이" 기만을 생성한다(고전 4:4).

---

19) Roland Barthes, *Elements of Semiology*, trans. A. Cavers and C. Smith (New York: Hill & Wang, 1968).

데살로니가전서에서도 바울은 같은 관심을 반영한다. 그는 "우리의 권면은 간사함이나…속임수로 하는 것도 아니라…우리가 이와 같이 말함은 사람을 기쁘게 하려 함이 아니요, 오직 우리 마음을 감찰하시는 하나님을 기쁘시게 하려 함이라"고 기록한다(살전 2:3, 4). 바울은 아첨하는 말을 하거나 구실을 삼지 않았다(살전 2:5, 6). 말레르브(Malherbe)와 패디슨(Paddison)을 비롯한 오늘날 많은 이들은 바울의 유순한 '유모 같은' 말과 행동(살전 2:7)이 디오 크리소스톰(Dio Chrysostom, 주후 40-120)이 사기꾼과 허풍선이의 속성에 대조하여 참된 철학자의 자질을 피력하는 견유철학의 배경을 반영한다고 주장한다.[20]

두 번째 갈림길은 텍스트로부터 저자를 떼어내려는 바르트의 시도에 있다. 많은 이들, 특히 로버트 펑크는 바울의 서신들이 그의 사도적 실재를 대신하는 역할을 한다고 주장한다.[21] 바울은 자주 '전하다'(헬라어 동사 케루쎄인⟨kērussein⟩)는 말을 사용하였다. 따라서 뷰딘(Beaudean)은 "전하는 자(헬라어 케룩스⟨kērux⟩)의 일은 인정된 권위를 대신하여 말하는 것이었다…복음을 전파하는 사람을 보낸 이는 하나님이시다(롬 10:14-17)"고 기록하였다.[22] 말씀은 하나님의 권위에 의거한다.

---

20) A. J. Malherbe, "'Gentle as a Nurse': The Cynic Background to 1 Thess. ii", *Novum Testamentum* 12 (1970), pp. 203-17; 그리고 Angus Paddison, *Theological Hermeneutics and 1 Thessalonians* (SNTSMS 133; Cambridge: Cambridge University Press, 2005), pp. 6-7과 62-4.
21) Robert Funk, *Parables and Presence: Forms of the New Testament Tradition* (Philadelphia: Fortress Press, 1982), pp. 81-102.
22) John W. Beaudean, *Paul's Theology and Preaching* (Macon, GA: Mercer University Press, 1988), p. 193; 참고. Duane Litfin, *St. Paul's Theology of Proclamation: 1 Corinthians 4 and Greco-Roman Rhetoric* (SNTSMS 79; Cambridge: Cambridge University Press, 1994).

4. 자크 데리다(Jacques Derrida)

아마도 유럽에서 자크 데리다(1930-2004)보다 더 악명 높고, 논란이 되며, 여러 오해가 발생하는 철학자는 없을 것이다. 그는 존재론, 즉 '존재'의 철학을 거부한다. 존재는 매우 분주하게 움직이기에, 이를 정적인 상태로 만들려는 시도는 잘못된 것이다. 바울은 이에 공감했을 법한데, 이는 그가 살아 계신 하나님을 어떤 정적인 개념화로써 포착하려는 시도는 곧 하나님을 격하시키는 것이라는 사실에 동의했을 것이기 때문이다. 70인역의 출애굽기 3장 14절에 나오는 "나는 있는 자"(I am)는 히브리어로 "나는 있을 자"(I will be)로 번역되는 것이 한결 나을 듯하다.

데리다는 1967년에 출판된 『그라마톨로지』(Of Grammatology)에서 '해체'의 문제에 전력을 다한다.[23] 그는 이 일이 긍정적인 성격이라고 주장한다. 그 목적은 텍스트를 파기시키는 것이 아니라 일차 의미 너머에 있는 이차 의미를 판별하는 것이다. 이러한 의미에서 성경의 비유적 해석은 타당하다. 폴 리쾨르(Paul Ricoeur)와 마찬가지로 데리다는 텍스트 읽기에서 '대리보충'(supplement)을 추구한다. 바르트와 같이 데리다도 "저자의 의도"를 인정하지 않는 데 이바지한다. 반면에 『유한 책임 회사』(Limited Inc.)의 '후기'에서 데리다는 해체가 텍스트의 안정성을 침식시키지 않는다고 주장한다.[24] 그것은 판별력에 의거한다. 갈라디아서 3장 15-16절, 4장 22-31절에서 바울이 정말 모형론(**사건 혹은 인물**의 평행론)이 아니라 유비(**사고**의 평행론)를 사용한 것인지는 논란의 여지가 있다. 그러나 바울은 이러한 텍스트 속에 있는 '이차' 의미를

---

23) Jacques Derrida, *Of Grammatology*, trans. G. C. Spivak (Baltimore: Johns Hopkins University Press, 1975 (1967)).
24) Jacques Derrida, *Limited Inc.*, trans. J. Mehlmann and S. Weber (Evanston: Northwestern University Press, 1988), p. 143.

볼 준비가 되어 있었다.

하지만 데리다는 '저자의 죽음'을 주장하는 데 있어 바르트를 따르며, '백색 신화'를 비롯한 다른 여러 글을 통해 존재론만이 아니라 형이상학도 공격한다. 그는 다수의 철학이 문자적 의미를 드러내는 듯이 보이지만 실제로 그것은 은유에 의존하고 있다고 논변한다. 그는 "은유는 더 이상 은유로 인식되지 않고, 고유의 의미로 받아들여진다…그것[철학]은 중추성 난청에 이르거나 사각지대 주위에서만 그것의 형이상학을 깨달을 수 있을 것이다"고 주장한다.[25]

바울은 판별력을 옹호하였고, 사람 마음의 기만성을 알고 있었다(고전 4:1-5; 참고. 3:18). 그러나 너무 지나친 우상파괴와 의미의 '지연'(deferment)은 바울 이전의 어떠한 유전이나 바울 전승의 확립을 위태롭게 할 것이다. 그리하여 앤더스 에릭슨을 비롯한 다른 이들이 보여주듯이 바울은 그의 논지를 꿰는 공유된 전제로서 일반적인 사도적 전승을 사용하였다(고전 11:23-25; 15:3-7; 롬 4:25). 또한 바울은 성령으로 말미암아 새롭게 된 마음에 근거한 판별력을 옹호하며 십자가의 인식론을 품고 있었다.

5. 장 프랑수와 리오타르

장 프랑수와 리오타르(1924-98)는 포스트모더니즘의 다양한 논제들을 간단한 정의를 제시함으로써 포착하려고 시도한다. 그는 포스트모더니즘을 "거대담론에 대한 불신"으로 정의한다.[26] 그는 '메타내러

---

25) Jacques Derrida, 'White Mythology: Metaphor in the Text of Philosophy', in J. Derrida, *Margins of Philosophy*, trans. Alan Bass (New York and London: Harvest Wheatsheaf, 1982), pp. 211과 228, 참고. 207-71.
26) Lyotard, *The Postmodern Condition*, p. xxiv.

티브'라는 말로써 태도와 행동에 정당성을 부여하는 세계사의 거대한 담론을 나타낸다. 우리는 과학의 진보, 기술적인 세계관, 경제생산과 계급의 측면에서 마르크스주의자의 역사 분석, 자연선택으로 인한 진보에 대한 다원주의적 담론, 욕망의 무의식적 힘으로서 자아에 대한 프로이트의 설명을 근대 속에서 보았다. 아마도 소비자주의(Consumerism)는 돈, 소유권, 기술, 권력을 통한 인간 '진보'에 대한 또 다른 '정당화' 담론을 제공하는 것으로 보인다.

바울에게는 이스라엘과 그리스도의 역사 속에서 언약과 성취라는 '거대담론'이 있었다(로마서 9-11장). 리오타르는 성경적 담론에 대해서는 분명하게 논하지는 않았다. 리처드 바우캠은 성경은 거대담론보다는 개인이나 집단을 수반하는 일련의 '작은 담론'(little narratives)을 보여준다고 주장한다.[27] 바우캠의 주장을 근거로 성경은 리오타르의 비판을 피해나간다. 그러나 이 반론은 절반만 맞는 생각이다. 바우캠이 성경 자료의 우연성에 대해 강조하는 것은 옳다. 그러나 '작은 담론'은 거대 담론의 **대안**이 아니다. 이것은 사람의 경험을 높이 평가하는 듯하다. 로마서 9-11장에서 바울은 세계사 속에서 이스라엘에 대해 기록하며 그리고 전체 역사 속에서 하나님의 목적의 성취와 그리스도의 구속을 우주적 범위로 보고 있다(갈 4:3-4). 판넨베르크는 "이 신학의 보편성은 그것이 **하나님**에 대해 말하고 있다는 사실과 떼려야 뗄 수 없는 관계이다…**모든** 존재를 하나님과 관련지어 이해하는 것은 신학의 역할에 속한다"고 올바르게 진술한다.[28]

리오타르는 메타내러티브, 즉 거대담론끼리 서로 경쟁한다는 점에 주목한다. 여기서 그는 과학철학의 용어를 빌려와 '공약불가능성'

---

27) Richard J. Bauckham, *Bible and Mission: Christian Witnesses in a Postmodern World* (Grand Rapids: Baker Academic and Carlisle: Paternoster Press, 2003), pp. 87-93.
28) Wolfhart Pannenberg, *Basic Questions in Theology*, 3 vols, vol. 1, trans. G. H. Kehm (London: SCM Press, 1970), p. 1 (저자 강조).

(incommensurability, 서로 다른 패러다임 사이에 공약수가 없다는 점을 설명하면서 토마스 쿤이 처음 도입한 말이다. 리오타르는 비트겐슈타인의 개념을 차용하여 언어게임들 사이에 이행이 불가능함을 보여준다. 후에 그는 언어게임 대신에 문장(phrase)이라는 용어를 쓴다-역주)에 호소하며, 그것들을 서로 중재할 수 있는 대법원은 존재하지 않는다고 주장한다. 바울은 변천하는 이해의 지평에 따라서 십자가는 '어리석은 것' 아니면 '지혜로운 것'으로 보일 수 있을 것이라는 사실에 동의한다(고전 1:18-25). 알렉산드라 브라운은 "종래의 구세계의 시각에서 그것(십자가)은 고통, 약함, 어리석음, 죽음의 상징이다"고 기술한다.[29] 그러나 새 창조는 마음을 새롭게 하고 합당한 심판을 불러일으킨다. 앙드레 문칭거는 바울은 "신자들로 하여금 그들의 믿음과…윤리적 행실의 구심점을 회복하기 위해서 그들 스스로 반성하게끔 하는 요청을" 우리가 소홀히 여긴다고 보았음을 설명한다(고전 10:12; 11:27-32; 14:37-38; 고후 13:5; 갈 6:4).[30]

그러나 리오타르에게 있어서 '공약불가능한' 신념체계는 해결될 수 없는 다원주의로 인도한다. 그는 이를 분명하게 '이교주의'(paganism)라고 칭했다. 이교도들은 필연적으로 다신론적이며 다원주의적이다. 리오타르는 공약불가능성의 필수적인 함축으로 '이교주의'를 변론한다. 거대담론은 어떤 체계가 올바른 것인지 판단할 수 없다.

이는 두 집단 이상이 오로지 합의에 도달하는 일이 **나타난다**는 주장을 야기한다. 그러나 협약은 합리적인 절충을 통해 나오는 것이 아니라 **강압**(force)에 의한 것이다. 리오타르는 정치적 또는 제국 권력의 유령을 보았다. 상대적으로 더 강력한 집단은 교묘하게 그들의 담론 규칙을 강요해온다. 더 강한 집단은 '언어게임' 즉 언어규칙 안에서 가능한 것을 강요한다. 이 집단은 이른 바 논쟁에서 이길 것이다. 리오

---

29) Brown, *The Cross and Human Transformation*, p. 14.
30) Munzinger, *Discerning the Spirits*, p. 36; 참고. p. 59와 pp. 75-98.

타르는 이를 '**디퍼런드**'(differend)라고 말한다. 지배적인 주장이 이성이 아니라 권력에 따라 좌우됨을 아는 것은 그들의 폭정에서 해방되는 수단을 얻는 것이다.[31]

대개 핍박받는 연약한 자들 편에서 추정해보면 바울 공동체는 무척 강력하였으며, 믿음에 확신을 가질 수 없어 신뢰성을 무시하는 자들에게 언어규칙을 강요할 수 있었다. 참으로 바울은 "우리 복음이 너희에게 말로만 이른 것이 아니라, 또한 능력과 성령과 큰 확신으로 된 것임이라"고 시인한다(살전 1:5). 그러나 이것은 강압과 아무런 상관이 없는데, 이는 청중으로 하여금 "주를 본받은 자가"(살전 1:6) 되도록 하기 때문이다. 바울은 폭력적인 방법을 거부하였다.

바울은 사람들이 대체로 리오타르의 '이교주의'에 있는 '다원주의'를 원한다는 사실을 인정한다. 그는 '거대담론'(예로, 로마제국과 황제의 커져가는 또한 확립된 권력)이 개인적인 헌신과 삶의 방식을 통제해서는 안 된다는 것을 인식하고 있었다. 하지만 그는 세상을 향한 하나님의 최종적인 목적의 일부로서 구약과 사도적 전승에도 호소한다. 그는 믿음이 합리적인 판단, 특히 새로워진 마음에서 생긴다는 사실을 알았다. 그것은 강압에서 비롯된 것이 아니다. 그리스도인은 그들에게 의미를 부여해주는 거대한 성경적 담론에 자신의 삶을 끼워 넣는다고 말한 조지 린드벡(George Lindbeck)의 주장은 올바르고 바울의 뜻과도 일치한다.[32]

---

31) Jean-François Lyotard, *The Differend*, trans. G. van den Abbeele (Manchester: Manchester University Press, 1990).
32) George Lindbeck, *The Nature of Doctrine: Religion and Doctrine in a Postliberal Age* (London: SPCK, 1984), p. 118.

6. 로티, 피쉬, 바울

리처드 로티(1931-2007)와 스탠리 피쉬(Stanley Fish, 1938년생)는 포스트모던적 동향에서 미국의 신실용주의(neo-pragmatism)를 대표한다. 리오타르와 마찬가지로 로티는 비트겐슈타인에 대한 다원적인 해석을 내어놓았지만 이는 여전히 논란이 되고 있다. 또한 그는 마틴 하이데거(Martin Heidegger)에 의존하고 있다. 무엇보다도 그는 미국의 실용주의와 혁신주의(progressivism)에 의존해있다. 자유 민주주의 아래서 아메리칸 드림을 향한 진전은 미국 정치의 많은 부분에 있어서 정당한 신화가 되었다. 사회학자 폴린 로제나우(Pauline M. Rosenau)가 미국인과 유럽인 혹은 프랑스인의 포스트모더니즘 사이의 특징을 미국은 비교적 '확정적'(affirmative)인 반면 유럽의 학자들은 '회의적'(sceptical)이라고 분간한 것은 타당하다. 이 구별은 일리있지만 나는 그녀가 미국판(version)을 더욱 긍정적인 것으로, 유럽판을 보다 위험하고 매력적인 것으로 여기는 점에 있어서는 의견을 달리하는 바이다. 유럽의 포스트모더니즘은 종교적 진리를 권력의 추구로 보는 것과 과학과 인류의 모든 거대담론을 매력적인 것으로 여기는 것에 대해서 우리에게 경고하는 반면에 미국의 포스트모더니즘은 세속적 진보의 신화에 기대있고 자기비판이 결여되어 있기 때문이다.[33]

로티는 실용주의자 윌리엄 제임스(William James), 존 듀이(John Dewey), 콰인(W. V. O. Quine), 도날슨(D. Donaldson), 윌프레드 셀라즈(Wilfred Sellars)에게서 깊이 영향을 받았다. 그는 자신의 초기 저서인 『철학과 자연의 거울』(Philosophy and the Mirror of Nature, 1979)에서 '해석학'을 오

---

33) Pauline M. Rosenau, *Post-modernism and the Social Sciences* (Princeton, NJ: Princeton University Press, 1992); Thiselton, *Thiselton on Hermeneutics*, pp. 586-690; and Thiselton, *New Horizons in Hermeneutics* (Grand Rapids: Zondervan and London: HarperCollins, 1992), pp. 529-57.

직 **처리**(coping) 방식으로서 다룬다. 그의 후기 저서 『우연성, 아이러니, 연대성』(Contingency, Irony and Solidarity, 1989)에서 그는 인간의 마음으로부터 독립해서 존재할 수 있는 진리는 없다고 주장하였다. 그는 니체 이전의 시대와 연관된 형이상학을 비난한다. **지식**으로 간주된 것은 단지 사회적 실행의 문제이다. 이것은 각개의 공동체에서 합의를 통해 도출된다. 많은 이들이 그를 상대주의자로 비난하지만 그는 전통적인 철학을 '문화 정치학'으로 치환하기를 좋아했다.

로티는 그의 저서 『객관성, 상대주의, 진리』(Objectivity, Relativism and Truth, 1991)에서 '표상주의'(representational) 언어관을 비판하고 현상과 실재 사이의 근본적 차이를 인정하지 않았다. '지식'은 기껏해야 '보수주의'(conservatism)에 지나지 않는다. 그는 **진리는 믿어서 '좋은' 것**이라는 윌리엄 제임스(William James)의 격언을 참고한다.[34] 『진리와 진보』(Truth and Progress, 1998)에서 로티가 듀이에게 빚을 지고 있는 것은 명백하다. 진리는 "탐구의 목적"이 아니라 그 자체로 주어진 공동체에서 **유용하다는** 것을 입증한 것이다. 로티는 이를 '인종중심적'(ethnocentric) 공동체라고 부른다.[35] 전통적인 철학의 짐은 '폐기처분' 당한다. 내가 다른 책에서 언급한 바대로, 이것은 에이어(A. J. Ayer)가 종교적이고 윤리적인 언어를 '무의미한' 것으로 간주하고 쓸어버려야 한다고 언급한 바와 같은 맥락이다. 이것은 대중을 너무나 매혹시키지만 다만 한시적일 뿐이다.[36]

실용주의, 곧 **'진보'를 위해 유용한 것**이 진리라는 원리는 로버트 코링턴(Robert Corrington), 로저 룬딘(Roger Lundin), 버코비치(S. Bercovitch)

---

[34] Richard Rorty, *Objectivity, Relativism and Truth: Philosophical Papers, Volume 1* (Cambridge: Cambridge University Press, 1991), pp. 113-25, 특히 126-8, 129-50, and 192-4 (저자 강조).

[35] Richard Rorty, *Truth and Progress: Philosophical Papers, Volume 3* (Cambridge: Cambridge University Press, 1998), pp. 670; 참고. 1-15, 19-42, and 153-65.

[36] Thiselton, *Thiselton on Hermeneutics*, pp. 591-2와 797.

가 상기시켜 주는 바와 같이 미국의 전통에 깊숙이 심겨져 있다.[37] 이것은 한 사람이 역사 속에서 어디에 위치했느냐에 달려있는 가변적인 기준에 불과함을 역사가 보여줄 것이다. 예를 들어 중세의 한 지점에서 이슬람은 기독교보다 더 '진실하게' 보일 수 있을 것이다. 랄프 왈도 에머슨(Ralph Waldo Emerson)은 진리를 "우리에게 유익을 주는 것"으로 여겼으며, 자신 편의 당을 '미래당'(the party of the future)이라고 칭하는 반면에 반대편은 '과거당'(the party of the past)이라고 불렀다. 혁신주의는 간편하며 지나치게 낙관적이다. 역사는 혁신주의의 오류를 입증할 뿐만 아니라 그것은 그 자체가 지닌 역사적 지평의 한계 내에 붙들린 채로 있을 것이다. 그것은 인간의 비신론적(non-theistic) **자만**을 나타내고 있다.

더욱이 만일 한 공동체가 그들의 기호에 맞는 것만 진리로 받아들이고 이른 바 진보를 촉진시킨다면, 스스로의 가치를 비판할 만한 방도가 없다. 이는 그들이 그 진리를 내리깎는 것이라면 무엇이든지 이미 **거짓된 것**으로 규정지어 버렸기 때문이다. 또한 이것은 성경에 대해 루터와 본회퍼가 말했던 모든 바와 상반된 것이다.

스탠리 피쉬는 이 기준을 강하게 밀어붙이는데 다만 문학적 맥락 안에서만 그러하다. 의미는 늘 텍스트에 대한 독자의 응답이지 결코 '주어진 것'이 아니다. 그렇다면 어떻게 이것은 독자를 변화시킬 수 있겠는가?[38] 성경은 변용의 힘을 잃어버리고 오직 독자의 기대에만 부응할 수 있다. 이것은 루터와 본회퍼에게 있어서만 상반된 것이 아니라 한스 로버트 야우스(Hans Robert Jauss)가 수용이론에서 '도발'(provocation)

---

37) Robert S. Corrington, *The Community of Interpreters: On the Hermeneutics of Nature and the Bible in the American Philosophical Tradition*(Macon, GA: Mercer University Press, 1987); 참고. Thiselton, *Thiselton on Hermeneutics*, pp. 589-92.

38) Stanley Fish, *Doing What Comes Naturally: Change, Rhetoric, and the Practice of Theory in Literary and Legal Studies* (Oxford: Clarendon Press, 1989), pp. 1-33.

을 강조한 것도 무시하는 처사이다.

이 문제에 대해 존 무어(John Moores)보다 논리정연하게 다루는 이는 없다고 보아도 무방하다. 그는 다음과 같이 단언하였다. "**바울**은 (수용자 요인의 중요성을 강조하는 근대의 일부 지지자들처럼)…메시지의 정체성이…어떤 의미에서 수신자의 입장에서 그것이 무엇을 뜻하는가에 따라 결정된다고 생각하지 않는다. 그는 그들의 반응으로 결정되는 것은 메시지의 정체성이 아니라 **그들의** 정체성이라고 보았다. 바울을 현대의 수용이론 혹은 독자반응이론의 기준에 종속시키는 것은 그 주제에 대한 **그의** 관점을 뒤엎는 일이 될 것이다."[39] 바울은 갈라디아인들에게 '다른 복음'을 전하는 일은 하나님의 저주를 받는다고 말한다(갈 1:6-9). 그의 복음은 계시와 사도적 전승으로 말미암은 것이지 인본적 구성이 아니었다(갈 1:11-23).

신적인 은혜를 제외하면 인간 '진보'는 필연적이지 않다. 그런 기분은 로마서 1장 18절-3장 20절과 같은 구절과 대립하는 채로 남아 있다. 나아가 고린도전서 4장 6-13절과 고린도후서 1장 9절에서는 '성공'을 진리의 기준으로 보지 않고 오히려 그 반대이다. 바울이 아니라 고린도인들이 '성공'을 치하했으며 그들의 지역 공동체적 지평 안에서 만물을 보았다(고전 1:2; 3:18-21).

다원주의, 궤변적 수사, 사태에 대한 인식 혹은 **지각**(perception)에 대한 강조, 유명인들에 대한 숭배, 수사를 통해 사회적으로 구성된 '세계'를 바울은 마주했다. 이것은 '포스트모던'이고, 또한 그것은 오늘날 우리의 문화 속에 있는 많은 요소들을 반영하고 있다. **진리**에 관한 순수한 인간 '지식'에 대해 확신할 수 없다는 점에 있어서 바울은 로티와 이해를 같이 할 법하다. 그는 마르크스주의, 프로이트주의, 다원주의,

---

[39] John D. Moores, *Wrestling with Rationality in Paul: Romans 1-8 in a New Perspective* (SNTSMS 82; Cambridge: Cambridge University Press, 1995), pp. 133-4 (저자 강조).

유물론과 같은 정당화하는 '거대담론'뿐만 아니라 은혜가 결여된 인간 진보 신화 역시 부정했을 것이다. 바울이 글을 쓰던 당시의 경제 위기는 소비자주의자의 '거대담론'이 그들 자신의 파멸의 씨를 품고 있다는 것을 나타낼 수 있다. 마음은 쉽게 속을 수 있다(고전 4:1-5). 바울의 메시지는 "(인본적 구성의) 우상을 버리고 **살아계신** 하나님께 돌아오라"는 것이다(살전 1:9). 십자가의 '지혜'는 어떠한 형태의 포스트모더니즘보다 오래 지속될 것이며, 바울의 목소리는 계속 살아 있을 것이다.

역자 후기

바울신학을 종합하는 한 가지 주제를 꼽기는 불가능하다. 바울의 기독론, 성령론, 인간론, 여성관, 목회관을 비롯한 수많은 주제들에 대한 끊이지 않는 논쟁들과 지금까지 축적된 방대한 연구는 전문가가 아닌 일반인의 접근을 가로막는 듯이 보인다. 하르낙의 지적에서 볼 수 있듯이 역설적으로 이런 세분화가 바울과 예수 사이의 인위적인 간극을 발생시키고 신자들로 하여금 바울을 단지 교리의 창시자 정도로 여기게 했을 것이다. 하지만 거의 반세기에 이르는 세월 동안 바울의 신학을 연구하고 가르쳐온 대가답게 앤토니 티슬턴 교수는 이 간략한 책에 바울신학의 정수를 명료하면서도 세심하게 통합적으로 담아낸다. 저자의 다른 책인 『두 지평』과 『해석학의 새 지평들』(New Horizons in Hermeneutics)에서처럼 그는 복음주의자인 자신의 견해를 희석시키지 않으면서도 여러 학자들의 논지를 공정하게 평가한다. 가다머의 지적처럼 저자는 고립된 '문제'(problem)를 제기하는 것이 아니라 '물음'(question)을 던짐으로써 바울의 의미를 재탐색한다. 그리고 시대의 변화와 요구에 따른 해석학적 적용으로 바울의 목소리를 생생하게 전달한다.

"살아 있는" 바울의 음성을 전하기 위해 저자는 현재까지의 여러 연구와 이론들을 종합하는 것을 넘어 오늘날의 포스트모던 분위기와 시대적 요구를 간파하고 참된 이해를 꾀한다. 그리고 남은 과제를 독자에게 제시하여 모든 이들이 바울과 생동감 있는 대화를 하며 "십자가의 어리석음"의 지혜를 맛보게 한다. 독자와 바울, 저자와 독자 간의 서로에 대한 신뢰와 사랑을 바탕으로 지속적으로 바울에 대한 올바른 이해를 추구하는 것이 이 책의 궁극적인 목표인 것이다. 저자가 다른 책에서 언급한 바와 같이 그랜트 오스본(Grant R. Osborne)의 '해석학적 나선'(Hermeneutical Spiral)이라는 표현은 슐라이어마허의 해석학적 순환(Hermeneutical Circle)이라는 표현보다 이 과정을 더욱 엄밀하고 탁월하게 함축하고 있다고 볼 수 있다. 바울과 우리는 텍스트를 통해 계속해서 살아서 발전하는 이해를 공유해야만 한다. 따라서 바울은 21세기를 살아가는 신자들에게 여전히 진리의 담지자로서 우리의 목자가 될 것이다.

저자는 하워드 마샬(I. Howard Marshall)과 도널드 해그너(Donald A. Hagner)가 기획한 NIGTC 시리즈 중 2000년에 출간된 고린도전서 주석에서 해박한 헬라어 지식을 바탕으로 첨예한 주장들과 이론들을 분석하며 시대에 적합한 해석을 제시한 바 있다. 이후에도 고린도전서에 대한 다른 주석들이 출간되었지만 현재까지 티슬턴의 주석은 최고의 권위를 가지고 있다. 역자는 이 주석을 통해 고린도의 포스트모던 분위기와 바울 사상에 관심을 두게 되었다. 그러던 차에 바울 사상에 대한 간단명료하면서도 가볍지 않고 또한 지나치게 현학적이지도 않은 본서가 2010년 4월 북미에서 출간되었다. 이에 역자는 본서가 한국의 교인들에게 바울 사상에 대한 건전한 안내서가 될 것이라는 벅찬 기쁨으로 옮기게 되었다.

작은 책에 방대한 지식을 압축하여 세심하게 표현하려고 했던 저자의 어휘나 어감을 한글로 그대로 살리기에는 한계가 있는 것이 사실이나, "번역자의 과업"에 대한 발터 벤야민의 짤막한 언급에서 볼 수 있듯이 그 불가함이 또한 새로운 창조 작업의 일부로서 원저의 영향력을 확대하고 활기를 북돋우는 일이 되었으리라 믿는다. 물론 그 차이가 발전적 의미로의 돋움이 아니라 단지 미련한 과실에서 비롯한 것이라면 너그러운 이해를 구하는 바이다. 나아가 독자들 가운데 본서가 다루고 있는 논의와 해석에 대한 함축적인 의미를 파악하는 데 본문의 내용만으로 부족함을 느낀다면 참고문헌을 살펴봄으로 보다 넓은 이해의 장으로 진전할 수 있을 것이다. 본서가 역자에게도 바울 신학에 대한 한층 넓은 이해와 더 깊은 연구를 위한 성실한 관문의 역할을 했다는 사실은 두말할 나위가 없다.

무엇보다 본서가 나오기까지 가장 관심을 가져주시고, 수많은 질문에도 늘 즉각적이고 꼼꼼하게 답을 주신 앤토니 티슬턴 교수님께 감사드린다. 본서의 역주 가운데 많은 부분들은 저자의 부차적인 견해와 해설임을 밝혀둔다. 또한 개인적인 문제와 고민들도 허투루 넘기지 않으시고 진심어린 충고를 아끼지 않으신 것에 감사드린다. 번역을 하는 과정에서 여실히 드러난 것은 저자의 지식이라기보다 사려 깊고 친절한 마음이었다는 사실도 독자들 앞에 고백하고 싶다. 그의 너그러운 마음에서 우러나온 격려는 이 과정을 단지 일이 아니라 신나는 놀이로 만들어 주었다. 원고 검토와 더불어 훌륭한 책에 걸맞은 추천사를 기꺼이 써 주신 고려신학대학원의 최승락 교수님께도 감사드린다. 끝으로 각박한 유학생활 중에도 늘 따스하고 행복한 가정을 만들어준 아내 박예경, 딸 모원에게 이 책이 작은 기쁨이 되기를 소망한다.

매사추세츠 해밀턴에서,
윤성현

참고 문헌

Aland, Kurt, *Did the Early Church Baptize Infants*, trans. G. R. Beasley-Murray (London: SCM Press, 1962)
Austin, John L., *How to Do Things with Words* (Oxford: Clarendon Press, 1962)
Banks, Robert, *Paul's Idea of Community*, 2nd edn (Peabody: Hendrickson, 1994)
Barr, James, 'Abba Isn't Daddy', *Journal of Theological Studies* 39 (1988), pp. 28–47
Barr, James, *The Semantics of Biblical Language* (Oxford: Oxford University Press, 1961)
Barrett, C. K., *A Commentary on the Epistle to the Romans* (London: A. & C. Black, 1962)
Barrett, C. K., *A Commentary on the First Epistle to the Corinthians*, 2nd edn (London: A. & C. Black, 1971)
Barth, Karl, *The Resurrection of the Dead*, trans. H. J. Stenning (London: Hodder & Stoughton, 1933)
Barthes, Roland, *Elements of Semiology*, trans. A. Cavers and C. Smith (New York: Hill & Wang, 1968)
Bassler, Jouette M., *Navigating Paul: An Introduction to Key Theological Concepts* (Louisville and London: Westminster John Knox Press, 2007)
Bauckham, Richard J., *Bible and Mission: Christian Witnesses in a Postmodern World* (Grand Rapids: Baker Academic and Carlisle: Paternoster Press, 2003)
Bauckham, Richard J., *Jesus and the Eyewitnesses: The Gospels as Eyewitness Testimony* (Grand Rapids/Cambridge: Eerdmans, 2006)
Beaudean, John W., *Paul's Theology and Preaching* (Macon, GA: Mercer University Press, 1988)

Beker, J. Christiaan, *Paul's Apocalyptic Gospel: The Coming Triumph of God* (Philadelphia: Fortress Press, 1982)
Beker, J. Christiaan, *Paul the Apostle: The Triumph of God in Life and Thought* (Edinburgh: T. & T. Clark, 1980)
Bell, Richard H., *Provoked to Jealousy: The Origin and Purpose of the Jealousy Motive in Romans 9—11* (WUNT 2.63; Tübingen: Mohr, 1994)
Bell, Richard H., *The Irrevocable Call of God* (WUNT 2.184; Tübingen: Mohr, 2005).
Bernstein, Richard (ed.), *Habermas and Modernity* (Cambridge: Polity Press, 1985)
Best, Ernest, *A Commentary on the First and Second Epistles to the Thessalonians* (London: A. & C. Black, 1972)
Best, Ernest, *One Body in Christ* (London: SPCK, 1955)
Bonhoeffer, Dietrich, *Meditating on the Word* (Cambridge, MA: Cowley, 1986)
Bornkamm, Günther, 'Faith and Reason in Paul', in *Early Christian Experience*, trans. P. L. Hammer (London: SCM Press, 1969), pp. 29–46
Bousset, Wilhelm, *Kyrios Christos: A History of the Belief in Christ from the Beginnings of Christianity to Irenaeus*, trans. John Seely, 5th edn (Nashville: Abingdon, 1970)
Brown, Alexandra R., *The Cross and Human Transformation: Paul's Apocalyptic Word in 1 Corinthians* (Minneapolis: Fortress Press, 1989)
Brown, Francis (ed.), a revision of F. Brown, S. R. Driver, and C. A. Briggs (eds), *Hebrew and English Lexicon* (Lafayette, IN: Associated Publishers, 1988)
Bruce, F. F., *Paul: The Apostle of the Free Spirit* (Exeter: Paternoster Press, 1977)
Bruce, F. F., *The Epistle to the Galatians: A Commentary on the Greek Text* (NIGTC; Grand Rapids: Eerdmans and Exeter: Paternoster Press, 1982)
Bultmann, Rudolf, 'Jesus Christ and Mythology', in Hans-Werner Bartsch (ed.), *Kerygma and Myth*, 2 vols, trans. R. H. Fuller, vol. 1 (London: SCM Press, 1964), pp. 1–44; alternatively Rudolf Bultmann, *New Testament Mythology and Other Basic Writings Selected and Edited by Schabert Ogden* (Philadelphia: Fortress Press, 1984), pp. 1–44
Bultmann, Rudolf, *Theology of the New Testament*, trans. K. Grobel, 2 vols (London: SCM Press, 1952 and 1955)
Caird, George B., *The Language and Imagery of the Bible* (London: Duckworth, 1980)
Calvin, John, *Institutes of the Christian Religion*, trans. J. Beveridge, 2 vols (London: Clarke, 1957)
Carrington, Philip, *The Primitive Christian Catechism* (Cambridge: Cambridge University Press, 1940)
Castelli, Elizabeth A., *Imitating Paul: A Discussion of Power* (Louisville:

Westminster John Knox Press, 1991)
Cerfaux, L., *The Church in the Theology of Paul*, trans. G. Webb and A. Walker (New York: Herder & Herder, 1959)
Chadwick, Henry, 'St. Paul and Philo of Alexandria', *Bulletin of the John Rylands Library* 48 (1966), pp. 286–307
Chilton, Bruce, *Rabbi Paul: An Intellectual Biography* (New York and London: Doubleday, 2004)
Clarke, Andrew D., *Secular and Christian Leadership in Corinth* (Leiden, New York and Cologne: Brill, 1993)
Collins, John N., *Diakonia: Re-interpreting the Ancient Sources* (Oxford and New York: Oxford University Press, 1990)
Conzelmann, Hans, *1 Corinthians: A Commentary*, trans. J. W. Leitch (Philadelphia: Fortress Press, 1975)
Coombs, L. A. H., *The Metaphor of Slavery in the Writings of the Early Church* (Sheffield: Sheffield Academic Press, 1998)
Corrington, Robert S., *The Community of Interpreters: On the Hermeneutics of Nature and the Bible in the American Philosophical Tradition* (Macon, GA: Mercer University Press, 1987)
Crafton, Jeffrey A., *The Agency of the Apostle: A Dramatistic Analysis of Paul's Response to Conflict in 2 Corinthians* (JSNTSup 51; Sheffield: Sheffield Academic Press, 1991)
Cranfield, C. E. B., *A Critical and Exegetical Commentary on the Epistle to the Romans*, 2 vols (International Critical Commentary; Edinburgh: T. & T. Clark, 1975, 1979)
Crossan, John Dominic, *The Historical Jesus: The Life of a Mediterranean Jewish Peasant* (San Francisco: Harper, 1991)
Cullmann, Oscar, *Baptism in the New Testament*, trans. J. K. S. Reid (London: SCM Press, 1950)
Cullmann, Oscar, *Christ and Time*, trans. F. V. Filson, 2nd edn (London: SCM Press, 1962)
Cullmann, Oscar, *The Christology of the New Testament*, trans. J. G. Guthrie and C. A. M. Hall (London: SCM Press, 1963)
Dahl, M. E., *The Resurrection of the Body* (London: SCM Press, 1962)
Danker, W. F. (ed.), *Greek–English Lexicon of the New Testament*, based on Walter Bauer, W. F. Arndt and F. W. Gingrich's *Lexicon*, 3rd edn (Chicago: University of Chicago Press, 2000)
Davies, W. D., *Paul and Rabbinic Judaism: Some Rabbinic Elements in Pauline Theology* (London: SPCK, 1958)
Deissmann, Adolf, *Light from the Ancient East: The New Testament Illustrated by Recently Discovered Texts from the Graeco-Roman World*, trans. L. R. M. Strachan (London: Hodder & Stoughton, 1927)
Deluz, Gaston, *A Companion to 1 Corinthians*, trans. Grace Watt (London:

Darton, Longman & Todd, 1963)
Denzin, Norman, *Images of Postmodern Society* (London: Sage, 1991)
Derrida, Jacques, *Limited Inc.*, trans. J. Mehlmann and S. Weber (Evanston: Northwestern University Press, 1988)
Derrida, Jacques, *Of Grammatology*, trans. G. C. Spivak (Baltimore: Johns Hopkins University Press, 1975 (French, 1967))
Derrida, Jacques, 'White Mythology: Metaphor in the Text of Philosophy', in J. Derrida, *Margins of Philosophy*, trans. Alan Bass (New York and London: Harvester Wheatsheaf, 1982), pp. 207–71
Docherty, Thomas, 'Postmodernist Theory', in Richard Kearney (ed.), *Twentieth-Century Philosophy* (London: Routledge, 1994)
Dodd, Charles H., *According to the Scriptures* (London: Nisbet, 1952)
Dodd, Charles H., *Gospel and Law* (Cambridge: Cambridge University Press, 1951)
Dodd, Charles H., *The Apostolic Preaching and its Developments* (London: Hodder & Stoughton, 1936)
Dunn, James D. G., *Baptism in the Holy Spirit* (London: SCM Press, 1970)
Dunn, James D. G., *Christianity in the Making*, vol. 1: *The Remembered Jesus* (Grand Rapids and Cambridge: Eerdmans, 2003)
Dunn, James D. G., *Jesus, Paul and the Law* (Louisville: Westminster John Knox Press, 1990)
Dunn, James D. G., *Romans 1—8* (Dallas, TX: Word Books, 1988)
Dunn, James D. G., *Romans 9—16* (Dallas, TX: Word Books, 1988)
Dunn, James D. G., *The Epistles to the Colossians and to Philemon: A Commentary on the Greek Text* (Grand Rapids: Eerdmans and Carlisle: Paternoster Press, 1996)
Dunn, James D. G., *The Theology of Paul the Apostle* (London: T. & T. Clark, 1998)
Eckstein, H.-J., *Der Begriff Syneidēsis bei Paulus* (Tübingen: Mohr, 1983)
Epp, Eldon Jay, *Junia: The First Woman Apostle* (Minneapolis: Fortress Press, 2005)
Eriksson, Anders, *Traditions as Rhetorical Proof: Pauline Argumentation in 1 Corinthians* (Stockholm: Almqvist & Wiksell, 1998)
Fish, Stanley, *Doing What Comes Naturally: Change, Rhetoric, and the Practice of Theory in Literary and Legal Studies* (Oxford: Clarendon Press, 1989)
Fitzmyer, Joseph A., *First Corinthians: A New Translation with Introduction and Commentary* (Anchor Yale Bible 32; New Haven and London: Yale University Press, 2008)
Fitzmyer, Joseph A., *Romans: A New Translation with Introduction and Commentary* (Anchor Bible; New York: Doubleday, 1992)

Foucault, Michel, *Discipline and Punish*, trans. A. Sheridan (New York: Pantheon and London: Allen Lane, 1977)
Foucault, Michel, *Madness and Civilizations*, trans. P. Howard (New York: Pantheon, 1965)
Foucault, Michel, *The Order of Things*, trans. A. Sheridan (New York: Random House, 1970)
Fowl, Stephen E., *The Story of Christ in the Ethics of Paul* (JSNTSup 36; Sheffield: Sheffield Academic Press, 1990)
Funk, Robert, *Parables and Presence: Forms of the New Testament Tradition* (Philadelphia: Fortress Press, 1982)
Furnish, Victor P., *The Love Command in the New Testament* (London: SCM Press, 1973)
Furnish, Victor P., *Theology and Ethics in Paul* (Nashville and New York, Abingdon, 1968)
Gale, Herbert M., *The Use of Analogy in the Letters of Paul* (Philadelphia: Westminster Press, 1964)
Gillespie, Thomas W., *The First Theologians: A Study in Early Christian Prophecy* (Grand Rapids: Eerdmans, 1994)
Gooch, Peter D., 'Conscience in 1 Corinthians 8 and 10', *New Testament Studies* 33 (1987), pp. 244-54
Grayston, Kenneth, *Dying, We Live: A New Enquiry into the Death of Christ in the New Testament* (Oxford and New York: Oxford University Press, 1990)
Grenz, Stanley J., *The Social God and the Relational Self: A Trinitarian Theology of the Imago Dei* (Louisville: Westminster John Knox Press, 2001)
Grillmeier, A., *Christ in Christian Tradition: From the Apostolic Age to Chalcedon*, trans. J. Bowden (London: Mowbray, 1965)
Hall, David R., *The Unity of the Corinthian Correspondence* (London and New York: T. & T. Clark International, 2003)
Hamilton, Neill Q., *The Holy Spirit and Eschatology in Paul* (Edinburgh: Oliver & Boyd, 1957)
Hanson, Anthony T., *The Pioneer Ministry* (London: SCM Press, 1961)
Harris, Murray J., *The Second Epistle to the Corinthians: A Commentary on the Greek Text* (NIGTC; Grand Rapids: Eerdmans, 2005)
Hawthorne, Gerald F., *Philippians* (Waco, TX: Word Books, 1983)
Haykin, Michael A. G., *The Spirit of God: The Exegesis of 1 and 2 Corinthians in the Pneumatomachian Controversy of the Fourth Century* (VCSup 27; Leiden and New York: Brill, 1994)
Hays, Richard B., *The Moral Vision of the New Testament: A Contemporary Introduction to New Testament Ethics* (New York: Harper One, 1996)
Hock, Ronald F., *The Social Context of Paul's Ministry: Tentmaking and*

Apostleship (Philadelphia: Fortress Press, 1980)
Hofius, Ottfried, 'The Lord's Supper and the Lord's Supper Tradition', in Ben Meyer (ed.), *One Loaf, One Cup: Ecumenical Studies of 1 Cor. 11: 17–34* (Macon, GA: Mercer University Press, 1993), pp. 75–115
Hogeterp, Albert L. P., *Paul and God's Temple* (Leuven, Paris and Dudley, MA: Peters, 2006)
Holland, Tom, *Contours of Pauline Theology: A Radical New Survey of Influences on Paul's Biblical Writings* (Fearn, Rosshire: Mentor, 2004)
Hurtado, Larry W., *Lord Jesus Christ: Devotion to Jesus in Earliest Christianity* (Grand Rapids and Cambridge: Eerdmans, 2003)
Hurtado, Larry W., *One God, One Lord: Early Christian Devotion and Ancient Jewish Monotheism* (London: SCM Press, 1988)
Jeremias, Joachim, 'Abba', in J. Jeremias, *The Central Message of the New Testament* (London: SCM Press, 1965), pp. 9–30
Jeremias, Joachim, *Infant Baptism in the First Four Centuries*, trans. David Cairns (London: SCM Press, 1960)
Jeremias, Joachim, *The Central Message of the New Testament* (London: SCM Press, 1965)
Jeremias, Joachim, *The Eucharistic Words of Jesus*, trans. Norman Perrin (London: SCM Press, 1966)
Jeremias, Joachim, 'The Key to Pauline Theology', *Expository Times* 76 (1964), pp. 27–30
Jeremias, Joachim, *The Origins of Infant Baptism: A Reply to Kurt Aland*, trans. D. M. Burton (London: SCM Press, 1963)
Jeremias, Joachim, *The Parables of Jesus*, trans. S. H. Hooke, rev. edn (London: SCM Press, 1963)
Jewett, Robert, *Paul's Anthropological Terms: A Study of Their Use in Conflict Settings* (Leiden: Brill, 1971)
Jüngel, Eberhard, *God as the Mystery of the World*, trans. D. L. Guder (Edinburgh: T. & T. Clark, 1983)
Käsemann, Ernst, *New Testament Questions of Today*, trans. W. J. Montague (London: SCM Press, 1969)
Käsemann, Ernst, *Perspectives on Paul*, trans. Margaret Kohl (London: SCM Press, 1971)
Kim, Seyoon, *Paul and the New Perspective: Second Thoughts on the Origin of Paul's Gospel* (Grand Rapids: Eerdmans, 2002)
Knox, Wilfred L., *St. Paul and the Church of the Gentiles* (Cambridge: Cambridge University Press, 1939)
Koch, Klaus, *The Rediscovery of Apocalyptic: A Polemical Work on a Neglected Area of Biblical Studies and its Damaging Effects*, trans. Margaret Kohl (London: SCM Press, 1972)
Kramer, Werner, *Christ, Lord, Son of God*, trans. Brian Hardy (London:

SCM Press, 1966)
Küng, Hans, *Justification: The Doctrine of Karl Barth and a Catholic Reflection*, trans. T. Collins and others (London: Burns & Oates, 1964)
Künneth, W., *The Theology of the Resurrection*, trans. J. W. Leitch (London: SCM Press, 1965)
Leenhardt, F. J., 'This is My Body', in O. Cullmann and F. J. Leenhardt, *Essays on the Lord's Supper*, trans. J. G. Davies (London: Lutterworth Press, 1958)
Lietzmann, Hans, *Mass and Lord's Supper: A Study in the History of the Liturgy* (with Introductions and Notes by R. D. Richardson (Leiden: Brill, 1979)
Lindbeck, George, *The Nature of Doctrine: Religion and Doctrine in a Postliberal Age* (London: SPCK, 1984)
Litfin, Duane, *St. Paul's Theology of Proclamation: 1 Corinthians 4 and Greco-Roman Rhetoric* (SNTSMS 79; Cambridge: Cambridge University Press, 1994)
Lowe, John, 'An Examination of Attempts to Detect Developments in St. Paul's Theology', *Journal of Theological Studies* 42 (1941), pp. 127–42
Luther, Martin, *A Commentary on St. Paul's Epistle to the Galatians* (1531), trans. J. I. Packer (London: Clarke, 1953)
Luther, Martin, *Luther's Works*, vol. 28: *Commentaries on 1 Corinthians 7 and 15* (St Louis: Concordia, 1973)
Lyon, David, *Postmodernity* (Buckingham: Open University Press, 1994)
Lyotard, Jean-François, *The Differend*, trans. G. van den Abbeele (Manchester: Manchester University Press, 1990)
Lyotard, Jean-François, *The Postmodern Condition: A Report on Knowledge*, trans. Geoff Bennington and Brian Massumi (Manchester: Manchester University Press and Minneapolis: University of Minnesota Press, 1984)
Maccoby, Hyam, *The Mythmaker: Paul and the Invention of Christianity* (London: Weidenfeld and Nicolson, 1986)
McGrath, Alister, *Iustitia Dei: A History of the Christian Doctrine of Justification from 1500 to the Present Day* (Cambridge: Cambridge University Press, 1986)
Macquarrie, John, 'Philosophy and Theology in Bultmann's Thought', in Charles W. Kegley (ed.), *The Theology of Rudolf Bultmann* (London: SCM Press, 1966), pp. 127–43
Malherbe, A. J., ' "Gentle as a Nurse": The Cynic Background to 1 Thess. ii', *Novum Testamentum* 12 (1970), pp. 203–17
Marcel, Pierre, *The Biblical Doctrine of Infant Baptism: Sacrament of the Covenant of Grace*, trans. Philip Hughes (London: Clarke, 1953)
Martin, Dale B., *Slavery as Salvation* (New Haven: Yale University Press, 1990)

Marxsen, Willi, *The Resurrection of Jesus of Nazareth*, trans. Margaret Kohl (Philadelphia: Fortress Press, 1970)

Miranda, José Porfirio, *Marx and the Bible: A Critique of the Philosophy of Oppression*, trans. J. Eagleson (London: SCM Press, 1977)

Mitchell, Margaret, *Paul and the Rhetoric of Reconciliation* (Louisville: Westminster John Knox Press, 1991)

Moltmann, Jürgen, *The Church in the Power of the Spirit: A Contribution to Messianic Ecclesiology*, trans. Margaret Kohl (London: SCM Press, 1977)

Moltmann, Jürgen, *The Coming of God: Christian Eschatology*, trans. Margaret Kohl (London: SCM Press, 1996)

Moltmann, Jürgen, *The Trinity and the Kingdom of God: the Doctrine of God*, trans. Margaret Kohl (London: SCM Press, 1981)

Moltmann, Jürgen, *Theology of Hope*, trans. J. W. Leitch (London: SCM Press, 1967)

Moore, Arthur L., *1 and 2 Thessalonians* (New Century Bible; London: Nelson, 1969)

Moore, Arthur L., *The Parousia in the New Testament* (NovTSup 13; Leiden: Brill, 1966)

Moores, John D., *Wrestling with Rationality in Paul: Romans 1—8 in a New Perspective* (SNTSMS 82; Cambridge: Cambridge University Press, 1995)

Morris, Leon, 'The Theme of Romans', in W. Ward Gasque and Ralph P. Martin (eds), *Apostolic History and the Gospel: Presented to F. F. Bruce* (Exeter: Paternoster Press, 1970), pp. 249–63

Moule, Charles F. D., 'Obligation in the Ethics of Paul', in W. R. Farmer, C. F. D. Moule, and R. R. Niebuhr (eds), *Christian History and Interpretation: Essays in Honour of John Knox* (Cambridge: Cambridge University Press, 1967), pp. 389–406

Moule, Charles F. D., *The Epistles of Paul the Apostle to the Colossians and to Philemon* (Cambridge Greek Testament Commentary; Cambridge: Cambridge University Press, 1957)

Moule, Charles F. D., 'The Judgment Theme in the Sacraments', in W. D. Davies and D. Daube (eds), *The Background of the New Testament and its Eschatology: Studies in Honour of C. H. Dodd* (Cambridge: Cambridge University Press, 1956), pp. 464–81

Mounce, William D., *Pastoral Epistles* (Nashville: Nelson, 2000)

Moxnes, Halvor, *Theology in Conflict: Studies in Paul's Understanding of God in Romans* (NovTSup 53; Leiden: Brill, 1980)

Munck, Johannes, *Paul and the Salvation of Mankind*, trans. Frank Clarke (London: SCM Press, 1959)

Munzinger, André, *Discerning the Spirits: Theological and Ethical Hermeneutics in Paul* (SNTSMS 140; Cambridge: Cambridge University

Press, 2007)
Murphy-O'Connor, Jerome, *Paul: A Critical Life* (Oxford: Oxford University Press, 1997)
Murphy-O'Connor, Jerome, *Paul the Letter-Writer: His World, His Options, His Skills* (Collegeville, MN: Liturgical Press, 1995)
Nietzsche, Friedrich, *Beyond Good and Evil*, trans. R. J. Hollingdale (London: Penguin, 1973, 1990)
Nygren, Anders, *Commentary on Romans*, trans. C. C. Rasmussen (London: SCM Press, 1952)
Olrog, W. H., *Paulus und seine Mitarbeiter* (Neukirchen: Neukirchener, 1979)
Paddison, Angus, *Theological Hermeneutics and 1 Thessalonians* (SNTSMS 133; Cambridge: Cambridge University Press, 2005)
Pannenberg, Wolfhart, *Basic Questions in Theology*, 3 vols, vol. 1, trans. G. H. Kehm (London: SCM Press, 1970)
Pannenberg, Wolfhart, *Systematic Theology*, trans. G. W. Bromiley, 3 vols (Grand Rapids: Eerdmans and Edinburgh: T. & T. Clark, 1991, 1994, 1998)
Pierce, C. A., *Conscience in the New Testament* (London: SCM Press, 1965)
Pogoloff, Stephen M., *Logos and Sophia: The Rhetorical Situation of 1 Corinthians* (Atlanta: Scholars Press, 1992)
Polhill, John B., *Paul and his Letters* (Nashville: Broadman & Holman, 1999)
Porter, Stanley E., and Olbricht, T. H. (eds), *Rhetoric and the New Testament* (Sheffield: Sheffield Academic Press, 1993)
Reid, J. K. S., *Our Life in Christ* (London: SCM Press, 1963)
Richard, Earl J., *First and Second Thessalonians* (Collegeville, MN: Liturgical Press, 2007)
Richards, E. Randolph, *Paul and First-century Letter Writing: Secretaries, Composition, and Collection* (Downers Grove: InterVarsity Press, 2004)
Richardson, Alan, *Introduction to the Theology of the New Testament* (London: SCM Press, 1958)
Richardson, Neil, *Paul's Language about God* (JSNTSup 99; Sheffield: Sheffield Academic Press, 1994)
Ridderbos, Herman, *Paul: An Outline of His Theology*, trans. J. R. de Witt (London: SPCK, 1977)
Ridderbos, Herman, *Paul and Jesus: Origin and General Character of Paul's Preaching of Christ*, trans. David H. Freeman (Philadelphia: Presbyterian and Reformed Publishing, 1958)
Roberts, Richard, 'A Postmodern Church?', in D. F. Ford and D. L. Stamps (eds), *Essentials of Christian Community: Essays for Daniel W. Hardy*

(Edinburgh: T. & T. Clark, 1996), pp. 179–95
Robinson, John A. T., *In the End, God . . .* (London: Clarke, 1950)
Robinson, John A. T., *The Body: A Study in Pauline Theology* (London: SCM Press, 1952)
Robinson, John A. T., *The Human Face of God* (London: SCM Press, 1973)
Rorty, Richard, *Objectivity, Relativism and Truth: Philosophical Papers, Volume 1* (Cambridge: Cambridge University Press, 1991)
Rorty, Richard, *Truth and Progress: Philosophical Papers, Volume 3* (Cambridge: Cambridge University Press, 1998)
Rosenau, Pauline M., *Post-modernism and the Social Sciences* (Princeton, NJ: Princeton University Press, 1992)
Rosner, Brian S., *Paul, Scripture and Ethics: A Study of 1 Corinthians* (Leiden: Brill, 1994)
Rosner, Brian S., 'Paul's Ethics', in James D. G. Dunn (ed.), *The Cambridge Companion to Paul* (Cambridge: Cambridge University Press, 2003), pp. 212–23
Roth, Cecil, *The Haggadah: New Edition with Notes* (London: Soncino, 1934, 1959)
Ryle, Gilbert, 'Achilles and the Tortoise' (1954), in G. Ryle, *Dilemmas* (Cambridge: Cambridge University Press, 1966), pp. 36–53
Sampley, J. Paul, *Walking between the Times: Paul's Moral Reasoning* (Minneapolis: Fortress Press, 1991)
Sanders, E. P., *Paul and Palestinian Judaism: A Comparison of Patterns of Religion* (London: SCM Press, 1977)
Sanders, E. P., *Paul, the Law and the Jewish People* (Philadelphia: Fortress Press, 1983)
Sanders, E. P., *Paul: A Very Short Introduction* (Oxford: Oxford University Press, 2001)
Schnackenburg, Rudolf, *Baptism in the Thought of St. Paul*, trans. G. R. Beasley-Murray (Oxford: Blackwell, 1964)
Schnackenburg, Rudolf, *The Church in the New Testament*, trans. W. J. O'Hare (Freiburg: Herder, 1965)
Schoeps, H. J., *Paul: The Theology of the Apostle in the Light of Jewish Religious History*, trans. H. Knight (London: Lutterworth Press, 1961)
Schweitzer, Albert, *The Mysticism of Paul the Apostle*, trans. W. Montgomery (London: A. & C. Black, 1931)
Schweizer, E. *Church Order in the New Testament*, trans. F. Clarke (London: SCM Press, 1961)
Schweizer, E., *Jesus*, trans. D. E. Green (London: SCM Press, 1971)
Scott, C. Anderson, *Christianity according to St Paul* (Cambridge: Cambridge University Press, 1927)
Selwyn, E. G., *The First Epistle of St. Peter*, 2nd edn (London: Macmillan,

1947)

Spicq, C., *Agapē in the New Testament*, trans. Sr Marie Aquinas McNamara, 3 vols (London: Herder, 1963–6)

Stanley, Christopher D., *Paul and the Language of Scripture: Citation Technique in the Pauline Epistles and Contemporary Literature* (SNTSMS 69; Cambridge: Cambridge University Press, 1992)

Stendahl, K., *Paul among Jews and Gentiles* (London: SCM Press, 1977), part reprinted from 'The Apostle Paul and the Introspective Conscience of the West', *Harvard Theological Review* 56 (1963), pp. 199–215

Stowers, S. K., 'Paul on the Use and Abuse of Reason', in D. L. Balch and others (eds), *Greeks, Romans, Christians* (Minneapolis: Fortress Press, 1990), pp. 253–86

Tannehill, Robert C., *Dying and Rising with Christ: A Study in Pauline Theology* (Berlin: Töpelmann, 1967)

Taylor, Vincent, *The Atonement in New Testament Teaching* (London: Epworth Press, 1940)

Taylor, Vincent, *The Person of Christ in New Testament Teaching* (London: Macmillan, 1959)

Theissen, Gerd, *Psychological Aspects of Pauline Theology*, trans. John P. Galvin (Edinburgh: T. & T. Clark, 1987)

Thiselton, Anthony C., *First Corinthians: A Shorter Exegetical and Pastoral Commentary* (Grand Rapids and Cambridge: Eerdmans, 2006)

Thiselton, Anthony C., *New Horizons in Hermeneutics* (Grand Rapids: Zondervan and London: HarperCollins, 1992)

Thiselton, Anthony C., *The First Epistle to the Corinthians: A Commentary on the Greek Text* (Grand Rapids: Eerdmans and Carlisle: Paternoster Press, 2000)

Thiselton, Anthony C., *The Hermeneutics of Doctrine* (Grand Rapids and Cambridge: Eerdmans, 2007)

Thiselton, Anthony C., 'The Logical Role of the Liar Paradox in Titus 1: 12, 13: A Dissent from the Commentaries in the Light of Philosophical and Logical Analysis', *Biblical Interpretation* 2 (1994), pp. 207–23; reprinted in Thiselton, *Thiselton on Hermeneutics*, pp. 217–28

Thiselton, Anthony C., *The Two Horizons: New Testament Hermeneutics and Philosophical Description* (Grand Rapids: Eerdmans and Exeter: Paternoster Press, 1980)

Thiselton, Anthony C., *Thiselton on Hermeneutics: The Collected Works of Anthony C. Thiselton with New Essays* (Aldershot: Ashgate and Grand Rapids: Eerdmans, 2006)

Thornton, Lionel S., *The Common Life in the Body of Christ*, 3rd edn (London: Dacre Press, 1950)

Thrall, Margaret E., *A Critical and Exegetical Commentary on the Second Epistle*

to the Corinthians, 2 vols (Edinburgh: T. & T. Clark, 1994, 2000)
Unnik, Willem C. van, *Tarsus or Jerusalem: The City of Paul's Youth*, trans. George Ogg (London: Epworth Press, 1962)
Vermes, Geza, *Jesus the Jew: A Historian's Reading of the Gospels* (Philadelphia: Fortress Press, 1973)
Wagner, Günter, *Pauline Baptism and the Pagan Mysteries*, trans. J. P. Smith (Edinburgh: Oliver & Boyd, 1967)
Wanemaker, Charles A., *The Epistles to the Thessalonians: A Commentary on the Greek Text* (Grand Rapids: Eerdmans and Carlisle: Paternoster Press, 1990)
Ward, Graham (ed.), *Postmodern God: A Theological Reader* (Oxford: Blackwell, 1997)
Weiss, Johannes, *Earliest Christianity*, trans. F. C. Grant, 2 vols (New York: Harper Torch Books, 1959)
Welborn, L. L., 'Discord in Corinth', in *Politics and Rhetoric in the Corinthian Epistles* (Macon, GA: Mercer University Press, 1987), pp. 1–42
Welborn, L. L., *Paul the Fool of Christ: A Study of 1 Corinthians 1—4 in the Comic-Philosophic Tradition* (London and New York: T. & T. Clark International/Continuum, 2005)
Wenham, David, *Paul: Follower of Jesus or Founder of Christianity* (Grand Rapids and Cambridge: Eerdmans, 1995)
Whiteley, D. E. H., *The Theology of St. Paul* (Oxford: Blackwell, 1964, 2nd edn 1971)
Wibbing, Siegfried, *Die Tugend und Lasterkataloge im Neuen Testament und ihre Traditions geschichte unter besonderer Berücksichtigung der Qumran-Texte* (Berlin: Töpelmann, 1959)
Wiedemann, Thomas E. J., *Greek and Roman Slavery* (London: Croom Helm, 1981)
Wikenhauser, Alfred, *Pauline Mysticism: Christ in the Mystical Teaching of St. Paul*, trans. J. Cunningham (Edinburgh: Nelson and Freiburg: Herder, 1960)
Williams, N. P., *The Ideas of the Fall and Original Sin: A Historical and Critical Study* (London and New York: Longman, Green & Co., 1929)
Winter, Bruce W., *After Paul Left Corinth* (Grand Rapids: Eerdmans, 2001)
Wire, Antoinette Clark, *The Corinthian Women Prophets: A Reconstruction through Paul's Rhetoric* (Minneapolis: Fortress Press, 1990)
Witherington, Ben, *Women in the Earliest Churches* (Cambridge: Cambridge University Press, 1988)
Wittgenstein, Ludwig, *Philosophical Investigations* (German and English; Oxford: Blackwell, 1967)
Wittgenstein, Ludwig, *Zettel* (German and English; Oxford: Blackwell, 1967)

Wright, N. T., *Jesus and the Victory of God* (London: SPCK, 1996)
Wright, [N. T.] Tom, *Justification: God's Plan and Paul's Vision* (London: SPCK, 2009)
Wright, N. T., *Paul: Fresh Perspectives* (London: SPCK, 2005)
Wright, N. T., *The Climax of the Covenant: Christ and Law in Pauline Theology* (Edinburgh: T. & T. Clark, 1991)
Wright, N. T., *The Resurrection of the Son of God* (London: SPCK, 2003)
Yarbrough, O. L., *Not Like the Gentiles: Marriage Rules in the Letters of Paul* (SBLDS 80; Atlanta: Scholars Press, 1985)
Ziesler, John, *The Meaning of Righteousness in Paul: A Linguistic and Theological Enquiry* (Cambridge: Cambridge University Press, 1972)

주제 색인

[숫자]

1세대 교회 200
1차 선교여행 47-50, 53, 62
2차 바티칸 공의회 162
2차 선교여행 51, 54-56, 58
3차 선교여행 64-70
70인역 51-53, 95, 106, 249

[ㄱ]

가슴 25, 122, 127
가시적 124, 193, 207
가이사 79
가이사랴 64, 66, 70, 71-72, 86
가정(집안) 규례 218
가족 169, 213, 214, 218
가지 152
가톨릭 신학 162, 177, 194
갈라디아서 61-63, 103, 111, 195, 222
갈리오 49, 58-59
감독 179, 188-191, 218
감독의 보조자 189
감사 61, 67, 76, 86, 93, 140, 203
강도 38
개인 50, 132, 170
개인주의 138, 140, 169, 239
갱신된 마음 41
거대담론 239-240, 251-254, 258
거대한 단절 35, 42
거룩 175, 178, 232
결속 138, 174
결투하는 투사 38
결혼 66, 208
경쟁심 209
경제 위기 258
경험 36, 87, 99, 199, 225
계몽주의 240, 242
계시 78, 91, 106, 236, 257
고난 67, 151, 229
고난, "온전하고 완벽하며 충분한" 154
고린도 6, 30, 58, 65, 188, 194
고린도교회의 경쟁력 58
고린도전서 6, 40, 73
고린도후서 38, 185, 211

고백 76, 82, 207
골로새 66, 88-89
골로새서 71, 85, 87, 177, 222
공동 결속 140
공동체 107, 170, 176
공동체적 기획 182
공약불가능성 251-252
공적 계시 78
공적 세상 122, 207
공적 영역 125
공통적인 은사 107
공통적인 인간의 상태 132
공통적인 틀 112
과녁을 벗어남 132, 134
과업 261
관리 179, 189, 218
관찰자 147-148, 225, 236
교리문답 210-211
교만 29, 212, 223
교회 21, 178, 180, 184
  질서 72, 218
  공동체 114, 179
구명정의 비유 111
구별 36, 100, 102, 151, 254
구브로 50
구성원 113, 124, 172
구속 75, 142, 251
구약 36, 79, 95, 117, 145, 179, 253
구원 38, 197, 216
구원 사건 143, 194
구원자 143
구조 95, 135, 179, 245
구조주의 247
권세 46, 75, 80, 144
권세들 천사들을 보라 119
그리스 로마 용어 55, 57

그리스도 안에서 연합 152
그리스도라고 여기는 반석 99
그리스도를 대신하여 사신이 되어 186
그리스도 55, 210
  안에 거함 151-155
  와 함께 죽음 147-148, 152-153, 164, 187
  하나님이신 79-82
  주이신 76, 84, 98, 144
  중재적 창조자 85
  로 옷 입는 것 195
  와 성령 85, 102, 106
그리스도의 마음 41-42, 46, 66, 115, 117
그리스도의 몸 88, 110, 116, 172-174, 187, 204
그리스도의 부활 190, 227, 232, 234
그리스도의 선재성 85
그리스도의 신부 178
그리스도의 신성 83-84
그리스도의 오심 23
그리스도의 장사 227
그리스도인 교회의 정체성 217-218
근대 138, 237
글라우디오 58
글로에의 집 사람들 65
기념 201, 203-204
기다림 44
기대 208-209, 221-224, 256
기대에 대한 문법 236
기도 38, 49-50, 62, 89, 97, 121
기드온 106, 117
기만 233, 247
기술(description) 139
기술(technology) 47
기여 48, 134

기적 113, 183
기호학 247
긴박감 216

[ㄴ]

나사렛 예수 19, 21, 22
   예수와 바울 20, 21, 24-31, 224
   예수 세미나 21
   예수의 말씀 22-24
나팔 113, 221, 232, 235
내러티브 95-99, 202-205
내부적인 처벌 133
내재하는 초월성 117
견유 도덕 철학 21
네로 72, 81
노동 32
노예 44, 71, 74-75, 129, 134
논리 108, 139, 237
높임 21-24
누가 55, 64-65, 70-72, 94, 171, 207

[ㄷ]

다소 47-48, 50
다양성 173
다원주의 238, 252-253, 257
다윗 24, 81
단번에 28, 153
단일신론 78, 84 하나님을 보라
담대 247
담론 253
대가(cost)의 은유 144

대속 141-142, 145-149, 152, 154, 161
대표 50, 80, 173, 198
더베 53
데살로니가 51-52, 55, 64, 235
데살로니가서 93, 176
데살로니가전서 61, 64, 166-167, 209, 248
데살로니가후서 61, 63, 93, 233
돈 25, 57, 71, 128, 188, 251
동역자 30, 32, 50, 69, 70, 182
동역자, 공동의 행위자 91
되새기도록 205
두 세대 38, 216
두 질서 38, 41, 46, 68
드로아 54, 70
디모데 32, 55, 56, 61, 70, 182
디아스포라 유대인 51
디올코스(diolkos, 포장도로) 57
디퍼런드 253
때가 찼다 23
떨어져 있음, 하나님과 135

[ㄹ]

로마 50, 55, 72, 94
로마 시민권 48
로마 식민지 50, 55, 57, 86, 87
로마서 24, 63, 93-97, 102, 190
루디아 55, 86

[ㅁ]

마게도냐 사람 54

마라나타 77
마른 뼈 39, 107
마술 65
마음 120, 127, 129
막힌 담 218
만남의 장소 149-151
만유의 그리스도 96
말세 107
망명 143
매스 미디어 243
메시아 79, 94, 179
명성 215
모세 53, 83, 116, 185
모순법 147, 148
모임(하나님의 백성) 171, 172, 175, 214
모퉁잇돌이신 예수님 178
모형, 모형론 249
목회서신 179
목회적 관심 182
몸 77, 122, 124, 125, 230
무역 47, 57
무의식 251
무한한 고통 100
묵시적 36, 39, 235
문학 40, 236
뭄미우스 57
미국 포스트모더니즘 242, 254
미래 111, 220
믿음 28, 110, 114, 168, 253

[ㅂ]

바나바 32, 50, 54, 182
바리새인 24-25, 27, 48, 53

바울 6, 19, 22, 76, 121, 250
 바울의 소명 43
 바울의 유머 45-46, 55
 가죽세공 기술 47
 목회자 바울 53
 바리새인 바울 48
 바울의 교육 48
 따뜻한 인정 31
바울에게 '직선적 진보' 222
바울의 안수 64
반론부 228, 229, 240
반율법주의 215
발화 행위 247
방언 113, 212
'백색 신화'(데리다) 250
버시 30, 188
범죄(히브리어 pesha) 132, 134, 170
법적 의제 162
베드로 49, 54, 63, 194
베뢰아 55
베스도 72
변호 72, 227, 228, 233
변화 37, 153, 186, 230
별거 25 소원을 보라.
보증금(헬라어, arrabōn) 111
보편 교회 169
보호자 190
복음 33, 42, 50, 69, 95, 201
뵈뵈 30, 69, 182, 188
부도덕한 52, 208
부르심 42, 47, 72, 93, 144
부재중인 교인들 171-172
부활 39, 67, 81, 219
부활을 부인 228-229
불멸 52, 226
불법의 사람 235

브리스길라 58, 182, 188
비서에게 받아적게 했던 것 61
비신화화, 불트만의 작업 221
비판과 악행에 관한 장황한 목록 139
빌레몬서 66
빌립보 51, 59, 86
빌립보서 72, 85, 86, 171
빛 27, 142, 255

[ㅅ]

사고 128 마음을 보라
사도 187, 190
사도적 전승 81, 202, 226
사도직 68, 185
사랑 19, 28, 77, 99, 103, 213, 214
사마리아 여인 29
사역 181-191
사해사본 23, 172, 175 쿰란을 보라.
사형 선고 67, 143, 153
사회적 구성 257
사회적 역할 247
사회학자 179, 218, 254
삼신론 98, 100
삼위일체 98-104 성삼위일체를 보라
상상할 수 있는 하나님 83, 92, 98
상처받기 쉬운 123, 214, 217
상호작용 115
새 관점 165, 166, 167
새로운 시대(새시대) 107, 208
새 세상 37, 216
새 창조 37, 40, 208, 209
생명 123, 185, 231
서바나 69, 72, 94

서약 200, 205
서양 사상 127
선교 50, 94
선언적 칭의 159
선포 197, 201 케리그마를 보라
설교 23, 57, 79, 185
성경 227
성관계 128
성령(히브리어 ruach), 영 106-107
성령, 보호자로서의 190
성령 41, 43, 85, 97, 100
  성령세례 110
  은사 107-108, 112-115, 164
  인격적인 존재 115-117
  자신을 내세우지 않음 114
성령에 거스른 모독 108
성령의 열매 28, 111
성령의 전 125, 175
성령의 코이노니아 116
성례전 193
성부 수난설 100
성삼위일체 117
성육신 83, 84, 87
성전 174, 175
성전, 하나님 백성의 공동체로서의 175-176
성찬식 24, 77, 177
세 가지 말씀 사역 184
세계 전환 41
세계사 251
세계혼(world-soul) 127
세력 다툼 182
세례적 부정 과거 199
소망 29, 216
소스데네 58
소외 132, 137

소크라테스 56
속죄 149-150 십자가, 그리스도의 죽음, 희생을 보라.
속죄소 149
솔로몬의 지혜서 52
솔선적인 교회 187
'수로보니게' 여인 29
'수행적인' 발화 46
수사 44, 226, 257
수용이론 257
수용이론에서 '도발' 256
순종 110, 210
숨겨진 기간, 바울의 50
숨결(히브리어 ruach) 106
스데바나 31, 57, 65
스토아 53, 74
승천 178, 187
시간 224
시대 37-39, 41 두 세대를 보라.
신뢰 76, 260
신비적 종교 198
신비적인 헬레니즘 이교 96 신비적 종교를 보라
신실함 159, 166, 233
신조 76, 96
신화 6, 198, 220
실라 32, 55
실용주의 254, 255
실존주의 150
실현된 종말론 222
심리학 36
심판관 101, 134, 233
심판 139, 252
　마지막 심판 219, 223, 233-234
십자가 41, 68, 101, 109, 204
십자가 사건 203, 205

썩어가는 삶 231
씻음 198, 199

[ㅇ]

아구스도 48, 81
아타나시우스 98, 104, 117
아담 53, 80, 137, 138, 139, 152
아담 평행론 23
아덴 56
아라비아 49
아람어 48, 77, 103
아레오바고(오늘날 Mars Hill) 56
아리스테아스의 편지 51, 52
아빠 103, 105
아버지 91-117 아빠, 하나님을 보라.
아버지들 245
아브라함 63, 160, 170
아크로 고린도 56
아트리움(안마당) 204
'악의 충동'(yêtzer hâ-râ') 139
악순환 134, 145
악의 문법 233
악의 세력 138
악한 양심 131, 165
안디옥 50, 52, 53
야고보 24, 168
　핵심적인 사도 63
　와 예루살렘 회의 54
야고보서 159
약속 168
약자들 19
양심 32, 125, 131
양자론 82

주제 색인

언약 20, 198
언약적 율법주의 165
언어 220, 247
언어학적 오류 116
얼음장 같이, 얼음(비유) 37
에바브라 88, 182
에베소 57, 64
에베소서 86, 177, 210
에클레시아(헬라어 ekklēsia, 교회) 171, 175, 176
여성 29-31, 86
역동적인 28
역동적인 동사형, 바울이 사용하는 213
역사 93, 200, 238
역사적 관점 20
역설 21, 78, 243
연보 70, 86
연설가 245
연약함 97, 115
연합 152, 197
열정 240
영광 68, 102, 185
영육통일체 122, 127
영의 모호함 105-107
영적 은사들 66, 114
영적인 122, 124, 127, 127, 193
영지주의 121, 124
영혼 2, 20, 103, 106, 122, 123, 126, 139, 225, 226
예루살렘 15, 16, 20, 44, 48-51, 54, 58, 63, 64, 69-72, 128, 175, 201, 202
예루살렘 회의 51, 54, 63
예배 21, 25, 31, 48, 66, 77, 84, 102, 103, 110, 175, 177, 188
예수 7, 9, 11, 13, 19-27, 29, 33, 44, 49, 55, 62, 67, 69, 73, 75-85, 87, 88, 91, 93, 97-103, 105, 108-110, 128, 138-142, 144, 146, 151, 153, 166, 167, 170, 171, 178, 185, 186, 197-199, 202-205, 209, 210, 224, 227, 232, 235, 241, 245, 246
  그리스도 또는 메시아 7, 9, 13, 14, 21-24, 27, 28, 32, 36-48, 54, 55, 62-88, 89-120, 123-125, 127-129, 134, 137-155, 158, 16-164, 167-181, 183, 185-187, 190-204, 207-235, 240-246, 251, 253
  주 76-78, 80, 83, 84, 87, 91, 95-98, 108, 109, 116, 117, 123-128, 140, 141, 144, 149, 151, 159, 172, 176, 182, 183, 185, 193, 196, 199, 201, 204, 207, 220, 221, 229, 232, 235, 253
  하나님의 아들 22, 73, 79, 81, 82, 97, 98, 171 그리스도를 보라.
예수와 친밀한 관계 151
예언, 예언자 30, 31, 52, 66, 112, 143, 183, 184, 188
오류 9, 36, 116, 123, 256
오순절 107, 196
오순절 교회 196
옥중 서신 71
외부적인 처벌 133
요세푸스 52, 53
요한, 사도 63, 97, 114, 134
욕망 132, 137, 142, 240, 246, 251
용서 46, 55, 148, 157, 158, 162, 163, 199
우상, 우상숭배 32, 52, 53, 56, 82, 93,

136, 139, 217, 250, 258
운명 14, 82, 137, 219, 231, 239
원죄 137, 139
위중죄 204
유기된 예수의 절규 100
유니아 30, 182, 188
유대 20-27, 36, 39, 40, 44, 48, 51-58, 63, 69, 71, 72, 78-80, 84, 85, 88, 91, 92, 95, 96, 98, 101, 109, 120, 123, 125, 129, 132-135, 138, 139, 143, 159, 161, 164-167, 170-175, 178, 202, 203, 208, 210, 211, 214, 217, 218, 233, 241
유대교 20, 48, 53, 71, 78, 84, 85, 88, 91, 138, 159, 161, 165, 166, 172, 202, 210, 214
유대 문학 40, 132, 133, 134
유대인 20-26, 36, 40, 44, 48, 51-58, 69, 71, 72, 79, 80, 101, 109, 123, 129, 133, 135, 139, 143, 165-167, 170, 178, 210, 214, 218, 241
유대인 학자 20, 21
유대적 20, 52, 78, 92, 98, 101, 120, 164
유대적 헬레니즘 20, 52, 78
유럽의 포스트모더니즘 254
유머 45, 55
유물론 226, 258
유비 44, 115, 141-143, 146, 150, 230, 241, 249
유아세례 200
유월절 24, 145, 202, 203, 205
유월절 양 145
유죄를 인정(세례) 200

유화(propitiation)
육체 22, 24, 32, 38, 68, 81, 88, 100, 106, 107, 111, 114, 123, 128, 134, 153, 154, 215, 227, 228, 230, 231, 246
육체노동자 32, 246
육체의 가시 38, 68, 114, 123, 153, 282
윤리 14, 28, 42, 66, 111, 112, 127, 128, 135, 152, 153, 160, 161, 164, 197, 207-211, 215-218, 252, 255
  회색 지대 66, 217
윤리적인 귀결, 그리스도 안에 있는 것의 197
율법 13, 20, 23-27, 36, 54, 63, 89, 99, 131, 138, 140, 144, 145, 157, 159, 161, 163-168, 214-216
율법주의 89, 165, 166, 215
은사 29, 40, 66, 107, 108, 110, 112, 114, 117, 121, 138, 164, 168, 173, 174, 178, 183, 184, 187, 212
은유 44, 110, 111, 133, 134, 144, 176, 211, 250
은장이 65, 67
은혜 23-27, 41, 42, 45, 63, 65, 68, 69, 74, 83, 91, 95, 98, 101, 104, 114, 117, 138, 139, 142, 148, 153, 157, 158, 160-163, 166, 170, 180, 186, 193, 197, 200, 205, 210, 212, 214, 215, 227, 234, 257-261
은혜로 말미암은 칭의 26, 157, 158, 163
의 35, 110, 145, 158-161, 163, 212,

216, 234
의롭다고 하다 158
의미의 지연 250
의사 조합 244
이교주의 252, 253
이방 신 48, 208
이방인 11, 13, 26, 42, 44, 47, 48, 51, 52, 54, 58, 61, 63, 69-72, 82, 88, 129, 135, 139, 143, 165, 166, 170, 176, 178
이성 52, 114, 139, 239, 240, 253, 283
이스라엘 49, 69, 78, 94, 96, 98, 99, 106, 131, 133, 134, 143, 166, 167, 170, 171, 178, 179, 181, 251
이스라엘의 '남은 자' 170
이스미안 경기 56-58
이원론 234
이차 의미를 판별 249
이해할 수 있는 언어 113
인간 비참 138
인간성 115
인간 존재 87, 123
  인간의 노력 36, 95
인격 73, 104, 108, 115, 116, 126, 127, 157, 162, 176
인내 12, 24, 62, 93, 214
인물 중심적인 세력 집단 65
인성 80, 81, 84, 126, 138, 165
  그리스도의 인성 80, 81
인자 80, 94, 162
일(이제는 그리스도 중심적인) 24-27, 30, 31, 39, 43, 58, 77, 107, 111, 117, 160, 164, 168, 183, 184, 187, 209, 219, 224, 248
일치법 147, 148

입양 44

[ㅈ]

자랑 28, 45, 48, 68, 123, 141, 151, 212, 213, 235
자아 121, 127, 137, 139, 239, 240, 251
  자기과시 68
  자기기만 127, 213, 233, 241
  자기를 희생 87
  자기비판 238, 254
  자기파괴 136
  자의식 125, 126, 241, 242
  자족함 57
  자화자찬 68
자유 7, 19-21, 32, 45, 57, 63, 74, 75, 116, 129, 143, 144, 161, 169, 181, 215, 240, 241, 243, 254
자유인 57, 74, 75, 129, 144, 181, 215, 241
자유주의 19
자율 144, 169, 240, 247
자전, 바울이 기록한 131
자족, 바울의 57, 58, 128, 208, 210
작은 담론 251
잠 225, 232, 236
잘못된 욕망 132, 137
잠재의식 113, 121, 127
장로 53, 54, 70, 84, 189, 190, 214
재판관 78
저주 63, 109, 141, 144, 146, 161, 216, 257
저주를 비는 것 109
저항 57, 81

적대자 49, 189
전략적 중심지 59, 68
전승 33, 81, 166, 167, 202, 205, 217, 218, 226, 227, 232, 240, 250, 253, 257 사도적 전승을 보라.
전인 6, 122
전치사의 뉘앙스 195
전제, 희생적인 체계의 146
절망 223
절차 216
접붙임 198
정당화 담론 239, 251
정신과 의사 244
정의 26, 49, 56, 141, 154, 157, 158, 165, 169, 190, 193, 198, 200, 234, 236, 237, 239, 240, 243, 250
정치적 언어 195
제1의 원인
제목 203
제사장 36
제주 175
존재론 76, 225, 249, 250
존재의 새로운 질서 36, 37, 39, 42, 43
종교개혁 7, 177
종교성 128
종말론 6, 23, 77, 107, 198, 208, 209, 218, 219, 222, 223
종말론적 기대 209
'종속'(subordination) 구절 96
죄 13, 24-27, 35, 74, 76, 99, 131-142, 144-147, 150, 153, 157, 158, 160, 162, 163, 166, 168, 170, 197, 200, 204, 212, 217, 228, 232
죄(chatta'th) 132, 134

죄(히브리어 āwōn) 133, 134, 136
주교 158
주 그리스도 24, 97
주의 만찬 14, 29, 66, 77, 193, 201, 202, 204
주의 성례전 193
죽은 자들을 위한 세례 229
죽음 24, 43, 67, 72, 75, 81, 86, 98, 99, 134, 140, 147, 151-153, 162, 164, 178, 179, 181, 183, 185, 191, 196-201, 203, 204, 208-210, 216, 219, 225, 227, 229, 230, 232, 234, 236, 246, 250, 252
죽음과 부활 147, 151-153, 181, 191, 196, 198, 201, 203, 204, 209
죽음, 그리스도의 67, 75, 147, 151, 153, 164, 181, 183, 185, 191, 196, 201, 203, 204, 209, 232
중재적 창조자 85
증인 190, 191, 204, 226, 228
지각 239, 243, 257
지류, 칭의 13, 24, 26, 69, 157-159, 161-166, 168, 212, 215, 216
지배권 119, 120, 190
지식 6, 22, 32, 50, 53, 89, 91, 121, 212, 237, 242, 244, 255, 257, 260, 261
지역 교회 169, 176, 177
지은 바 되지 않고 태어남 102
지체 110, 124, 172-174
지혜 41, 65, 83, 84, 88, 89, 101, 102, 112, 155, 178, 183, 247, 252, 258, 260
진노 94, 134, 136, 143
진리 20, 35, 112, 136, 147, 179, 185,

187, 213, 221, 237, 238, 242-244, 246, 247, 254-257, 260
진보주의 220, 223
진행 38, 41
질투 28
집사 179, 184, 188, 189

출애굽 모세를 보라.
충만 81, 88, 97, 154, 185
충분한 희생
충성 71, 79, 111, 135, 194, 195
치료 114, 174
친척 123, 143
침묵, 여자 31, 188

[ㅊ]

차부라 201, 202
착취 120
참여 36, 62, 76, 88, 98, 116, 141, 142, 145-149, 151, 153, 154, 161, 180, 185, 193, 197, 199, 204, 245
참여자 142, 147, 203
창조 11, 13, 35-37, 39, 40, 45, 46, 56, 83, 85, 87, 88, 92, 96-98, 101, 102, 104, 106, 119, 120, 123, 138, 145, 175, 179, 208, 209, 216-218, 220, 223, 224, 227, 230, 236, 252, 261
창조자 85, 230
책임감 120
천사 82, 84, 85, 89, 102, 119, 141, 177, 212
철학 21, 56, 89, 100, 237, 238, 240-242, 248-251, 254, 255
첫 열매(헬라어, aparchē) 111, 228
첫 열매, 풍작에 대한 확신 57, 111, 228
청지기 119, 120, 190
초인적임, 성령 115
축구 140, 142

[ㅋ]

케리그마(kērygma) 197
쿰란 23, 53, 172, 175, 179, 211

[ㅌ]

타굼 48
타락 137, 139
텍스트 194, 247-249, 256, 260
토기 94
투명 68, 190
투옥 16, 38, 50, 55, 58, 86, 179 옥중 서신을 보라.
트리클리니움(triclinium) 204

[ㅍ]

파루시아 14, 77, 219, 223-236
파선 38
판결 163, 168, 233
팔레스타인 유대 기독교인 96

펠라기우스 139
평판이 좋은 주인 75
평행 22, 26, 27, 40, 70, 77, 81, 108, 138, 146, 161, 195, 200, 212
폐기처분 255, 285
포스트모더니즘 7, 8, 170, 223, 237, 238, 240, 242-244, 250, 254, 258
   분위기 237, 238, 260
   포스트모더니티 237-239, 242, 243
포함, 삼위일체 97
   기도에서 삼위일체의 포함 97
   예수의 세례에서 삼위의 참여 98
표적 50
풍작 228
프뉴마(pneuma) 106, 196
플라톤 53, 119, 121, 124, 135, 148, 173, 226
피조성 119
필로 52, 53, 80, 139
핍박 58, 61, 253

[ㅎ]

하나님 6, 7, 8, 13, 20, 22-27, 33-37, 39-46, 50, 53, 54, 56, 61, 63, 67-70, 72-85, 87, 88, 91-111, 113-117, 119-129, 132-151, 153, 155, 157-168, 170, 171, 174-176, 178-190, 197, 210, 211, 215-218, 220, 223, 224, 226-236, 242, 246-249, 251, 253, 257, 258
   고통 받는 하나님 100, 148

구주 하나님 103, 126
그리스도와의 관계 106
그리스도와 하나님 85
삼위일체 하나님 13, 91, 98, 99, 104, 117, 136
신실하신 하나님 69, 220
아들을 보내신 83
아버지 하나님 91, 92, 96-98, 102, 103, 110
알 수 있게, 하나님 45
영원한 하나님 186
충만하심 88, 97
평화의 하나님 94
하나님에 대한 접근성 99
하나님의 그리스도 닮음 91
하나님의 뜻 101, 215, 216
하나님의 사랑 93, 99, 101, 103, 104, 117, 119, 121, 180
하나님의 영광 27, 101, 135, 136, 181, 185, 186, 218
하나님의 은혜 27, 41, 45, 68, 69, 74, 91, 95, 138, 142, 148, 162, 170
하나님의 의 101, 145, 161, 229
하나님의 통치 33
하나이신 하나님 104, 117
  아빠, 성령, 때, 삼위일체를 보라.
하나님과의 관계 94, 104, 120, 129, 157-159
하나님과의 친교 137
하나님을 경외하는 자들 44, 74
하나님의 가정 189
하나님의 그리스도 닮음 91
하나님의 나라 20, 23, 36, 44, 72, 79
하나님의 말씀 8, 44, 88, 93, 185, 247

하나님의 말씀을 혼잡하게 하지 아니하고 185, 247
하나님의 백성 160, 170, 171, 178, 179 교회를 보라.
하나님의 선물 124, 129, 161
하나님의 신실하심 69
하나님의 아들 22, 73, 79, 81, 82, 97, 98, 171
하나님의 종 145
하나님의 형상 80, 83, 119, 120, 129, 231
하나님의 환영 54
한 하나님 97, 174, 178
할례 54, 123, 160, 167, 200
할부금, 성령의 비유 111
함께 창조 96
합당한 주 79
합리성 120
합의 252, 255
해석학 254
해체 249
행실 52, 125, 208, 209-211, 216-218, 252
헌신 161, 189, 253
헬라어 구약 성경 44 70인역을 보라
헬라어를 사용하는 교회 78
헬라어를 사용하는 유대인 20, 133
헬레니즘 20, 52, 78, 96, 210, 211, 214, 222
헬레니즘 세계 210, 222
'헬레니즘' 즉 그리스 형이상학 20
형벌 146
형성 207
형제와 자매 20, 24, 30, 32, 43, 171, 217
호의 32, 95, 150, 213

화목 24, 44, 81, 88, 99, 141, 148, 150, 151, 154, 187
화목제 99
환난 187
환대 9, 10, 25, 70, 103
회당 48, 51-53, 55, 64, 139, 214
회복(헬라어, apokatastasis) 220, 233
회심, 바울의 35, 36, 42, 47, 49, 50, 75, 82, 91, 131, 199, 222
희생 87, 145-148, 154, 233
히브리어, 히브리어 성경 48, 51, 79, 80, 81, 95, 106, 122, 123, 133, 157, 159, 172, 231, 249
힐라스테리온(헬라어 hilastērion, 속죄 그리고/또는 유화) 99, 149, 150

살아 있는 바울
The Living Paul

2011년 12월 1일 초판 발행
2014년 9월 30일 초판 2쇄 발행

지은이 | 앤토니 C. 티슬턴

옮긴이 | 윤성현

펴낸곳 | 사)기독교문서선교회
등록 | 제16-25호(1980. 1. 18)
주소 | 서울시 서초구 방배로 68
전화 | 02) 586-8761~3(본사) 031) 942-8761(영업부)
팩스 | 02) 523-0131(본사) 031) 942-8763(영업부)
홈페이지 | www.clcbook.com
이메일 | clckor@gmail.com
온라인 | 기업은행 073-000308-04-020, 국민은행 043-01-0379-646
　　　　 예금주: 사)기독교문서선교회

ISBN 978-89-341-1173-3(93230)

* 낙장·파본은 교환해 드립니다.